1965年，贺龙副总理（前右三）亲切接见访问北欧载誉凯旋的中国羽毛球队（作者在第二排右三）

作者在双打比赛中跳起奋勇扣杀

1963年，四位“无冕之王”——作者（鱼跃救球者）/吴俊盛与侯家昌/方凯祥在争夺全国男双冠军

↑1963年，作者（前左一）与福建省队友在省体委主任李葳（前左二）的率领下，参加第1届新兴力量运动会，并获得佳绩

←1963年，作者（右一）与队友汤仙虎（左一）、吴俊盛（前左二）、侯家昌（前左三）等合影

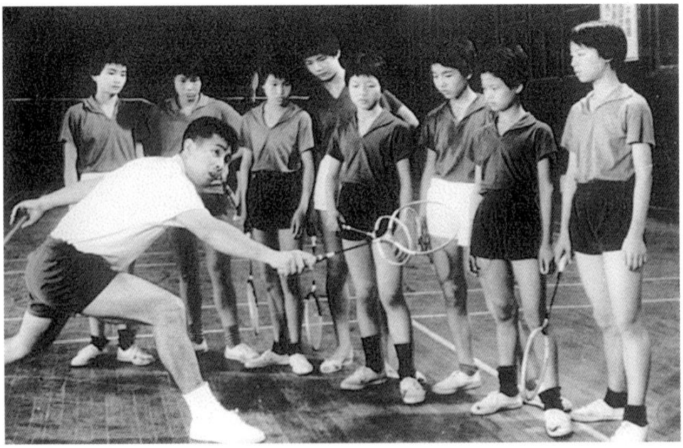

→1973年，作者（前左）在教学训练课中讲解与示范

←1977年，作者（左一）在尼日利亚任教

→1984年，作者与夫人陈玲玲和父母、两个儿子在家看电视

←1984年，作者（右）与著名教练员汤仙虎（左）同他们共同培养的“世界羽坛姐妹花”林瑛（右二）、吴迪西（左二）

1986年，作者（后排右五）于中国羽毛球协会成立30周年庆祝会上获奖

1997年，作者（前右）带队参加在台北举行的第四届华人杯赛（前排左起：代冶平、吴世杰。后排左起：郑宝君、施文、台方老板、陈玲玲、吴宇红）

作者（右）与国家著名教练员陈福寿（中）、侯家昌（左）在日本比赛时

羽毛球技、战术训练与运用

林建成　编著

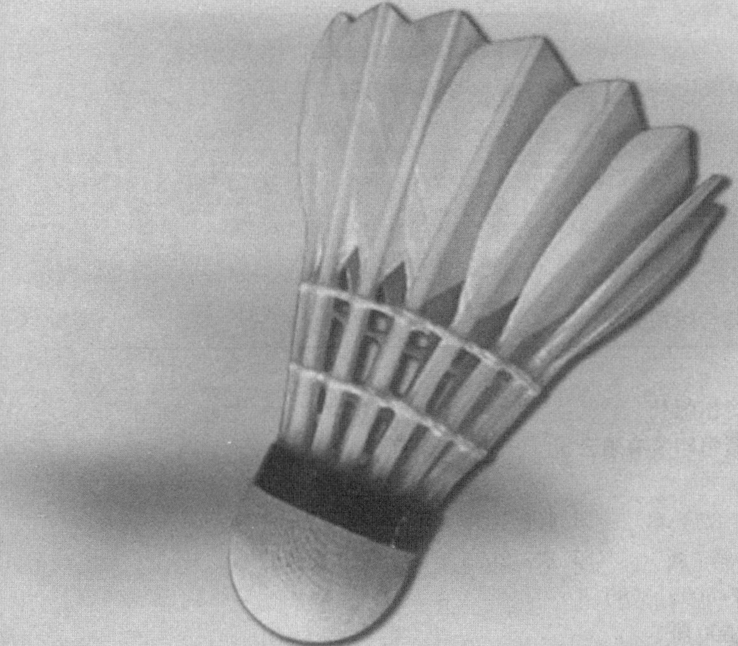

人民体育出版社

图书在版编目（CIP）数据

羽毛球技、战术训练与运用 / 林建成编著. -- 北京 : 人民体育出版社, 2009（2025. 5 重印）
ISBN 978-7-5009-3585-8

Ⅰ. ①羽… Ⅱ. ①林… Ⅲ. ①羽毛球运动—运动技术②羽毛球运动—竞赛战术 Ⅳ. ①G847.19

中国版本图书馆CIP数据核字(2009)第005333号

羽毛球技、战术训练与运用

林建成 编著
出版发行：人民体育出版社
印　装：三河市紫恒印装有限公司

开　本：880×1230　32开本　　印　张：10.25　　字　数：258千字
版　次：2009年4月第1版　　印　次：2025年5月第11次印刷
书　号：ISBN 978-7-5009-3585-8
印　数：28,001—29,500册
定　价：40.00元

购买本社图书，如遇有缺损页可与发行与市场营销部联系
联系电话：（010）67151482
社　址：北京市东城区体育馆路8号（100061）
网　址：www.psphpress.com

序

本书作者林建成是原中国羽协教练委员会副主任，福建省羽毛球协会副主席、教练委员会主任。国家级教练员，福建省劳动模范，福建省首批优秀专家，并获国家体委颁发的“体育运动荣誉奖章”，是“新中国体育开拓者荣誉奖章”、国际羽联“贡献奖”获得者。他告诉我，他的这部《羽毛球技、战术训练与运用》的书稿已经改毕，要我抽空阅读，并为之作序。诚托难辞。

承托多日，终于看完书稿，掩卷冥想，感慨颇多。建成这个生就一双劲手、素以“拼命三郎”著称于我国羽坛的壮汉，放下球拍后从何时起摇笔写书了呢？完成这部二十多万字的书稿要耗去他多少日夜，多少心血和精力啊!

建成是印尼归国侨生，也是1956年组建中国第一支羽毛球队（福建省羽毛球队）时诸多精英中的一员悍将。他驰骋征战多年，参加了国内外一系列重大赛事，多次以优异成绩为福建省乃至中国争光添彩。退役后，在二十多年的教练员生涯中，担当过援外（尼日利亚）教练员，多次出国（英国、朝鲜、菲律宾和中国香港地区）讲学，长时间执教福建省羽毛球队，培养了众多世界顶尖高手，林瑛、吴迪西、郑昱鲤、陈瑞珍、施文、吴宇红是他的得意门生。他的工作实绩之大，奉献精神之烈，令人敬佩。及至年近古稀，退离一线队伍后，他仍然风风火火，不甘闲于家室，依旧义无反顾地为中国羽毛球事业做他能做的一切，本书的撰写与出版就是一个力证。

在研读建成的书稿时，我注意到这样一个实际情况，即在很多体育教学大纲或图书中，至少我没有看到一本对羽毛球运动进行了如此具体而周详的综合性研究。我认为，这本书不仅对一般的体育教学有用，而且也对从事羽毛球运动工作或对其中一方面问题进行研究的学者有用。此外，对羽毛球教练员也有重要的参考价值。这本书，是建成从事羽毛球运动四十多年的实践总结，也汇聚了我国羽坛几代人的经验和教训，值得一读。

我还殷切盼望，有更多、更新、更好的羽毛球专著面世。

2008 年 9 月于北京

自 述

我这一辈子和羽毛球运动结下了不解之缘，前半辈子当运动员，后半辈子做教练员。这个经历促使我积累了羽毛球技、战术训练与运用的经验，对羽毛球运动的钟爱促使我写成了这本书，这是我在人生道路上留下的珍贵足迹。

1939 年 2 月 2 日，我出生在有羽毛球王国之称的印度尼西亚的一个小城镇。那时侯，父亲林铁垣是巨港第一小学的校长，他喜爱羽毛球运动，所以我从小就常跟他在一起学打羽毛球。可以说，他是我的第一位启蒙教练员。中华人民共和国成立后，我们怀着对祖国的无比热爱和向往，于1952 年 9 月举家返回故乡——福建泉州。福建省羽毛球队正式组建后，我于 1957 年 4 月 25 日被挑选入队，开始了四十多年的羽毛球运动生涯。在当运动员期间，我先后与杨人燧（已故）、吴俊盛（在香港任教练员）合作，多次获得全国羽毛球双打冠军。曾在 1963 年两次战胜来访的世界男双冠军——印尼队的杨金美 / 陈景源。同年又作为中国羽毛球队的一员，参加了第 1 届新兴力量运动会，获得了男团和男双两项亚军。正当我的技、战术逐渐处于巅峰状态时，不幸的事情发生了：

1964 年 5 月，在广州的全国羽毛球锦标赛中，我在一次跳起扣杀时受伤，并被迫退出比赛。经医生确诊为右膝关节内侧副韧带断裂，决定立即手术。当时，不少人包括一些医生，都认为我不能继续当运动员了。我非常痛苦，思想斗争很激烈，不甘心就这样结束自己的运动生涯，加上平时养成的“胸怀祖国，放眼世界”的思想极大地激励着我下定决心，一定要继续当运动员，只要祖国需要，即使付出再大的代价也在所不惜。因此，我积极地配合治疗，尽可能地做些锻炼，使体能不至严重衰退。就这样，经过半年的治疗，奇迹出现了。1965年初，我终于又活跃在羽毛球场上，这使我信心大增，更加发奋训练，在1965年举行的第2届全运会上，我与队友合作，取得了男子团体和男子双打冠军。全运会后，国家体委根据贺龙副总理的指示，组队征战北欧——丹麦、瑞典。我由于在全运会上的表现突出而荣幸地被选入中国羽毛球代表队，结果我们以34∶0的战绩大获全胜，震惊了世界羽坛，也写下了我们这一代运动员鼎盛时期的辉煌一页。

1966年开始了“文化大革命”，加上我在一次训练中又受伤，故于1969年被下放到上杭县才溪公社劳动，一直到1972年才调回羽毛球队，从此开始了羽毛球教练员的生涯。

二十多年来，经我执教的运动员中有林瑛、吴迪西、郑昱鲤、陈瑞珍、施文、吴宇红6人先后获得23次世界冠军，11人获得过洲际冠军，15人获得全国冠军，并获得国内外各种比赛冠军162人次，亚军108人次、季军94人次。为此，国际羽联为我颁发了“贡献奖”；国家体委给我记了一等功，并授予“体育运动荣誉奖章”。1988年我被评为“福建省劳动模范”和“优秀教练员”。1992年福建省政府授予我“首批优秀专家”称号，并于1997年继续得到确认。1993年国家体委批准我为国家级教练员（教授级）。

为了提高自己的理论水平，能为我国羽毛球运动的理论建设做些贡献，我考入了上海体育学院（现更名为：上海体育大学）运动系函授班。我边工作边学习，边总结边钻研，努力地使自己从一个教练员成长为在上海体育学院为全国羽毛球教练员岗位培训高级班、中级班的讲课教授。我不断探索羽毛球运动的特点和规律，先后在《中国体育科技》《中国体育报》《福建体育科技》和《上海体育学院学报》上发表了近二十篇有关羽毛球运动的论文，并参与了《中国体育教练员岗位培训教材羽毛球》的撰写工作。一次次的写作实践丰富了我的思路，开拓了我的视野，积累了大量的材料，也为我写成本书奠定了坚实的基础。这本书可以说是我几十年羽毛球运动实践的总结。书是写成了，但由于自己的水平有限，错误之处在所难免。我只是希望通过我肤浅的心得，能为广大羽毛球运动爱好者提供一些专业知识，也做引玉之砖，愿能促进我国羽毛球运动更快更好地发展。

2008 年 9 月于上海

图　例

○　甲、练习者、混合双打中的女队员

△　乙、陪练员、混合双打中的男队员

□　教练员

左脚

右脚

→　步法移动

队员移动路线

→　击球路线、最后一拍的路线①

回击路线

最后一拍的路线②

对打对攻路线

目 录

一、羽毛球运动简介

（一）羽毛球运动的起源与演变

羽毛球运动的起源众说纷纭，相传 14—15 世纪时，在日本出现了用木制的球拍、用樱桃核插上羽毛制成的球来回对打的运动，这便是当今羽毛球运动的雏形。但由于这种球不够坚固耐用，飞行速度又太快，故风行一时后又逐渐消失了。

大约在 18 世纪，印度的普那出现了一种与早年日本的羽毛球运动极相似的游戏，当时的球是用直径约 6 厘米的圆形硬纸板、中间挖个孔、插上羽毛做成，与我国的毽子类似，当时，印度称此项运动为“普那”。

现代羽毛球运动出现于 19 世纪。大约 1870 年，在英国出现了用羽毛、软木做的球和穿弦的球拍。1873 年，英国公爵鲍弗特在格拉斯哥郡伯明顿镇的庄园里进行了一次羽毛球游戏，当时的场地呈葫芦形，中间狭窄处挂网。从此，羽毛球运动便逐渐开展起来。“伯明顿”即成了羽毛球的名字，英文的写法是“BADMINTON”。直至 1901 年，才改为长方形的场地。

1875 年，世界上第一部羽毛球运动规则草拟于印度浦那。3 年后英国又制定了更为完善和统一的规则，当时规则的不少内容至今仍无太大改变。

1893 年，英国的 14 家羽毛球俱乐部倡议组成了世界上第一个正规的羽毛球协会，进一步修订了规则，重新规定了统一的场地标准。1899 年，该协会举办了首届全英羽毛球锦标赛。

1934年，由英国、加拿大、丹麦、爱尔兰、法国、荷兰、新西兰、苏格兰和威尔士等发起成立了国际羽毛球联合会（简称国际羽联），总部设在伦敦。从此，羽毛球真正成为一项世界性的体育运动。1934—1947年，这一时期，丹麦、美国、英国、加拿大等欧美选手称雄于国际羽坛。

（二）世界羽毛球运动发展简况

1948—1949年，国际羽联在英国普雷斯顿举办了首届世界男子羽毛球团体锦标赛——汤姆斯杯赛。在首届比赛中，马来亚（后改名为马来西亚）队荣获了团体冠军，开创了亚洲人称雄国际羽坛的新时代。在1948年到1979年的11届汤姆斯杯赛中，印度尼西亚队获得7次冠军，马来西亚队获得了4次冠军。

20世纪60年代初期，中国队开始崛起。1963—1964年，中国队两次战胜来访的世界冠军——印度尼西亚队；1965年征战欧洲，以34∶0的绝对优势战胜丹麦、瑞典。当时，汤仙虎在与当年获得全英羽毛球锦标赛男单冠军，并已蝉联7次全英冠军的柯普斯比赛时，以15∶5和15∶0大获全胜，威震国际羽坛。由于当时的政治原因，中国未能加入国际羽联，也未能正式参加世界性的锦标赛，故中国羽毛球队被誉为“无冕之王”。

1956年，首届世界女子羽毛球团体锦标赛——尤伯杯赛在英国举行。前3届冠军均被美国队获得。20世纪60年代中后期，日本女队首先崛起，击败美国队而荣登冠军宝座。从此，女子羽毛球运动的优势开始转移到了亚洲。

此后，日本队和印度尼西亚队包揽了历届比赛的冠军和亚军。

20世纪70年代以后，印度尼西亚队和中国队在男子羽毛球技术方面处于世界的领先地位。1982年中国男队首次参加汤姆斯杯赛就荣获冠军。亚洲的日本、韩国、巴基斯坦、印度、泰国、马来西亚等队的运动技术水平也有长足的进步，在国际性比赛中也都取得较好成绩。同时，欧洲的丹麦、英国和瑞典在发挥自身原有特点的基础上，广泛吸收亚洲人的快速步法等技术和经验，水平稳步上升，仍为羽坛劲旅。女子方面，亚洲的中国、印度尼西亚、日本队处于三强鼎足之势，欧洲的丹麦、瑞典、英国不甘落后紧随于后，而美国队则每况愈下了。

1978 年 2 月，世界羽毛球联合会于中国香港成立，当年在泰国举办第 1 届世界羽毛球锦标赛，并于第二年在中国杭州举办了世界羽毛球联合会第 1 届世界杯赛和第 2 届世界羽毛球锦标赛。

1981 年 5 月 25 日，在各方共同努力下，国际羽毛球联合会和世界羽毛球联合会正式合并，结束了世界羽毛球界的分裂局面，促进了世界羽毛球运动的发展。

1982 年，中国队首次参加第 12 届汤姆斯杯赛，并以 5∶4 战胜了“世界羽毛球王国”——印度尼西亚队，获得冠军。中国女队首次参加全英锦标赛就获得女单冠军和亚军、女双冠军。1984 年第一次参加尤伯杯的中国女队力挫群雄，勇夺桂冠。之后，汤、尤杯改为两年一届，直至 2008 年汤姆斯杯赛共举办了 25 届，印度尼西亚队共获得 13 次、中国队获得 7 次、马来西亚队获得 5 次。汤姆斯杯赛冠军就被这 3 个亚洲国家包揽。尤伯杯赛直至 2008 年共举办了 22 届，中国队共获得 11 次、日本队获得 5 次、印度尼西亚队和美国队各获得 3 次。中国队在 1998、2000、2002、2004、2006 和 2008 年这 6 年里，创造了夺得六连冠的纪录。

目前，国际羽联管辖下的世界性羽毛球大赛有：汤姆斯杯赛（即男子团体赛），1948 年开始每 3 年举办一届，从 1982 年后改为每两年一届，现已举办过 25 届；尤伯杯赛（即女子团体赛），

1956年开始每3年举办一届，1982年改为每两年举办一届，现已举办过22届；世界锦标赛（即5个单项比赛），1972年开始每3年举办一届，1983年改为每两年举办一届，现已举办过15届；世界杯赛（即5个单项比赛），1981年开始，每年举办一届，现已举办了28届；苏迪曼杯混合团体赛，1989年开始，每两年举办一届，现已举办了10届。

（三）中国羽毛球运动发展简况

20世纪20年代末至30年代中期，羽毛球运动传入中国，但在中华人民共和国成立前，从未举办过全国性的羽毛球比赛，仅上海、天津、北平和广州开展这项运动。中华人民共和国成立后，羽毛球项目很快成为我国体育运动的重点项目之一。

1953年，在天津举办了第一次全国羽毛球赛。1954年，印尼侨生王文教、陈福寿等具有较高羽毛球技术水平又有爱国热情的赤子回到祖国，为我国羽毛球运动的发展起到了很大的推动作用。在1959年第1届全国运动会上，福建队以绝对优势取得了男单、男双、女单和女双的冠军，并取得团体总分第一名。从此，福建便成为我国羽毛球运动开展的重要基地。

1960年，印度尼西亚青年羽毛球名将汤仙虎、侯加昌、方凯祥、陈玉娘相继回国，带回了国外先进技术和打法。这个时期，福建队和广东队成为我国羽坛的两霸主：福建队以手法细致、突击动作小、出手快、爆发力强而著称；而广东队则以快速上网，采用垫步加蹬跨步，后退步法则以蹬跳步，从而加快整个场上步伐速度而著名。福建队、广东队互相学习互相促进，对推进全国羽毛球运动起了带头作用。我国羽毛球技术水平出现了一个划时代的飞跃。

1963年7月11日—8月12日，世界第一流水平的印度尼西亚羽毛球队访问我国。他们阵容整齐，实力雄厚，曾于1958年和1961年连续两届汤姆斯杯夺冠。访问期间，中国国家队、中国青年队、广东队、福建队、湖北队与之比赛均获得胜利，此结果震惊了世界羽坛。同年11月，我国羽毛球队参加了在印度尼西亚首都雅加达举行的第1届新兴力量运动会，由汤仙虎、侯加昌、林建成、吴俊盛、张铸成、梁小牧、陈玉娘、陈家琰、陈丽娟、林小玉组成的中国羽毛球队获得女团、男单两项冠军，并获得男单第二，女单第二、三名和男女双打第二、三名的好成绩。

1964年，印度尼西亚羽毛球队在蝉联了3届男子世界冠军之后再次到我国访问。来访的队员绝大部分是参加汤姆斯杯的主力队员，包括男单世界冠军陈有福，访问的目的很明显，试图决一雌雄。比赛结果还是我国羽毛球队获得胜利。这说明，中国羽毛球运动水平已赶上了世界强队的水平。

1965年10月，中国羽毛球队应邀访问了丹麦和瑞典。比赛结果我国羽毛球队以34∶0的绝对优势获得全胜。使世界羽坛为之震惊，外电外报称誉我国羽毛球为“冠军之冠军”和“无冕之王”。

改革开放以后，我国大力恢复发展羽毛球事业，70年代末80年代初，我国羽坛大批后起之秀脱颖而出，他们在各种类型的国际比赛中取得了好成绩。1981年，在美国举办的第1届非奥运会项目世界运动会上，我国获男、女单打与男、女双打冠军。

1981年5月，国际羽联和世界羽联正式合并，中国羽坛健儿正式步入了世界比赛的最高舞台。1982年3月和5月，我国羽毛球健儿又在全英锦标赛和汤姆斯杯赛中再创辉煌，勇夺冠军。1986年、1988年我国连续两次获得汤姆斯杯和尤伯杯的双冠军。1987年的世界锦标赛和1988年的世界杯赛的5项冠军都被我国健儿囊括，创造了一个国家选手连续囊括世界级比赛5个单项冠军的最高纪录。

1988 年汉城奥运会，羽毛球被列为奥运表演项目。4 年后，1992 年巴塞罗那奥运会上羽毛球被列为正式比赛项目。此时，我国男女队正在步入新老队员交替的阶段，故在此届赛会上只夺得女双亚军。

1993 年，中国国家羽毛球队教练员班子大换班，总教练王文教和副总教练陈福寿、侯加昌均退役，由李永波副总教练（后转为总教练）、李玲蔚、李矛、田秉毅出任教练组负责人，担起对新一代运动员的培养任务。

1994 年广岛亚运会，中国队虽无一个金牌入账，但已培养出一批年轻新手，于 1995 年开始走出低谷，首次夺得“苏迪曼杯”冠军。

1995 年在世界锦标赛上叶钊颖夺得女单冠军。

1996 年亚特兰大奥运会上，葛菲 / 顾俊夺得女双冠军，实现了我国羽毛球项目在奥运会上金牌“零”的突破。

1997 年我国运动员再次夺得“苏迪曼杯”冠军，同时，在世界锦标赛上获得女单、女双和混双三块金牌，开始步入了再铸辉煌的历程。

2000 年悉尼奥运会上我国运动员吉新鹏夺得男单冠军、龚智超夺得女单冠军、葛菲 / 顾俊再次夺得女双冠军、张军 / 高崚夺得混双冠军。

2001 年再次夺得苏迪曼杯冠军。在世锦赛上龚睿娜夺得女单冠军、高崚 / 黄穗夺得女双冠军、高崚 / 张军夺得混双冠军。

2003 年在世锦赛上夏煊泽夺得男单冠军、张宁夺得女单冠军、高崚/黄穗夺得女双冠军。

2004 年夺得汤、尤杯双冠军，并在第 28 届奥运会上张宁夺得女单冠军、张军 / 高崚夺得混双冠军、杨维 / 张洁雯夺得女双冠军。

2005 年夺得苏迪曼杯冠军，在世锦赛上谢杏芳夺得女单冠军、杨维 / 张洁雯夺得女双冠军。在世界杯上林丹夺得男单冠军、蔡赟 / 傅海峰夺得男双冠军、谢杏芳夺得女单冠军、杨维 / 张洁雯夺得女双冠军、谢中博 / 张亚雯夺得混双冠军。

2006 年在日本东京夺得汤、尤杯冠军，在世锦赛上谢杏芳夺得女单冠军、林丹夺得男单冠军、蔡赟 / 傅海峰夺得男双冠军、高崚 / 黄穗夺得女双冠军。

在世界杯上林丹夺得男单冠军、高崚 / 黄穗夺得女双冠军、王仪涵夺得女单冠军。

2007 年夺得苏迪曼杯冠军，在世锦赛上朱琳夺得女单冠军、林丹夺得男单冠军、杨维 / 张洁雯夺得女双冠军。

2008 年在印尼雅加达夺得汤、尤杯双冠军，并在北京第 29 届奥运会上林丹夺得男单冠军、张宁夺得女单冠军、于洋 / 杜靖夺得女双冠军。

（四）羽毛球运动发展前景

随着我国社会经济、文化及体育事业的进步与发展，羽毛球运动已受到越来越多群众的爱好。1998 年由“摩托罗拉”承办的羽毛球“天王”挑战赛在全国各大中城市相继开展，推动了我国的羽毛球事业的发展。

从 1992 年第 25 届巴塞罗那奥运会开始，羽毛球被列入正式比赛项目，世界各体育强国更加重视羽毛球运动的开展和水平的提高，竞争将更加激烈。

有关汤姆斯杯、尤伯杯比赛资料如表 1、表 2 所示。

表 1　历届汤姆斯杯冠、亚军队

届次	年份	地点	参加国家和地区	冠军	亚军	决赛成绩
1	1948–1949	普雷斯顿（英国）	10	马来西亚	丹麦	8∶1
2	1951–1952	新加坡	12	马来西亚	美国	7∶2
3	1954–1955	新加坡	21	马来西亚	丹麦	8∶1
4	1957–1958	新加坡	19	印度尼西亚	马来西亚	6∶3
5	1960–1961	雅加达（印尼）	19	印度尼西亚	泰国	6∶3
6	1963–1964	东京（日本）	26	印度尼西亚	丹麦	5∶4
7	1966–1967	雅加达（印尼）	23	马来西亚	印尼	6∶3
8	1969–1970	吉隆坡（马来西亚）	25	印度尼西亚	马来西亚	7∶2
9	1972–1973	雅加达（印尼）	23	印度尼西亚	丹麦	8∶1
10	1975–1976	曼谷（泰国）	26	印度尼西亚	马来西亚	9∶0
11	1978–1979	雅加达（印尼）	21	印度尼西亚	丹麦	9∶0
12	1981–1982	伦敦（英国）	26	中国	印尼	5∶4
13	1984	吉隆坡（马来西亚）	34	印度尼西亚	中国	3∶2
14	1986	雅加达（印尼）	38	中国	印尼	3∶2
15	1988	吉隆坡（马来西亚）	35	中国	马来西亚	4∶1
16	1990	东京（日本）	53	中国	马来西亚	4∶1
17	1992	吉隆坡（马来西亚）	54	马来西亚	印尼	3∶2
18	1994	雅加达（印尼）	51	印度尼西亚	马来西亚	4∶1
19	1996	香港（中国）	59	印度尼西亚	丹麦	5∶0
20	1998	香港（中国）	59	印度尼西亚	马来西亚	3∶2
21	2000	吉隆坡（马来西亚）	59	印度尼西亚	中国	3∶0
22	2002	广州（中国）	59	印度尼西亚	马来西亚	3∶2
23	2004	雅加达（印尼）	59	中国	丹麦	3∶1
24	2006	东京（日本）	12（决赛队）	中国	丹麦	3∶0
25	2008	雅加达（印尼）	12（决赛队）	中国	韩国	3∶1

表 2　历届尤伯杯冠、亚军队

届次	年份	地点	参加国家和地区	冠军	亚军	决赛成绩
1	1956–1957	利瑟姆·兰开夏圣安民（英国）	11	美国	丹麦	6:1
2	1959–1960	费城（美国）	14	美国	英国	5:2
3	1962–1963	威尔明顿（美国）	11	美国	英国	4:3
4	1965–1966	惠灵顿（新西兰）	17	日本	美国	5:2
5	1968–1969	东京（日本）	19	日本	印尼	6:1
6	1971–1972	东京（日本）	17	日本	印尼	6:1
7	1974–1975	雅加达（印尼）	14	印尼	日本	5:2
8	1977–1978	奥克兰（新西兰）	16	日本	印尼	5:2
9	1980–1981	东京（日本）	15	日本	印尼	4:3
10	1983–1984	吉隆坡（马来西亚）	23	中国	印尼	5:0
11	1986	雅加达（印尼）	34	中国	印尼	3:2
12	1988	吉隆坡（马来西亚）	31	中国	韩国	5:0
13	1990	东京（日本）	42	中国	韩国	3:2
14	1992	吉隆坡（马来西亚）	44	中国	韩国	3:2
15	1994	雅加达（印尼）	44	印尼	中国	3:2
16	1996	香港（中国）	50	印尼	中国	4:1
17	1998	香港（中国）	50	中国	印尼	5:0
18	2000	吉隆坡（马来西亚）		中国	印尼	5:0
19	2002	广州（中国）		中国	韩国	4:1
20	2004	雅加达（印尼）		中国	韩国	3:1
21	2006	东京（日本）		中国	韩国	3:1
22	2008	雅加达（印尼）		中国	印尼	3:0

二、羽毛球运动场地与器材

（一）场地、球网与网柱

1. 场地

羽毛球场地长为 1340 厘米，双打场地宽为 610 厘米、单打场地宽为 518 厘米，如图 1、图 2 所示。

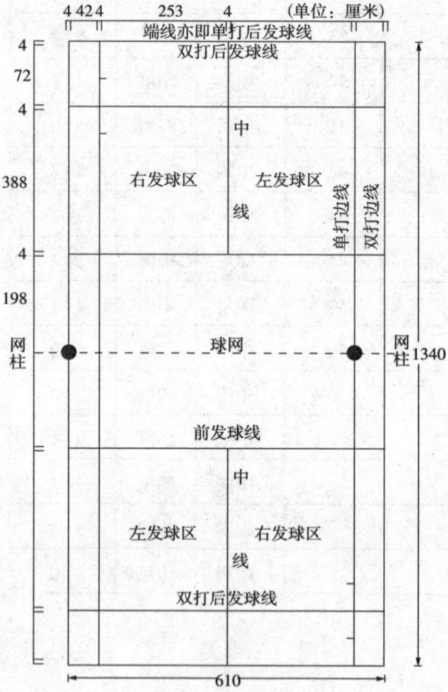

图 1 双打场地

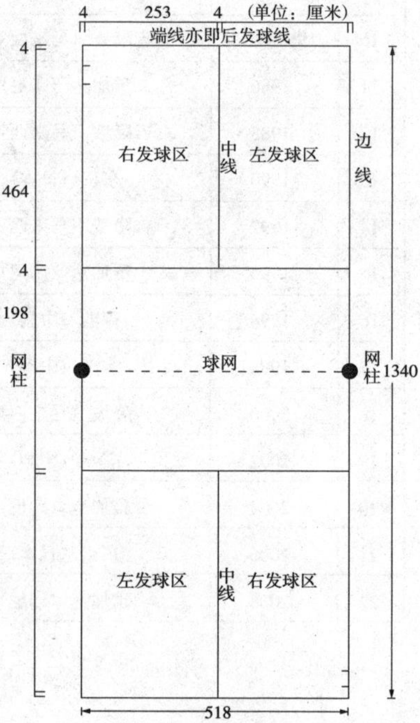

图 2 单打场地

用白色或黄色画线，中线宽 4 厘米，平均画在左、右发球区；前后发球线宽 4 厘米，画在发球区长度 396 厘米以内；所有其他边线的宽度为 4 厘米，一律画在规定的场地面积以内。测试正常球速区域的 4 个 4 厘米 × 4 厘米的标记应画在双方单打右发球区边线内沿，距离端线外沿 53 ~ 57 厘米，以及 95 ~ 99 厘米。

按国际比赛（国际羽联）规定，整个球场上空高度不得低于 9 米，在此高度之内不得有任何横梁或其他障碍物，球场四周 2 米以内不得有任何障碍物。任何并列的两个球场之间，最少应有 2 米的距离。球场四周的墙壁最好为深色，不能有风。国际重大比赛必须严格按上述规定执行。一般比赛，如场地条件不完全符合标准时，经有关部门批准可以改变。

2. 球网

羽毛球网长 610 厘米、宽 76 厘米，用优质深色的天然或人造纤维制成，网孔大小在 15~20 毫米之间，网的上缘应缝有一道宽 75 毫米的对折白布边，用绳索或钢丝绳穿起来，适当拉紧，使之和网柱顶端取平。

3. 网柱及网高

从球场地面算起，网柱高 1.55 米，即网高为 1.55 米。网柱应放置在双打球场的边线上，球网中部上沿离地面高 1.524 米。如不能设置网柱，则必须采用其他办法标志出边线通过网下的位置。

（二）球与球拍

1. 羽毛球

羽毛球可采用天然材料或人造材料或两者混合制成。

(1) 样式规格

羽毛球应用16根羽毛插在半球形的软木球托上。软木托直径为25~28毫米，托底为圆形，包有一层白色薄皮革或类似材料制成的皮。羽毛从托面至羽毛尖长62~70毫米。羽毛上端围成圆形，直径为58~68毫米。在球托上1.25厘米和2.5厘米处，用线或其他材料将羽毛扎牢，一般比赛也可用泡沫头制成的球或尼龙球。

(2) 重量

球重应为4.74~5.50克。

(3) 飞行速度

当运动员从端线用低手充分向前上方击球与边线平行，球能落到另一端线线内53~99厘米之间，则应认为此球的飞行速度正常。

在一般业余比赛或非正式比赛中，当球过轻或过重、球速过慢或过快时，经过主办单位同意，可采用如下措施，使球的飞行速度变为正常：当球过轻、球速过慢时，可在球托内中间位置加1~2个小钉子，以增加球托重量，使球速变快。也可向内翻折羽毛，缩小羽毛的口径，以增快球速。当球过重、球速过快时，可在球托中间挖去一部分软木，以减轻球托重量，使球速减慢；也可向外翻折羽毛，增大羽毛的口径，以减慢球速。

羽毛球有比赛用球和训练用球之分，都是室内用球。比赛用的高级羽毛球大部分是用鹅毛制成，训练用的中、低级羽毛球大部分是用鸭毛制成。室外训练有时也用室内球，但用泡沫头球及塑料球较合适。

我国是羽毛球生产大国，品牌甚多，有些是属全国比赛用球，质量均属上等，可根据经济条件和训练环境加以选择。

2. 球拍

球拍总长度不超过68厘米，宽不超过23厘米，球拍框为椭圆形，拍弦面长不超过28厘米，宽不超过22厘米。球拍不允许有附加物和突出部。不允许改变球拍的规定式样。球拍重在78~120克之间（不包括弦的重量）。拍框当中用羊肠线或化纤尼龙线穿织而成。球拍的一端有握把，把长39.5~40厘米，直径不得超过2.8厘米。

要想从事羽毛球运动，首先要有一支称心、适用、弹性好、轻重适宜的好球拍。目前市场上能购得的上弦的球拍，一般都是中低档的，上弦不紧、球弦弹性质量差，致使球拍的弹性也较差，影响球的飞行速度和远度。因此，自己学会选拍、上拍弦，以及修补球拍的断弦，不仅省时省钱，更重要的是更为称心适用。

下面，对选拍、选拍弦做简单的介绍。

（1）球拍的选购

目前，我国市场上出售的羽毛球拍式样繁多，可归纳为4种类型：

第一种是全碳素外加钛、纳米成分一体成型羽毛球拍，目前世界级选手及经济条件许可的爱好者都使用这种类型的球拍，如现在国家队使用的日产YONEX球拍，各省市队使用的威克多、凯胜、波力、佛雷斯、富利特、伟士等国产名牌球拍；

第二种是中档的碳素杆，拍框为铝合金；

第三种是钢杆铝合金拍，为中低档球拍；

第四种是钢杆木框羽毛球拍和木制羽毛球拍。

在挑选球拍时，应根据个人的经济条件和爱好选购不同档次和型号的拍子，无须追求世界名牌产品。一般来讲，全碳素外加钛、纳米成分一体成型的羽毛球拍，其性能差距不大，都较轻，弹性好，牢固性也好，可是价格差别很大。有一定技术水平的选手或爱好者，如属攻击型者，使用的球拍可略重一些的，以增加攻击威力；如属守中反攻或防守型者，球拍可选略轻些的，以利于更灵活地挥拍防守。儿童一般以选用特制的儿童羽毛球拍为宜，其拍柄较细，以利握拍。

在选球拍时还要注意球拍的弹性，主要是看拍杆在掰动时是否有一点儿弯度，几乎没有弯度的拍子其弹性差，不好用。由三通连接的球拍，如碳素杆加铝合金框，其连接处较易断裂或脱胶，因此，选拍时应仔细检查：将球拍框轻微扭动一下，有响声或松动的不宜选用。

(2) 球弦的选购

羽毛球拍弦种类很多，主要有化纤弦、尼龙弦、羊肠弦、牛筋弦，目前市场上均有供应。化纤弦是最常用的高档弦，如日产YONEX 牌 BG65-90 型弦、美国产的雅沙维弦、日产的戈杉弦等多种型号；北京产的羊肠弦弹性好，但易断。尼龙弦是较低档的球弦，其弹性一般，易随气候变化而热胀冷缩，但价格相对便宜。

三、羽毛球运动基本技术

（一）握拍

要想打好羽毛球，必须重视握拍方法，如果握法不正确，虽能将球击出，但击球费力而且不远，击球范围也小。因此在初学打羽毛球时，要用一些时间学习和掌握正确的握拍方法，以下介绍几种。

1. 一般握拍法

（1）正手握拍法

正确的正手握拍法（以右手持拍为例，下同），首先用左手拿住拍杆，使拍面与地面成垂直状，然后，张开右手，以握手状把拍柄握住，使手掌小鱼际部分靠在球拍握柄底把，虎口对着拍柄窄面内侧的小棱边（图 3），拇指与食指自然地贴在拍柄两面的宽面上，中指、无名指和小指自然并拢握住拍柄，食指与中指稍微分开，掌心不要贴紧拍柄，要留有空隙（图 4）。这样，有

图 3

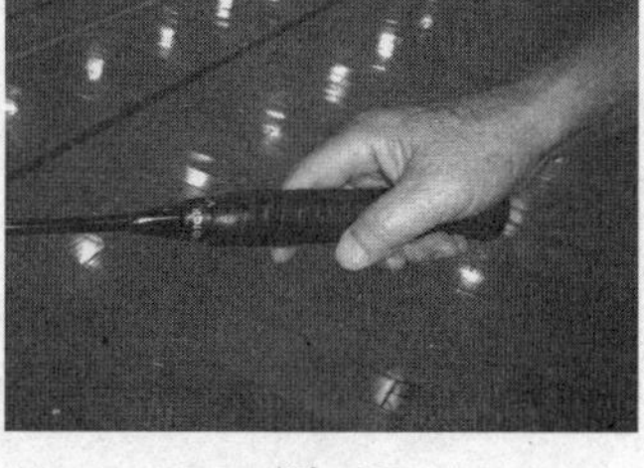

图 4

利于手腕力量和手指力量的发力及灵活运用。

在击球之前，握拍要放松、自然，不能握得太紧，就如抓小鸟一样，太紧会捏死小鸟，太松小鸟会飞走。总之，放松、自然地握住拍柄，在击球的一瞬间才紧握球拍发出力量，完成击球动作。

(2) 反手握拍法

反手握拍法有如下两种形式：

第一，在正手握拍的基础上，把球拍稍微外旋，拇指上提，食指收拢，拇指压住拍框的宽面，食指、中指、无名指和小指并拢（图 5）。

第二，在正手握拍的基础上，把球拍稍微外旋，拇指上提，食指收拢，拇指压住拍框的内侧小棱边，食指、中指、无名指和小指并拢（图 6）。

当然，手腕爆发力极强的选手也可不改变正手握拍手法打反拍球。但是，一般用反拍握拍法击反拍球更为省力，效果也好。

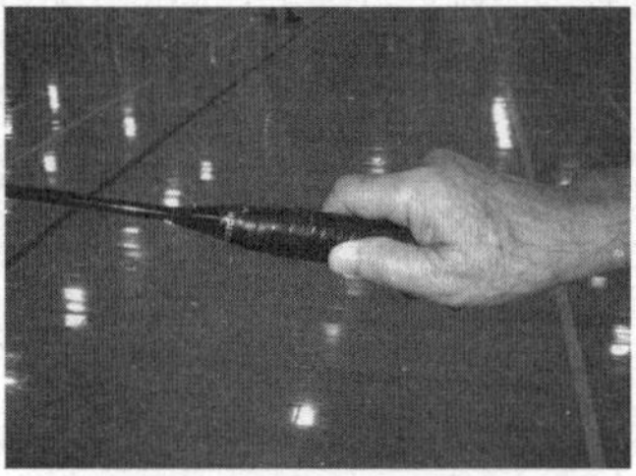

图 5

图 6

2. 特殊握拍法

上述正常的正、反手握拍法对于击高球、吊球、杀球、反手球、挑球、推球、抽球、挡球等比较用力击球的动作较为适宜。

在特殊情况下，如网前的封网技术、搓球、勾球、扑球、拨球、接杀勾球及被动放网球时可采用特殊握拍法。如封网前球时，则拍面与地面平行，虎口对准拍柄的宽面，其他手指与正常握拍法相同，这种握拍法也称之为西方握拍法(图 7)。双打时站在网前的封网者，使用这种握拍法是可以的，也是有利的；如果退至后场回击球时仍采用这种握拍法，则会在很大程度上限制扣杀和打高球的发力。又如在处理网前搓球、扑球、拨球、勾球时，以及正、反手接杀勾对角球和正、反手网前被动放网前球时，一般都采用正常握拍法，但手指及掌心的空隙等有细微的改变，以使击球更富灵活性、一致性和威胁性。

图 7

3. 握拍易犯的错误

第一，握拍手的虎口没有对着拍柄窄面内侧的小棱边。

第二，握拍时手指靠得太紧，像是握拳头。

第三，掌心与拍柄之间完全没有空隙。

第四，食指伸直按在拍柄上。

第五，握得太紧，以致手腕僵硬，不利于发力。

第六，握的位置太靠上，柄端露出太长，影响杀球动作。

第七，用同一种握拍法去处理各种球，不利于提高击球的灵活性和威胁性。

（二）发球

发球既是羽毛球运动的一项重要的基本技术，也是战术的重要组成部分。

发球质量往往直接影响到一个回合比赛的主动与被动，故初学者应充分重视发球技术的训练。

发球有两种形式，一是正手发球，二是反手发球。

正手发球可发高远球、平高球、平射球和网前球；反手发球由于受挥拍距离较短的限制，无法发高远球，只能发平高球、平射球和网前球。

不管采用哪一种发球形式，均要求发球动作协调一致，有突变性，而且落点及弧度要准确多变，几种发球的弧度和落点如图 8 所示。要根据战术需要采用各种发球以达到战术目的。

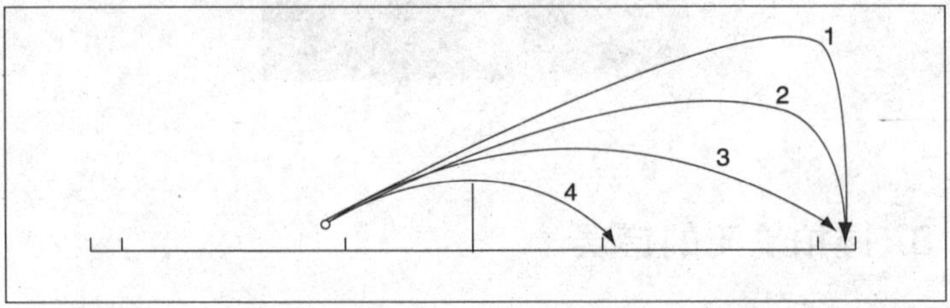

1. 高远球　2. 平高球　3. 平射球　4. 网前球

图 8

1. 正手发高远球

(1) 正手发高远球的动作要领

①发球站位：站在靠中线距离前发球线 1 米之内，有时也可

站在靠近前发球线处，发球后再退至中心位置。

②发球准备姿势：左脚在前，脚尖朝向球网；右脚在后，脚尖朝向右斜前方。两脚间距离约与肩同宽，重心在两脚之间，自然放松站立，身体稍侧向球网。右手正手握拍，自然屈肘举于身体右侧；左手以拇指、食指和中指轻持球，举在胸前，两眼注视对手的站位、姿势、表情，如图 9 所示。

③发球引拍动作：身体稍向左转，形成左肩向球网，身体重心转移至右脚；右臂向右后上方摆起，完成引拍动作，如图 10 所示。

图 9

图 10

④发球挥拍击球动作：完成引拍动作之后，紧接着身体重心随着上体由侧面转向正面而前移至左脚，右脚跟提起（图 11），上体微微前倾，右前臂向侧下方挥动至上体由侧面转向正面时，左手开始放球。此时，腕部动作尽量伸展，做最后击球动作，右前臂完成向侧下方挥动后，紧接着往上方挥动（图 12）。此时前臂内旋，使腕部动作由伸展至微屈；击球瞬间，手指紧握球拍，完成闪腕动作，球拍击到球时拍面成正拍面击球，完成挥拍击球

动作。

⑤随前动作：完成击球动作之后，右前臂继续内旋，并随着挥拍的惯性，自然向左肩上方挥动（图 13），然后回收至胸前，并将握拍调整成正手握拍形式。

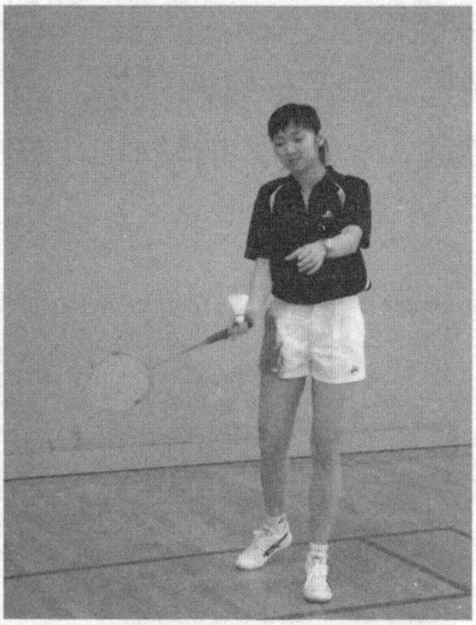

图 11

图 12

图 13

(2) 正手发高远球的技术性能

发高远球首先要发得高，标准是接发球者在接球时，球是垂直下落的；其次要远，标准是垂直下落的落点在底线处。初学者一般达不到此要求，必须经过严格训练才能准确掌握发球的弧度及落点。发高远球发得好，可以延缓对方的进攻速度和加大对方回击时的困难，从而减少对本方的威胁。

(3) 正手发高远球易犯的错误

①握拍错误：握得太紧，无法产生爆发力，故达不到发高远球之目的。

②站位错误：两脚平站，身体正面对网，两眼盯着球。

③引拍错误：由于站位错误，造成引拍时身体无法稍向右转，身体重心也无法转移，右臂不是向右后上方摆起而是向后方摆，无法形成较好的发力机制。

④挥拍击球错误：肘关节伸得太直，腕部动作未伸展，挥拍时动作僵硬，挥拍与放球时间不协调，击球点离身体太近或太远、太左或太右，导致击球时不是正拍面击中球，而是切面击球，击球点超过腰部，击中球的瞬间无法产生较大的爆发力。

⑤随前动作错误：发球后很快进行动作制动，没有随惯性挥向左肩上方，而是挥向右肩上方，回收动作后未及时进行握拍调整。

要发好高远球需要认真学习，纠正以上错误。

2. 正手发平高球

(1) 正手发平高球的动作要领

发球站位、准备姿势、引拍动作、挥拍击球动作与发高远球动作基本一致，只是在击球一瞬间不是产生最大的向前上方挥动的爆发力而是产生有控制力量的发力。随前动作也不必向左肩上方挥动，可以在击到球之后便制动，随前动作不必那么高，在胸前即可。

（2）正手发平高球的技术性能

发平高球的弧度比高远球低，以对方起跳无法击到球的弧度为宜，落点也应落在底线处。此种发球球在空中飞行的速度比高远球快，是一种进攻性极强的发球。

（3）正手发平高球易犯的错误

正手发平高球易犯的错误与发高远球易犯的错误相同。另外，在随前动作中才制动也是易犯的错误，应该在击球后便制动。

3. 正手发平射球

（1）正手发平射球的动作要领

发球站位可比发高远球和平高球稍靠后一些，这样可使发出球的弧度较平。其他准备姿势、引拍动作、挥拍击球动作与发高远球基本一致，只是在挥拍至击球一瞬间前臂内旋动作不明显，挥拍线路不是向上方而是向前方，腕部动作也由伸展至微屈，但方向不是向上微屈，而是向左侧前方微屈的快而小的闪腕动作。

（2）正手发平射球的技术性能

顾名思义，发“平射”球即又平又快的发球，落点一般在后场3号区（即在后发球区靠中线处）。这种发球对于反应慢、站位偏前且离中线较远、后场靠底线区有明显空当、动作幅度较大及摆速较慢的对手，是一种很有威胁性的发球技术。

(3) 正手发平射球易犯的错误

大致与发高远球、平高球类似，不同的是爆发力量不易控制，易造成发球出界；路线离接发者太近，易被对手攻击。此外，还应特别注意出现“过手”与“过腰”的违例动作。

4. 正手发网前球

(1) 正手发网前球动作要领

发球站位比发高远球更靠前发球线。准备姿势如图 14 所示，引拍动作如图 15 所示，挥拍、击球动作如图 16、17 所示。发网前球与发高远球基本一致，但引拍时不必过多向右转（见图 15），挥拍时前臂挥动的弧度小些（见图 16），腕部伸展也小些。因为是发网前球，球飞行距离最短，故在击球一瞬间不必用大的爆发力，而是做有控制的发力即可，球拍接触球时可从右向左斜面切削击球（见图 17），控制好球飞行过网的弧度及落点，随前动作不必向左肩上方挥动，可以在击到球后便做制动（图 18），在胸前回收即可。

图 14

图 15

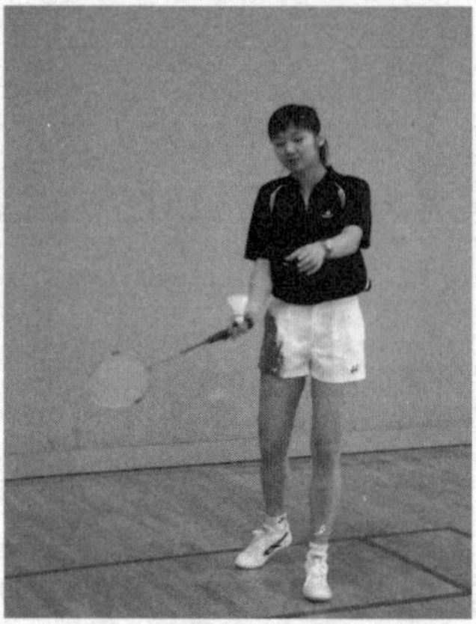

图 16

图 17

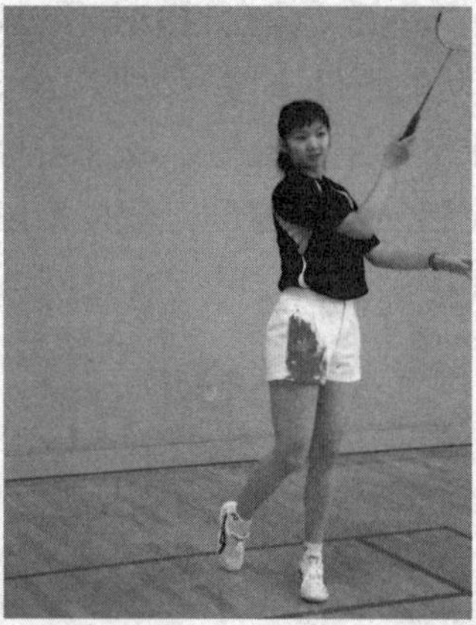

图 18

(2) 正手发网前球的技术性能

发网前球要求在技术上达到球飞行过网后即下落，落点在前发球线内。另一种叫发网前前冲球，一般在单打发球抢攻中使用较多，球过网后还有一定速度前冲，但不继续向上飞行，是向前之后向下，落点离前发球线远些，并直冲接发球者。总之，球过网之后不能继续向上飞行，而应立即向下或向前一小段后向下飞行（图 19）。这是最重要的技术性能。

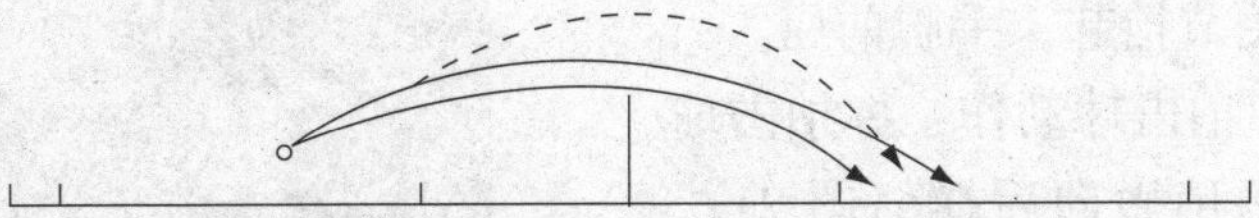

实线表示较好的发球；虚线表示不符合要求的发球

图 19

(3) 正手发网前球易犯的错误

①握拍太紧，以致不能控制发力及缓冲，难以把球发得过网很低。

②站位错误。除了与发高远球类似外，站位太后也不利于发好网前球。

③挥拍击球时不是从右向左斜面切削击球，而是像发高远球一样击中球托，向上挥拍击球，这样击球不易控制飞行弧度，球过网后往往还向上飞行。

④击球点超过腰部的违例动作，及拍框上缘部分超过腕部的过手违例动作，均属于必须纠正之范围。

5. 反手发网前球

(1) 反手发网前球的动作要领

①发球站位：站在靠中线，距前发球线较近的位置上。

②发球准备姿势：面向球网，右脚在前，左脚在后并提起脚跟，重心放在右脚，上体稍微前倾。右手反手握拍，左手拇指和

食指捏住羽毛，球托向下，斜放在拍面前面（图 20）。为了缩短球拍的力臂，以便更好地控制发球时的发力，手握在拍柄的前端，肘关节抬起，手腕前屈。

图 20

③挥拍击球动作：挥拍击球时，球拍稍微向后摆（图 21），并不停顿地接着向前挥动。前臂向斜前上方推送，同时，带动手腕由屈到微伸而向前摆动，并利用拇指的顶力，轻轻地“切”击球托的侧后部。

④随前动作：击球后，前臂上摆至一定高度即停止（图 22）。

图 21

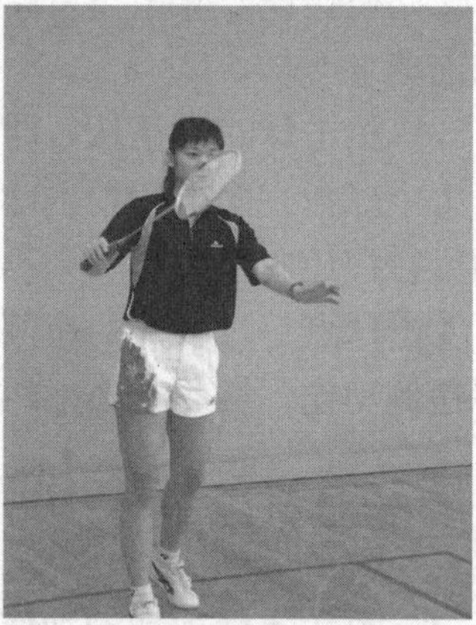

图 22

(3) 反手发网前球的技术性能

与正手发网前球的技术性能相同。

(4) 反手发网前球易犯的错误

①站位太靠后，不易把球发好。

②有“过腰”“过手”的违例动作。

6. 反手发平高球

(1) 反手发平高球的动作要领

发球站位、发球准备姿势、挥拍击球动作及随前动作均与反手发网前球相同，只不过在击到球之一瞬间不是轻轻地“切”击球托的侧后部，而是手腕由屈突然变直，向前上方挥动，让球突然飞越接发球者，飞向后发球线。

(2) 反手发平高球的技术性能

与正手发平高球技术性能相同，只是此种发球的隐蔽性要比正手发平高球好，威胁也更大。

(3) 反手发平高球易犯的错误

①站位太靠后。

②发力之时上提了拿球的手，造成“过腰”“过手”的违例动作。

7. 反手发平射球

(1) 反手发平射球的动作要领

发球站位、发球准备姿势、挥拍击球动作及随前动作均与反手发网前球相同，只不过在击球瞬间突然发力击球托后部，让球以较快的速度、较平的弧线飞向接发球者的后场靠近中线区域。

(2) 反手发平射球的技术性能

与正手发平射球技术性能相同，只是此种发球的隐蔽性更好，威胁性也更大。

(3) 反手发平射球易犯的错误

①站位太靠前，以致无法达到发平射球的要求，易发球下网。
②发力时上提拿球的手，造成“过腰”“过手”违例。

(三) 接发球

接发球是羽毛球运动的一项重要基本技术。接发球质量往往直接影响一个回合开始的主动与被动，应充分重视接发球技术的训练。

1. 接发球的准备姿势

(1) 单打接发球准备姿势

左脚在前，右脚在后，侧身对网，重心放在前脚，膝关节微屈，后脚跟稍提起，收腹含胸，注视对方发球的动作。

(2) 双打接发球准备姿势

与单打基本相同，膝关节屈的程度更大一些，以便能直接进行后蹬起跳。也有个别人接发球的准备姿势是以右脚在前、左脚在后。

2. 接发球的站位

接发球站位很重要，如有错误，会出现明显的漏洞，有可能给发球方以运用发球抢攻战术的好时机，因此，应予重视。

(1) 单打接发球站位

运动员站在离前发球线约 1.5 米处，在右区时应站在靠近中线的位置，以防发球方以平射球攻击头顶区域；在左区时则站在中线与边线的中间的位置上。

(2) 双打接发球站位

双打接发球站位比单打更有讲究，有一般站位法、抢攻站位法、稳妥站位法和特殊站位法 4 种。

①一般站位法：站在离中线和前发球线适当的距离处。在右区时，注意不要把右区的后场靠中线区暴露出来；在左区时，注意保护头顶区。这种站位，女队员和一般不是抢攻打法的男队员采用者居多。

②抢攻站位法：站得离前发球线很近，前脚紧靠前发球线，且身体倾斜度较大，球拍高举。这种站法，进攻型打法的男队员采用者居多。

③稳妥站位法：站在离前发球线有一定距离处，身体类似单打站法。这种站法是在无法适应对方发球情况下采用的过渡站位法，一般业余选手双打时多采用。

④特殊站位法：此种站法是以右脚在前，站位和一般站位法类似，接网前球时右脚蹬一步上网击球。

(四) 击球

羽毛球运动的击球，即把对方打出的各种弧度的来球，回击到预想的战术位置上。

击球法按拍面的不同，可分为正拍面击球法和反拍面击球法两种；按击球点与身体部位的不同，可分为上手、体侧和下手击球法。综合这两种分法，有以下多种击球方法。

1. 高远球击球法

这种击球法是从球场的任何一点，以较高的弧度将来球回击到对方的底线区。这种球在空间滞留的时间长，逼使对方退至底线才能回击，利于我方调整好站位，调动对方的位置，减弱其攻击力。

以单打技术为例，高远球可分为上手正手击高远球，上手反手击高远球，上手头顶击高远球;下手正手底线击被动高远球，下手反手底线击被动高远球;下手正手网前被动挑高远球，下手反手网前被动挑高远球；下手中场正手挑高远球，下手中场反手挑高远球。

(1) 上手正手击高远球

①准备动作要领：左脚在前，右脚在后，侧身使左肩对网，两脚间距与肩同宽，重心在后脚，右手握拍屈臂举拍于右侧，左手自然上举，眼睛向上注视来球，使拍面对着球网（图 23)。

图 23

②引拍动作要领：球拍上提并后引，使躯干成微微的反弓形。同时，身体向左转动或面向球网。此时，右肘上提，使拍框在身后下摆，形成引拍的最长距离（图 24、25）。

图 24

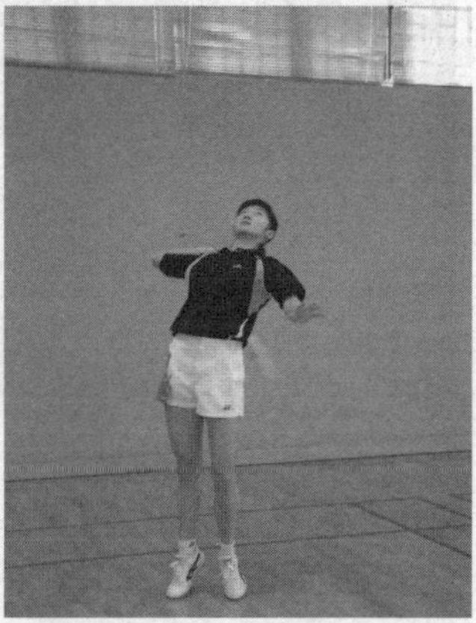
图 25

③挥拍击球动作要领：挥拍击球动作从后脚后蹬开始，紧接着转体、收腹，肘部向前摆动，并以肘为轴，以肩为支撑点，前臂旋内加速向前上方挥动。在击球的一瞬间，主要依靠前臂、手腕和手指的协调用力，取得最佳的速度（手腕的爆发力在挥拍过程中产生较大的挥拍速度）。此时，手腕在内收的状态下迅速屈腕，并握紧拍柄，运用拇指和食指的顶、压动作，产生出最大的爆发力（图 26）。击球点在右肩上方，持拍手臂在几乎伸直的情况下，以正拍面击中球托底部，将球击出。左手协调地降至体侧，协助转体动作。

④随前动作要领：击球后，右手顺势向左下方减速摆臂，最后回收至体前（图 27）。身体重心迅速左转至体前，右脚向前回动一小步，为下一步回中心做好准备。

图 26

图 27

上手正手击高远球易犯的错误

第一，准备姿势易犯的错误：握拍太紧，手臂伸得太直，两脚平站，身体正面对网，以致无法产生侧身转体的一连串发力动作。

第二，引拍动作易犯的错误：身体太直，拍框无法在身后下摆，而是立即上举，肘部未屈，伸得太直，无法形成挥拍动作的最长距离，也无法产生更大的爆发力。

第三，挥拍击球易犯的错误：由于前两个环节的错误，必然造成挥拍击球时只能以肩为轴，靠“推”的动作击球，无法产生而且不会利用肩、肘、腕以及腰、髋、膝相继发力产生的“鞭打”爆发力。在手腕内收状态下的屈腕动作，出现被称为“推球”的错误动作。总之，击球时，全身用力不协调。

第四，随前动作易犯的错误：击球后，球拍不是顺惯性向左下方挥动并回收至体前，而是向右下后方挥动，影响身体重心的回动，步法上也无法回动。

上手正手击高远球是上手动作的基础，不掌握好这一基础动作必将影响吊球、杀球动作的质量。上手正手击高远球时为了争得击球时间更快，击球点更高，可采用跳起击球，但初学者一般应以不起跳击球为宜。

(2) 上手反手击高远球

①准备动作与引拍动作要领：当对方击来反侧球，我方采用反手回击高远球时，应迅速将身体转向左后方，右脚向左脚并一步，然后左脚向后迈一步，紧接着右脚向左前跨一大步即到位（图 28、29）。此时，身体背对球网，身体重心在右脚上，步法移动到位时，球在右肩上方。步法移动中要立即由正手握拍转换成反手握拍，上臂平举屈肘，使前臂平放于胸前，球拍放至左胸前，拍面朝上，完成引拍动作。

图 28

图 29

②挥拍击球动作要领：上臂迅速向上摆，前臂快速向右斜上方摆，手腕迅速回环伸展，拇指顶压拍柄，使产生爆发力，以正拍面击球托后下部，身体重心从右脚转至左脚，并迅速转体回动（图 30、31）。

③随前动作要领：击球后，身体随重心的转移回动成正面对网。前臂内旋，使球拍恢复至正常位置，恢复正手握拍（图 32、33）。

图 30

图 31

图 32

图 33

上手反手击高远球易犯的错误

第一，准备及引拍动作易犯的错误：步法移动不到位，击球点控制不好，握拍太紧，而且未能及时改变握法，引拍动作无法形成挥拍的最长距离，限制了爆发力的发挥。

第二，挥拍击球动作易犯的错误：由于握拍太紧，以及引拍动作的错误，无法产生鞭打力量，击球时全身用力不协调，击球点太低，而且也未能击在球拍的“甜点”上，不是以反拍正拍面击球，而是带切拍击球。

第三，随前动作易犯的错误：击球后转体回动太慢，造成回中心的速度太慢。

(3) 上手头顶击高远球

①准备、引拍、挥拍击球动作要领：与上手正手击高远球基本一致，不同的是做准备动作时侧身稍向左后仰，击球点在左肩或头顶左后上方。击球时上臂带动前臂，挥拍使球拍绕过头顶，从左上方加速挥动击球，而且前臂的内旋动作更明显。左脚后蹬幅度较大，收腹动作较明显，以利更快地回动（图 34、35）。

图 34

图 35

②随前动作要领：由于击球时前臂内旋较明显，故惯性较大。球拍减速的方向是向右前下方（图 36），最后回收、回动（图 37）。

图 36

图 37

上手头顶击高远球易犯的错误

第一，准备与引拍动作易犯的错误：开始移动步法时，未先做一个大侧身步，造成移动不到位，身体重心太偏离落球点，只能用大幅度侧弯腰的动作去击球，造成击球点不正确，引拍动作无法形成挥拍动作的最长距离，不利于爆发力的发挥。

第二，击球动作易犯的错误：握拍太紧，前臂内旋动作不明显，造成击球质量差或击球出边界的现象。

第三，随前动作易犯的错误：左脚后撤幅度太小，造成身体后仰，不利迅速回动。

以上 3 种上手击高远球动作是后场最基本的击球法，因此，初学者要认真学习并正确掌握。其他如平高球、平射球、吊球、杀球均以上述 3 种为基础演变而成。

(4) 下手正手底线击被动高远球

①准备、引拍动作要领：右脚后撤一步，紧接着左脚后交叉，右脚做蹬跨大步到位，重心在右脚上。在步法移动中，球拍从胸前经右下方后摆至右肩上，再把拍子后摆引伸到右后下方，手腕尽量后伸，前臂有些外旋（图 38—41）。

图 38

图 39

图 40

图 41

②挥拍动作要领：在前臂内旋向前挥拍的同时，手腕屈收以产生较大的爆发力将高远球击至对方底线（图42）。

③随前动作要领：击球之后，拍框随惯性挥至左髋部后恢复至右后方（图43）。此时，左脚跟进一小步，同时身体左转回动。

图 42

图 43

下手正手底线击被动高远球易犯的错误：

第一，准备、引拍动作易犯的错误：起动、移动太慢，蹬跨步太小，造成移动不到位。球的落点太靠近身体，不利于挥臂发力。引拍动作未能形成挥拍的最长距离，不利于产生爆发力。

第二，击球动作易犯的错误：握拍太紧，挥拍不是由右后方以正拍面向前挥动击球，而是由右后上方往前下方切击挥动，造成击球质量差或击球出边界的现象。

第三，随前动作易犯的错误：击球后，未能随惯性挥拍至左髋部，而是由右后上方往前下方挥动。

（5）下手反手底线击被动高远球

①准备、引拍动作要领：随着上体左后转，左脚尖转向左后方的同时，右脚向左脚并一步后，左脚向左后跨一步，右脚再向

左后跨一大步到位。在步法移动的过程中，球拍由身前经左上方引至右后下方（图 44—46）。

图 44

图 45

图 46

②击球动作要领：前臂外旋，击球瞬间手腕伸展发力，击球托的后下部（图 47），拍面向前上方挥动。

图 47

③随前动作要领：击球之后，上身直起并向右回转，左脚跟进一步，右脚向右前方跨一步，左脚跟进一步回位。球拍回收至胸前（图 48—50）。

图 48

图 49

图 50

下手反手底线击被动高远球易犯错误

第一，准备、引拍动作易犯的错误：起动、移动太慢，最后跨步步幅太小，造成移动不到位。球的落点太靠近身体，不利于挥臂发力。引拍动作未能形成挥拍的最长距离，不利于产生爆发力。

第二，击球动作易犯的错误：握拍太紧，造成前臂外旋和手腕伸展不充分，不能产生较大爆发力。

第三，随前动作易犯的错误：左脚未能迅速跟进一小步，上身直立并右转太慢，造成回动太慢。

(6) 下手正手网前被动挑高远球

①准备、引拍动作要领：左脚垫步前移，右脚向正手网前跨一大步，右脚尖稍朝外。球拍前伸，前臂外旋，手腕伸展，将拍子引至右侧下方（图 51—53）。

图 52

图 51

图 53

②击球动作要领：前臂内旋，屈腕发力，以正拍面击球托的后下部，并向前上方挥动（图 54）。

图 54

③随前动作要领：击球之后，球拍向前上方挥动并制动，用垫步迅速回位。

下手正手网前被动挑高远球易犯的错误

第一，准备、引拍动作易犯的错误：起动和移动太慢，蹬跨步太小，右脚尖朝内，造成移动不到位，引拍动作未能形成挥拍的最长距离，不利产生爆发力。

第二，击球动作易犯的错误：握拍太紧，不能产生较好的爆发力，未以正拍面击球。

第三，随前动作易犯的错误：击球之后，球拍未制动，挥得太高。未能迅速回动而是向前跟进。

（7）下手反手网前被动挑高远球

①准备、引拍动作要领：左脚向左前移一小步，同时，上体稍侧左转，左脚后蹬，右脚向左前方跨一大步到位。球拍由身前引向左下方，拍面朝上，上体前屈（图 55—57）。

②击球动作要领：左脚跟进一小步，形成稳定的弓箭步，手

腕由外展至内收，由微屈至伸，手臂由下向上挥动击球。挑球时应注意，如来球离网较远时，拍面和挥拍动作按图58所示向前上方挥动击球；如果球离网较近时，拍面应以由下向上提拉的动作挥动击球。

③随前动作要领：左脚跟进一小步，身体重心上提，球拍随惯性向前上方减速，身体恢复至准备动作时的姿势（图59）。

图 55

图 56

图 57

图 58

图 59

下手反手网前挑高远球易犯的错误

第一，准备、引拍易犯的错误：起动、移动太慢，左脚未先移一小步，右脚立即向前蹬跨一大步，造成移动不到位，引拍动作未能形成挥拍的最长距离。拍面不是朝上，而是朝网。手腕形成明显的屈腕动作，不利于产生爆发力。上体太直。

第二，击球动作易犯的错误：由于引拍动作的错误，造成击球时发力不佳。来球近网时，提拉动作向上不够，造成下网。

第三，随前动作易犯的错误：左脚跟进一大步，身体重心上提不够，造成向前太多，回位太慢。

(8) 下手中场正手挑高远球

①准备、引拍动作要领：右脚向右侧跨出一步，根据来球位置决定跨步大小，到位击球。随步法移动的同时，右上臂稍向右后摆，前臂稍带外旋，手腕后伸到最大限度，形成挥拍的最长距离（图 60—62）。

图 60

图 61

图 62

②击球动作要领：右前臂向前略有外旋地快速挥动，手腕在击球瞬间由后伸至快速屈收，拍面向上方挥动（图 63）。

③随前动作要领：击球后，前臂挥至体前上方，然后回动至准备姿势（图 64、65）。

图 63

图 64

图 65

下手中场正手挑高远球易犯的错误

第一，准备、引拍易犯的错误：右脚未向右侧跨出一步，而是上体向右侧倾斜，导致重心移动不到位，引拍动作未能形成挥拍的最长距离。

第二，击球动作易犯的错误：前臂向前外旋不充分，手腕快速屈收不够，拍面向上挥动不够，造成球向上飞行的弧度未能达到高远球的要求。

(9) 下手中场反手挑高远球

①准备、引拍动作要领：左脚向左侧跨出一步到位，上体稍向左后侧转，球拍引至左侧后，前臂稍有内旋，拍面朝上（图66、67）。

图 66

图 67

②击球动作要领：在前臂往前挥动的同时，手腕由外展至内收伸腕，手指突然紧握拍柄，以产生的爆发力击球托的后底侧部，使球向上飞行（图 68）。

③随前动作要领：击球后，球拍随身体的回转回动至胸前（图 69）。

图 68

图 69

下手中场反手挑高远球易犯的错误

第一，准备、引拍动作易犯的错误：上体左后侧转不充分，使得球拍无法引至左侧后，拍面不能朝上，引拍动作未能形成挥拍的最长距离。

第二，击球动作易犯的错误：手腕的屈伸发力不够，击中了球托后底部，以致球飞行线路比较平直，达不到击高远球的要求。

第三，随前动作易犯的错误：上体的回转回动和球拍的回收太慢，影响下一回合的准备。

以上介绍的是单打上手、下手、中场球回击高远球的动作要领与易犯的错误，这些基本技术是羽毛球运动的最基础的手法和步法，初学者必须严格按动作要领练好基本功，纠正易犯的错误，使基本技术正确、规范，为进一步提高打下良好基础。

2. 平高球击球法

从球场的任何一点，以一定的弧度将来球回击到对方的底线区，这种球在空间的飞行时间比高远球短，飞行速度比高远球快，其弧度以能超过对方跳起击球的高度为准。对方必须有较快的反应、起动与移动速度，否则就将陷入被动。这是一种在较主动情况下运用的主动进攻的击球技术，为我方更有力地进攻创造机会。其中高远球与平高球、平射球的抛物线如图 70 所示。

平高球可分为上手正手击平高球、上手反手击平高球和上手头顶击高远球 3 种。

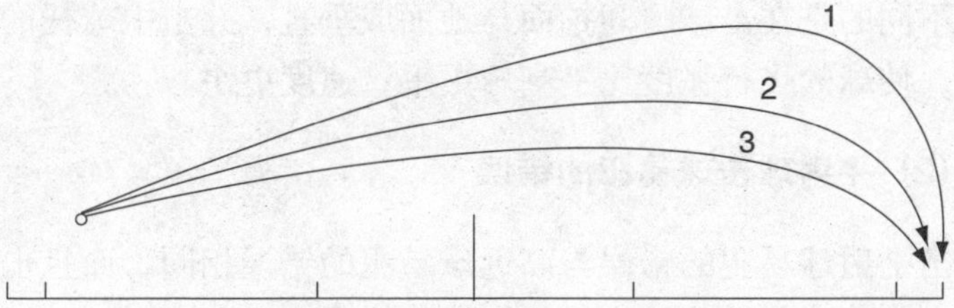

1. 高远球　2. 平高球　3. 平射球

图 70

(1) 平高球击球动作要领

准备、引拍、随前的动作要领与高远球击球动作基本一致，只是在击球瞬间拍面与地面几乎成垂直，并击球托的后下部，使球飞行速度快，抛物线平。

(2) 平高球击球易犯的错误

由于平高球击球动作要领与高远球击球动作要领基本一致，因此易犯的错误也有共同点。另外，平高球还会出现飞行速度慢和抛物线稍高等情况。

3. 平射球击球法

平射球在空中的飞行时间比平高球更短，飞行速度更快，特别是正手直线平射球威胁性更大些，对一些反应起动慢、腰部柔韧性不好的对手威胁更大。但是，平射球只适用于两边线直线球，不宜用于对角线球。

平射球可分为上手正手击平射球、上手反手击平射球和上手头顶击平射球。

(1) 平射球击球动作要领

准备、引拍、击球、随前动作的要领：与击高远球基本一致，不同的是在击球瞬间拍面与地面成垂直，并击中球托的后中下部，使球的飞行弧度比平高球更平，速度更快。

(2) 平射球击球易犯的错误

击平射球易犯的错误与高远球易犯的错误相同，而且击平射球还会出现飞行抛物线高、速度慢等错误。

4. 吊球击球法

把对方击来的后场高球，以向下的弧度回击到对方的网前区，这种吊球可以调动对方的位置，以利我方组织进攻。

吊球可分为快吊（劈吊）、慢吊（轻吊、近网吊）、拦截吊 3 种，可用于正手、反手和绕头顶击吊球。

(1) 正手快吊(劈吊)

①准备、引拍、击球、随前动作要领:与击高远球的动作要领基本一致,只是在击球一瞬间改变拍面的运行角度,如快吊对角网前,则使拍面向对角的方向减速挥动,并切击球托的右侧后下部,使球向对角网前直线快速飞行(图 71、72);如快吊直线,则使拍面由右上方向左上方(弧形)减速挥动,并轻切击球托的正面后下部,使球向网前直线快速飞行(图 73、74)。

图 71

图 72

图 73

图 74

②易犯的错误：与击高远球易犯的错误基本相同，不同的是快吊对角时须切击球托右侧后下部，而不是正击，手腕动作如下压不明显也是错误的；如快吊直线时须切击球托正面后下部，而不是正击。

(2) 正手慢吊（轻吊、近网吊）

①准备、引拍、击球、随前动作要领：与击高远球的动作要领基本一致，只是在击球瞬间改变拍面的运行角度，如慢吊对角网前，则使拍面向对角的方向减速挥动，并切击球托右侧的后下部，切击的力量比快吊要轻，使球向对角网前成弧线飞行；如慢吊直线，则使拍面由右上方向左上方成弧形减速挥动，并轻切击球托的正面后下部，使球向直线网前成弧线飞行。吊球的 3 种飞行弧度如图 75 所示。

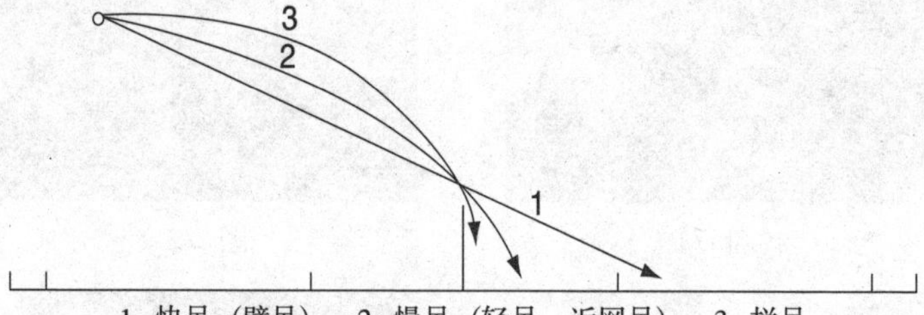

1. 快吊（劈吊） 2. 慢吊（轻吊、近网吊） 3. 拦吊

图 75

②易犯的错误：与击高远球易犯的错误基本相同，不同的是对角时切击的力量更小。若慢吊时过网路线过高，容易被对方上网扑杀。

(3) 正手拦吊球

①准备、引拍动作要领：准备时右脚在前，左脚在后，上体稍微向前倾，膝微屈，球拍自然持于胸前。当对方击来正手后场

平高球时，向右侧身后退一步后，迅速起跳向右后侧方跃起，此时，右臂自然向右上摆起至最高点。

②击球动作要领：击球瞬间屈腕，使球拍轻轻地正面击球托的后下部，使球在近网处落下（见图 75）。

③随前动作要领：由于击球动作很轻，故球拍很自然地回收至胸前。

④易犯的错误：除了与击高远球易犯的错误基本相同外，还易击球过重。因此，最主要的是击球瞬间用力要轻，过重就达不到拦吊的目的。

（4）绕头顶快吊球

①准备、引拍、击球和随前动作要领：与上手头顶击高远球基本一致，不同的是击球瞬间改变拍面的运行角度，如快吊（劈吊）对角网前，则使拍面向对角的方向减速挥动，击球瞬间手腕做弧形外展闪动，并切击球托的左侧后下部，使球向对角网前直线快速飞行（图 76—78）；又如快吊（劈吊）直线网前，则使拍面向直线的方向减速挥动，击球瞬间手腕做内收闪动，并切击球托的右侧后下部，使球向直线网前直线快速飞行。

图 76

图 77

图 78

②易犯的错误：与击高远球所易犯的错误基本相同，不同的是绕头顶快吊对角击球瞬间须有手腕的外展弧形闪动动作，并切击球托左侧后下部，如无外展、弧形、切击这 3 个环节就是错误动作。快吊直线如未内收、切击也是错误动作。

(5) 绕头顶慢吊球

①准备、引拍、击球和随前动作要领：与绕头顶快吊基本相同，只不过在击球瞬间的用力控制得比较轻些，使球成弧线飞行，落至网前近网区内。

②易犯的错误：与绕头顶快吊球相同。

(6) 反手慢吊球

①准备、引拍动作要领：与反手击高远球动作基本相同（图 79）。

②挥拍击球动作要领：前臂快速由左肩下往右上稍有外旋地挥动，手腕内收闪动，并切击球托的右下部，在击球瞬间拍面与

水平面的夹角应稍大于 90°，并有前推的动作，以免吊球落网（图 80—82）。

图 79

图 80

图 81

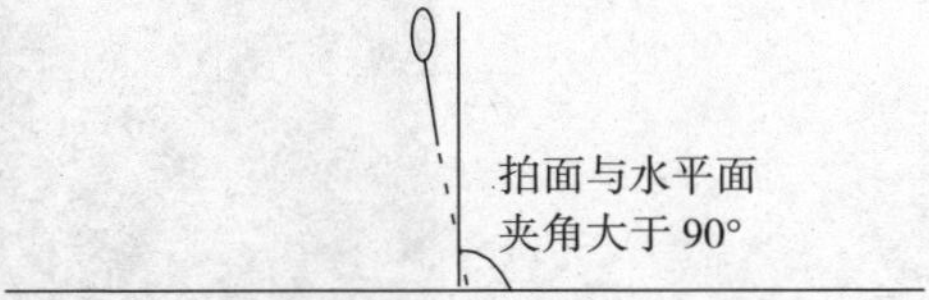

图 82

③随前动作要领：与反手击高远球动作要领相同。

④易犯的错误：准备、引拍动作与反手击高远球易犯错误动作相同。另外，在挥拍击球动作上没有前臂的外旋挥动，而只是

前后挥动和手腕闪动；没有内收切击动作，而只有伸腕动作，这些都是错误的动作。随前动作上的易犯错误与反手击高远球时的相同。

5. 杀球击球法

杀球击球法是把对方击来的中后场高球，用较大的力量和较快的速度，以向下的弧度将球回击到对方的中后场区。杀球是主动进攻与得分的重要手段。

杀球以力量大小区别，可分重杀、轻杀；以落点区别，可分长杀和短杀（点杀、半杀）。这几种杀球均可运用正手、绕头顶杀直线和对角线。由于反手杀球技术要求高，因此极少数人能掌握并运用。

（1）正手原地跳杀球

①准备、引拍动作：右脚在后，侧身对网，屈膝降低重心，做好起跳击球的准备（图 83）。起跳后，身体左转，同时后仰，

图 83

挺胸成弓形（图 84、85）。随后凌空转体，收腹，上臂向上摆起，肘部领先，前臂快速往前上方挥动，腕部充分后伸，拉长挥拍的工作距离。

图 84

图 85

②挥拍击球动作：前臂快速往前上方挥动，球拍也高速往前上方挥动。当球落至肩前上方的击球点时，前臂内旋，腕部在内收的状态下前屈闪腕发力。与此同时，手指突然握紧拍柄，使手腕的发力集中到击球点上。此时，球拍和水平面的夹角应小于 90°，拍面正面击球托的后部，使球快速向下直线飞行（图 86、87）。

③随前动作：杀球后，前臂随惯性往体前回收，形成右脚在前、左脚在后的回动姿势（图 88、89）。

④易犯的错误：与正手击高远球基本相同，不同的是击球瞬间球拍与水平面的夹角，高远球应大于 90°，杀球应小于 90°。

图 86

图 87

图 88

图 89

(2) 正手突击杀球

①准备、引拍动作：向右方侧身，后退一步并迅速跳起（图90、91）。跳起后，身体后仰，拉长腹肌及胸大肌，球拍自然往后下方摆动，加大挥拍的工作距离（图 92）。

②挥拍击球动作：右上臂带动前臂急速往上前方挥拍，手腕从后伸经前臂的内旋至屈收，并突然紧握球拍闪腕以爆发力击球。此时，拍面与水平面所成的夹角稍小于90°（图93）。

图 90

图 91

图 92

图 93

③随前动作要领：随惯性回收球拍于胸前，落地时应右脚在后，左脚在前，并迅速回动（图 94）。

图 94

④易犯的错误：与击高远球易犯的错误基本相同，不同的是高远球的击球点是在肩的前上方，而突击杀球的击球点是在肩的右侧斜上方。另外，手腕的压腕动作应使拍面从后向前挥动，不应有切击的动作。

(3) 绕头顶杀球

①准备、引拍动作要领：左脚向后移一步，右脚迅速侧身向左后退一大步并迅速起跳（图 95—97）。身体成弓形，拉长挥拍的工作距离，完成引拍动作。

②挥拍击球动作要领：凌空转体（图 98）、收腹、肘部先行并在瞬间发力等一系列击球动作与原地起跳杀球动作基本相同（图 99）。

③随前动作要领：与原地跳杀动作基本相同，只不过落地时左脚后撤较大，使重心不后倒，并能更快回动（图 100）。

④易犯的错误：与绕头顶击高远球基本相同，不同的是击球时拍面与水平面夹角应小于 90°，不然就难于击出较好的杀球。

图 95

图 96

图 97

图 98

图 99

图 100

（4）反手杀球

①准备、引拍动作要领：向左后转身以前交叉步后退 3 步，移动过程中形成反手握拍，前臂往胸前收，右肩有些内收，完成引拍动作（图 101）。

图 101

②挥拍击球动作要领：前臂开始向上挥动，球拍从左前下方摆到右前下方（图 102）。此时，左脚开始发力，腰腹及肩部发力，并带动上臂及前臂做鞭打动作，球拍往上后方挥动。击球瞬间握紧球拍，快速外旋和后伸压腕，击球托的后部（图 103），完成挥拍击球动作。

图 102

图 103

③随前动作要领：击球后，前臂内旋，使球拍回收至体前，降低重心，并迅速转体回动（图 104—106）。

图 104

图 105

图 106

④易犯的错误：与上手反拍击高远球易犯的错误基本相同，不同的是击球瞬间拍面与球的接触角度，击高远球时拍面与水平面的夹角大于 90°，而击反手杀球时拍面与水平面的夹角小于 90°。

以上介绍了高球、吊球与杀球的基本技术动作要领及易犯的错误。其实，其中最重要的是正手高远球、绕头顶高远球及反手高远球，这些动作要领掌握好了，其他的吊球和杀球则多是相似的动作，只不过在击球瞬间有所改变，如吊球，在击球瞬间改为切击动作，力量小些，击球点不同罢了；而杀球与高远球则是在击球瞬间手腕闪动角度不同，虽然都要求以正拍面击球，但拍面与水平面的夹角不同，高远球夹角大于 90°，杀球则小于 90°（图 107）。准备、引拍和挥拍击球的前期动作基本都是一致的，只是在击球瞬间有所改变，此即高水平技术要求的高度一致性。到了高级阶段，动作一致性越好，技术的威胁性越大，战术作用也越大。因此，初学者一定要掌握好基本技术动作要领。

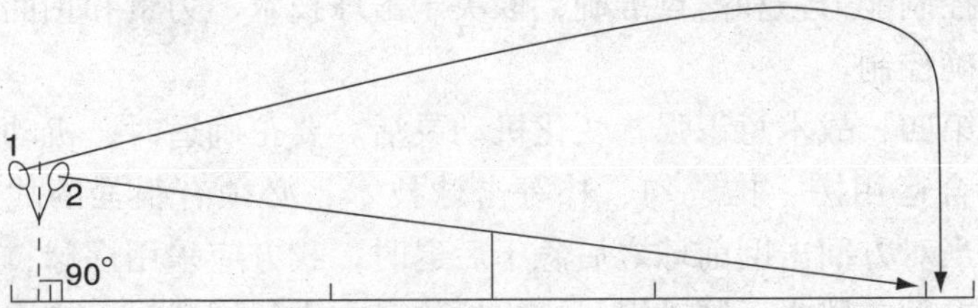

1. 高远球　2. 杀球

图 107

6. 网前击球法

网前击球技术有搓球、放网前球、推球、勾球和扑球等，搓、推、勾、扑均属于主动进攻技术，威胁性大，常能直接得分或创造下一拍进攻的机会，是关键性技术。为了能掌握好网前击球技术，使之更具威胁性，必须做到如下几点：

第一，击球点高、一致性好。一般要求击球点在离网顶 30 厘米左右，或更高些。击球前期动作一致性要强，握拍要放松、灵活，以便在击球瞬间利用手腕、手指的灵活性进行突变击球。

第二，准确判断，反应快，步法准确到位。这是为击球点高创造先决的条件，步法起动、移动快，并准确到位，才能完成高点击球。

第三，出手击球快，控制能力强。除了步法准确、快速到位、抢到较高击球点外，前臂要迅速往前上方举起，球拍略前伸，这是击搓、推、勾前期动作的一致性。在击球瞬间，根据战术需要灵活、快速地出手击球，再结合使用搓、推、勾技术，威力无穷。

搓、推、勾、扑等击球技术，对击球力量和拍面击球角度要求较高，必须掌握得恰到好处。力量大小主要靠身体前冲力、手臂、手腕和手指来控制，而拍面击球角度主要靠手腕和手指来调整。控制能力强和落点准确，取决于击球技术、力量和拍面角度的准确控制。

第四，战术意识强，变化机动灵活。要正确适时、机动灵活地结合运用搓、推、勾、扑等击球技术，必须有很强的战术意识。当对方回击网前球之后急于后退时，我方应采用搓球；当对方回击网前球之后回动慢，或想抓住我方重复搓球时，应采用推球等动作。

(1) 搓球击球法

搓球击球法是从离网顶 30 厘米左右或更高处，以球拍搓切球托的左侧、右侧或底部，使球向右侧或左侧旋转与翻滚过网。旋转翻滚性能越强，对方回击的难度就越大，从而为我方创造更有利的进攻形势。

搓球可分为正手搓球与反手搓球。

①正手搓球

准备动作要领：右脚在前，左脚在后，两脚间距比肩略宽，右手握拍自然地举在胸前，身体微微前倾，收腹（图 108）。

图 108

引拍动作要领：采用后交叉步加蹬跨步至右网前区。前臂随步法移动伸向右前上方，并有外旋，手腕稍后伸，完成引拍动作（图 109、110）。

图 109

图 110

挥拍击球动作要领：击球瞬间，前臂外旋，手腕由后伸至稍向前内收闪动，握拍手的食指和拇指夹住拍柄，中指、无名指和小指轻握拍柄（图 111、112），使球拍在手腕和手指的用力下搓切来球的右下底部，使球旋转翻滚过网。挥拍用力大小、速度快慢和拍面击球角度大小，主要取决于来球离网的远近和速度的快慢，如来球离网远，速度快，则搓球时力量要大些；如来球离网近，速度慢，则搓球时力量小些。总之，网前击球用力和拍面的控制要合适，否则会搓球下网或过高，造成失误或陷入被动局面。

随前动作要领：击球后球拍回收至胸前（图 113），右脚回收。

图 111

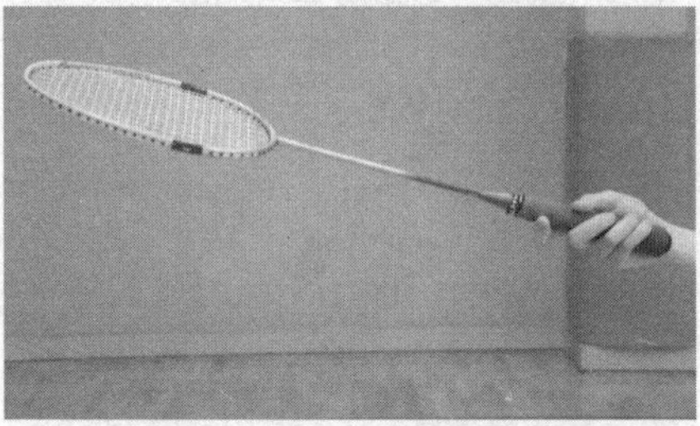

图 112

图 113

易犯的错误

准备姿势易犯的错误：手指握拍太紧，手臂伸得太直，两脚平站，身体太直立，影响起动速度和手腕灵活发力。

引拍动作易犯的错误：起动太慢，不能准确地到位，前臂未伸向前上方，导致击球点太低。

挥拍击球动作易犯的错误：由于引拍动作错误，在高点搓球时，拍框头部高于拍框与拍柄交接处，拍面搓球时角度不对，造成搓球不过网而失误（图 114、115）。

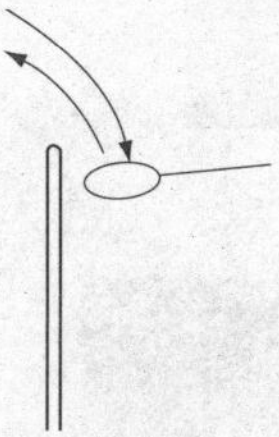

正确的拍面搓球角度

图 114

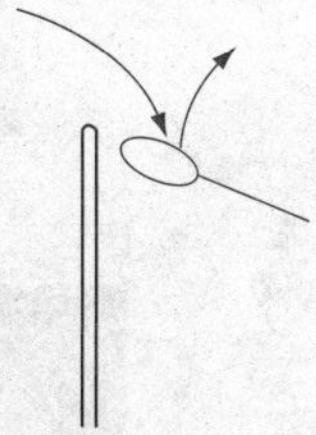

错误的拍面搓球角度

图 115

随前动作易犯的错误：击球后，球拍未回收至胸前，而是垂向下，步法回动太慢。

②反手搓球

准备动作要领：与正手搓球准备动作相同（图 116）。

引拍动作要领：用前交叉步加蹬跨步至网前左区，随步法移动改为反手握拍，前臂上举，手腕前屈，手背约与网同高，拍面低于网顶，以反拍拍面迎球（图 117）。

挥拍击球动作要领：击球瞬间，主要靠前臂的前伸并外旋，手腕由内收至外展，搓切球托的右侧后底部，拍面应有一定的斜度（图 118）。

随前动作要领：击球后，右脚迅速回位，球拍回收至胸前。

易犯的错误：与正手搓球基本相同。

图 116

图 117

图 118

(2) 放网前球击球法

放网前球与搓球不同之点是球过网后没有旋转与翻滚，但落点较近网，而且能适应各种位置的回击，如远网球、被动球，均可采用放网前球的击球技术（但在这种情况下搓球就不好使用），目的是调动对方，为我方创造有利的进攻形势。

放网前球可分为正手和反手两种。

①正手放网前球

准备与引拍动作要领：与正手搓球基本相同。

挥拍击球动作要领：击球点在腰际以下，击球瞬间，不是用搓切的动作，而是轻轻向上提，碰击球托后底部，使球过网后垂直下落。

易犯的错误：与正手搓球易犯的错误基本相同。

②反手放网前球

准备与引拍动作要领：与反手搓球基本相同。

挥拍击球动作要领：击球点在腰际以下，击球瞬间不是用搓切的动作，而是轻轻向上提，碰击球托后底部，使球过网后垂直下落。

随前动作要领：与反手搓球基本相同。

易犯的错误：与反手搓球基本相同。

(3) 推球击球法

推球是以推的动作把对方击来的网前球推击到对方后场底线去，球的飞行弧线较低平，速度较快，可造成对方回击的困难。

推球可分为正手推直线、推对角线与反手推直线、推对角线4种。

①正手推直线球

准备动作要领：右脚在前，左脚在后，两脚间距离比肩略宽，右手握拍自然地举在胸前，身体微微前倾并含胸收腹（图119）。

引拍动作要领：用后交叉步加蹬跨步至网前右区，前臂随步法移动伸向右前上方，并外旋，手腕稍后伸，球拍随着往右下后摆，使拍面正对来球（图120）。

图 119

图 120

挥拍击球动作要领：击球瞬间，前臂内旋，带动手腕由后伸到屈腕闪动，并特别注意运用食指的推压力量（图121）。球过网飞行弧度的高低，取决于击球瞬间击球点的高低和拍面角度的大小。

随前动作要领：击球后，球拍回收至胸前，右脚回蹬回位(图 122)。

易犯的错误：准备、引拍、随前动作易犯的错误与正手搓球基本相同。挥拍击球时，易犯的错误是拍面的角度和推球力量大小未能适当控制，造成失误。

图 121

图 122

②正手推对角线球

准备、引拍动作要领：与正手推直线球相同。

挥拍击球动作要领：击球瞬间，前臂内旋，带动手腕由后伸到屈腕闪动，并运用食指的推压力量。击球点靠近肩侧前，采用由右至左的挥拍击球路线（图 123、124）

随前动作要领：与正手推球动作相同。

易犯的错误：与正手推直线球易犯的错误相同。

图 123

图 124

③反手推直线球

准备动作要领：与正手推球动作要领相同（图 125）。

引拍动作要领：用前交叉步加蹬跨步至网前左区，前臂随步法移动伸向左前上方，并向左胸前收引。此时，肘关节微屈，手腕外展，手心朝下（图 126、127）。

图 125

图 126

图 127

挥拍击球动作要领：击球瞬间，前臂稍外旋，手腕由外展到伸直闪腕，中指、无名指、小指突然紧握拍柄，拇指顶压拍柄。击球点在左侧前，推击球托的后部，使球沿直线较低抛物线飞向对方后底线（图 128）。

图 128

随前动作要领：击球后球拍回收至胸前，右脚回蹬回位。

易犯的错误：握拍太紧，手臂伸得太直，两脚平站，身体太直立，影响起动速度和手腕灵活发力。起动太慢，不能准确到位。前臂未伸向左前上方，以致击球点太低。击球前手背朝网的屈腕动作使发力太慢，击球速度不快。

④反手推对角线球

准备、引拍及随前动作要领：与反手推直线球相同。

挥拍击球动作要领：与反手推直线球基本相同，只不过击球点在反边近肩侧方，击球托的左侧后部，使球朝对角线方向飞行。

易犯的错误：与反手推直线球基本相同。

（4）勾球击球法

勾球是把对方击来的两边网前球用勾的动作将球回击到对角

网前区，球的飞行速度快。当球朝对角飞越过网顶时，不能离网太高，最好是贴网而过。这是一种主动进攻的技术，如能与搓球、推球结合好，则战术效果更佳。

勾球可分为正手主动勾球、正手被动勾球及反手主动勾球、反手被动勾球。

①正手主动勾球

准备动作要领：与正手搓球基本相同（图 129）。

引拍动作要领：与正手搓球动作相同，以并步加蹬跨步上右网前（图 130）。

图 129

图 130

挥拍击球动作要领：击球瞬间，前臂稍有内旋，并向左拉收，手腕由后伸至内收闪腕，挥拍拨击球托的右侧下部，使球朝对角线网前方向飞行（图 131）。

图 131

另一种击球法是引拍时向右前上方举起，拍面朝上，以球拍面的右侧上方击球，前臂内旋，使拍面朝左旋转，击球托底部，让球朝对方对角线网前飞行（图 132）。

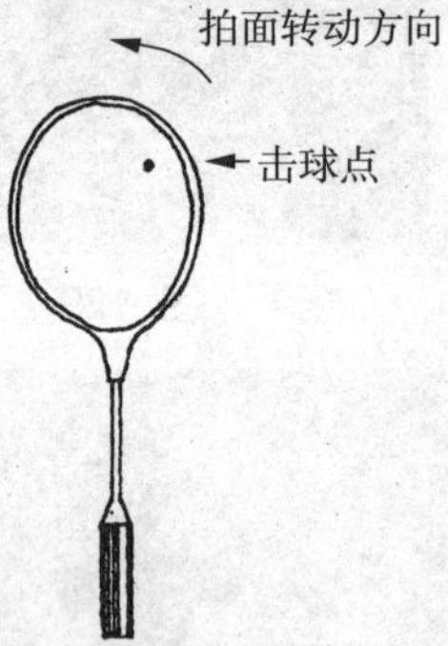

图 132

随前动作要领：击球后球拍回收到胸前，此时，身体重心朝左场区转移，用前交叉步回动至中线靠左边的中心位置，以利回击对方重复放网前球（图 133）。

图 133

易犯的错误：与正手搓球易犯错误基本相同，不同点是以整个手臂向左挥动的击球动作是错误的。

②正手被动勾球

准备动作要领：与正手主动勾球动作相同。

引拍动作要领：用垫步加蹬跨步上网，重心降低，前臂随步法移动伸向右侧前下方，手腕自然伸展（图 134）。

图 134

挥拍击球动作要领：击球瞬间，手腕由伸展到屈收发力，击球托后下部，球拍朝左侧前上方挥动（图 135）。

随前动作要领：与正手主动勾球动作基本相同（图 136）。

图 135

图 136

易犯的错误：步法不到位，跨步不稳，击球时拍面角度及用力大小控制不好。

③反手主动勾球

准备动作要领：与反手搓球动作基本相同。

引拍动作要领：采用前交叉步加蹬跨步上左网前，前臂随步法的移动前伸至离网顶 20 厘米处（图 137）。握拍手的虎口要有空隙，以便击球时能灵活运转。

挥拍击球动作要领：击球瞬间，前臂外旋，手腕由稍屈至后伸闪腕，拇指内侧和中指往右侧拉收拍柄，其他手指突然握紧，击球托的左侧后部，使球飞向对角网前（图 138）。

随前动作要领：左脚回蹬还原，球拍收回胸前。

易犯的错误：与反手推直线的易犯错误基本相同。

图 137

图 138

④反手被动勾球

准备动作要领：与反手搓球动作基本相同（图139）。

图 139

引拍动作要领：采用交叉步加蹬跨步上左网前，降低重心，前臂伸向左侧下方，手背朝上（图140—142）。

图 140

图 141

图 142

挥拍击球动作要领：击球瞬间，手腕由外展突然后伸并内收闪腕，手指紧握拍柄，自左至右挥拍切击球托的左侧下部，使球朝对角网前飞越（图 143）。

随前动作要领：击球后，手腕明显后伸，然后回收至胸前，右脚回收还原回中心（图 144）。

易犯的错误：握拍太紧，手臂伸得太直，两脚平站，身体太直立，影响起动速度与手腕灵活的发力；起动太慢，不能准确到位，重心降不下；前臂未伸向左侧下，手背未朝上而是朝网，使发力太慢，瞬间击球突变性不强。

图 143

图 144

（5）扑球击球法

扑球是网前进攻技术中威胁最大的一项技术，即将对方击过来离网顶 10~20 厘米高的球，以最快的速度向下扑压。球必须是向下飞行，腕力爆发力强，动作小，出手快，给对方造成很大的威胁，一般是直接得分的一项技术。

扑球可分为正手扑球和反手扑球。

①正手扑球

准备动作要领：与正手搓球动作相同（图 145）。

引拍动作要领：左脚先蹬离地面，然后右脚向右网前蹬跃起。在蹬跃的过程中，前臂稍上伸并略有外旋，在腕后伸的同时，握拍略有变化，虎口对准拍柄的宽面，小指和无名指稍松开，使拍柄离开鱼际肌（图 146）。

挥拍击球动作要领：击球瞬间，手腕由后伸略内收闪动至外展（图 147），使球拍从右侧向左侧挥动发力。如球离网顶较近，则应采用自右至左的“滑动式”挥拍扑球（或称“拨球”），以免球拍触网犯规。

图 145

图 146

图 147

随前动作要领：击球后，球拍随手臂往右侧下回收（图148）。

易犯的错误：准备、引拍动作与正手搓球基本相同，挥拍击球时的错误在于挥拍路线不论球距网顶远或近，均采用前后挥动球拍的动作，这样，当球离网顶较近时就易造成触网犯规。

图 148

②反手扑球

准备动作要领：与正手扑球相同（图149）。

引拍动作要领：左脚先蹬离地面，然后右脚向左网前蹬跃起，在蹬跃过程中，前臂前伸将球拍上举，手腕外展，拇指顶压在拍柄的宽面上，食指和其他三指并拢（图150）。

挥拍击球动作要领：击球瞬间，手臂伸直，手腕由外展至内收闪动，手指紧握拍柄，拇指顶压发力，自左至右加速挥拍击球（图151）。

随前动作要领：击球后，立即屈肘，手腕由内收至外展，放松回收。

易犯的错误：与正手扑球基本相同，只不过是在左场区，挥拍时应从左至右，不应前后挥动，如来球离网顶远才可前后挥动。

图 149

图 150

图 151

7. 抽球击球法

抽球是一种中场球的主动进攻技术，是把位于身体左右两侧、高度在肩以下腰以上部位的球用抽击的动作，使之过网后向下飞行，以便压住对方。这种技术的特点是速度快，球的飞行弧度较平，落点较远，是双打的主要技术。单打中，有时为了改变节奏或对付摆速较慢的对手也可运用，而且能收到较好的效果。

抽球可分为正手抽球和反手抽球两种。

（1）正手抽球

①准备动作要领：与正手搓球动作相同。

②引拍动作要领：右脚稍向右侧迈出一小步，上体稍向右侧倾斜，右臂向右侧上摆，球拍随着上举，左脚跟提起（图 152）。前臂稍后摆而带有外旋，手腕从稍外展至后伸，将球拍引至后下方，以增长向前挥拍的工作距离（图 153）。

图 152

图 153

③挥拍击球动作要领：前臂急速向右侧前方挥动，由外旋转为内旋，手腕由后伸至伸直闪腕，手指握紧拍柄，发力挥拍击球（图 154）。

图 154

④随前动作要领：击球后，球拍顺势向左侧摆，左脚往左前跟进一步，准备迎击第二个来球。

⑤易犯的错误：引拍时后摆不够充分，难以取得向前挥拍的最长工作距离，发力欠佳。挥拍击球时手腕未充分发力，而是以肩为轴，手腕未由后伸至伸直做闪腕发力。

(2) 反手抽球

①准备动作要领：与正手抽球动作相同。

②引拍动作要领：左脚向左前跨一步，身体稍向左转，前臂往身前收，肘部稍上抬，前臂内旋，手腕外展，将球拍引向左侧（图 155）。

③挥拍击球动作要领：击球瞬间，前臂往前挥拍的同时外旋，手腕由外展到伸直至内收闪腕。此时，手指突然握紧拍柄，

拇指前顶，使球拍迎击球托的后底部（图 156）。

④随前动作要领：击球后，球拍顺势反盖过去挥向右侧，再还原至胸前（图 157）。

⑤易犯的错误：引拍动作后摆不够充分，无法加长向前挥拍的工作距离，造成发力不足。

图 155

图 156

图 157

8. 快挡击球法

快挡是一种中场球技术，是把位于体前的来球，用正反拍弹击过去，使球过网后落于网前区，它是双打的反攻技术。快挡球可分为正拍快挡和反拍快挡两种。

(1) 正拍快挡

①准备动作要领：与正手抽球动作相同（图 158）。

②引拍动作要领：右脚向右侧跨出一步到位。随步法移动向右侧后引拍，使之对准来球，上体也向右后转至左肩对网。同时，髋关节也转向右后，右脚蹬地，为接近来球腾出适当的空位（图 159）。

图 158

图 159

③挥拍击球动作要领：由于来球力量大，速度快，因此，击球时，不必做较大的挥拍动作，只需借来球之力，在向外展闪手腕的同时，食指、中指往拇指方向轻轻提拉和其他手指突然紧握拍柄即可。球拍击球托的后底部，将球轻轻挡回直线网前区（图

160）。如要挡对角网前球，只需控制好拍面的击球角度即可达到目的。

④随前动作要领：击球后，球拍随身体向左转，右脚向前迈，球拍收回于身前（图 161）。

⑤易犯的错误：体转不够充分，空位未腾出，手腕和手指控制拍面角度不佳，造成过网过高，形成被动，或被对方扑死，或回球太低未过网。

图 160

图 161

（2）反拍快挡

①准备动作要领：与反手搓球动作相同。

②引拍动作要领：球拍向左下侧摆，上体稍向左侧闪，左肩向左后侧转动，让出适当的击球空位。

③挥拍击球动作要领：由于来球力量大，速度快，因此，不必做较大的挥拍动作，只需靠来球之力和手腕内收，由屈腕至伸直闪腕，以握紧拍柄所产生的力量击球托的后底部，即可将球轻轻地反弹回直线网前区；如要挡至对角网前区，只需控制好拍面的击球角度即可。

④随前动作要领：击球后，球拍回收体前，并向前跟进一步，以便封住直线或对角网前球。

⑤易犯的错误：与正手挡球易犯的错误基本相同。

9. 半蹲快打击球法

半蹲快打是双打中由守转攻最具威胁性的技术，当对方杀球时，我方站位要靠近网前，并采用半蹲的方式，将球的方位调整在肩上方，以利于使用上手平打、快打的技术，使球过网后向下飞行。

半蹲快打有如下特点：一是站位靠网前，取半蹲式击球。由于对方杀过来的球到达击球点时间短，故判断反应要快，前臂的摆速和手腕的闪动也要快，这样才能主动迎击来球，使球过网后便朝下飞行。二是每次击完快打球之后应及时跟进，争取下一拍有更高更前的击球点。

半蹲快打可分为正面半蹲快打、正侧面半蹲快打和绕头顶半蹲快打 3 种。

（1）正面半蹲快打

①准备动作要领：两脚分开站立，间距比肩稍宽，两膝弯曲成半蹲式，球拍上举（图 162）。

图 162

②引拍动作要领：当判断来球是在右肩前上方时，上臂往右侧稍前上方提起，前臂随着向上稍往后摆并带有外旋动作，手腕后伸（图 163）。

③挥拍击球动作要领：击球瞬间，前臂由外旋至内旋转动，同时，

手腕由后伸至前屈闪腕挥拍击球托后部（图 164）。

④随前动作要领：击球后，球拍随着往前盖，再由左下回收至前上方。回收动作要快，以便准备迎击来球。

⑤易犯的错误：准备动作的站位采用了前后开立姿势，不利于还击左右落点稍远些的来球；引拍动作未充分后摆，造成发力不足，挥拍击球时手腕无发力闪动的动作，只是前推；随前动作回收得太慢，对方重复回击平球时来不及准备。

图 163

图 164

(2) 正侧面半蹲快打

正侧面半蹲快打各环节动作要领与正面半蹲快打基本相同，不同的只是击球点在右侧面，故只要向右侧跨一步击球即可。

(3) 绕头顶半蹲快打

动作要领与正面半蹲快打基本相同，不同的是击球点在头顶左上方，因此，只要左脚向左侧迈出一小步，上体稍向左倾斜，上臂往左侧上方举，前臂向后摆并有些外旋，手腕后伸，球拍往头后引至左侧后方即可。挥拍击球的动作与正面半蹲快打一样。

10. 接杀球击球法

接杀球技术是在实战中由守转攻的重要环节，如有较好的接杀球技术，常可从守中反攻，取得较好的进攻主动权或能直接得分。

要想掌握较好的接杀球技术，必须判断准确，反应快、起动快、移动快，出手一致性好，球路活和落点变化多。另外，接杀球的站位也十分重要，因为站位得当，可以弥补判断、反应和移动之不足。一般情况下，当球在对方右后场区时，我方站位可稍偏左场区；球在对方的左后场区时，我方站位可稍偏右场区，这时，主要侧重于防对方杀直线球。若对方杀对角线，由于球的飞行距离较长，较容易接好杀球。其次，要善于抓住对方扣杀的习惯球路，如有的人头顶区习惯杀对角线，那么，就要调整自己的站位，并注意对方球路的变化。

接杀球技术可用挡网前球、挑后场球、平抽、快打反击等几种技术来完成。这些技术，在前面已谈过了它们的动作要领及易犯的错误，所以不再重复。

上述 10 种击球法是羽毛球运动最基本的击球法，必须掌握，并要特别注意这些击球法中的共同点。例如：

第一，在准备动作中身体与握拍都要自然放松，双脚站立比肩稍宽，基本是右脚在前左脚稍后，防守时则要两脚稍平行站立。

第二，在引拍动作中，凡是需用较大力量发力击球的动作，如高、吊、杀、挑、抽等，都要创造最长的挥拍距离，以便能产生较大的爆发力。

第三，在挥拍击球动作中，高球、吊球、杀球、劈球，网前的搓球、推球、勾球、扑球，以及中场抽球、挡球、勾球，前期动作都要注意其一致性。

第四，随前动作一结束，就要尽快回动至中心位置，尽快回收至准备动作姿势。

（五）步法

步法是打羽毛球的一项很重要的基本技术，它与手法相辅相成，不可分割。没有正确的步法，必然会影响各种击球技术的完成。如果在比赛中没有快速、准确的到位步法，手法就会失去其威胁性，所以学习和掌握熟练的、快速而准确的步法是打好羽毛球、提高运动水平的重要环节。

羽毛球步法由垫步、交叉步、蹬步、跨步、跳步 5 种组成，每一步法一般都是从场地中心位置开始。这些步法的结构可分为起动、移动、到位击球和回动 4 个部分。

羽毛球步法在实际运用时可分为上网步法、后退步法和两侧移动步法。根据运动员在场上的位置和来球的远近，可采用一步到位击球或两步、三步移动到位击球。右手握拍者，到位击球时的最后一步一般都是右脚在前，而左脚总是靠近中心位置。以下逐项介绍。

1. 上网步法

上网步法是完成上网搓球、推球、勾球、扑球及挑球的步法，它包括跨步上网、垫步加蹬步上网、前交叉加蹬跨步上网、后交叉加蹬跨步上网、蹬跳步上网。不论采用哪种步法上网击球，上网前的站位及准备姿势基本相同，即两脚站立约同肩宽（一般右脚在前左脚稍后），两膝稍有弯曲，两脚前脚掌着地，后脚跟稍提起。上体稍前倾，握拍于体前，全神贯注，注视对方来球。

(1) **跨步上网步法**

①两步跨步上网步法：左脚先向来球方向跨出一步，接着右脚向前跨出一大步到位击球（图 165、166）。

②三步跨步上网步法：右脚先向来球方向跨出一小步，接着左脚向前跨出一步，最后，右脚再跨出一大步到位击球（图 167、168）。

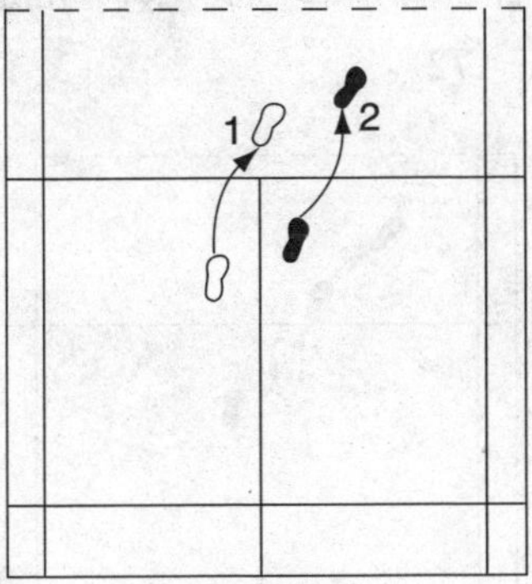

图 165

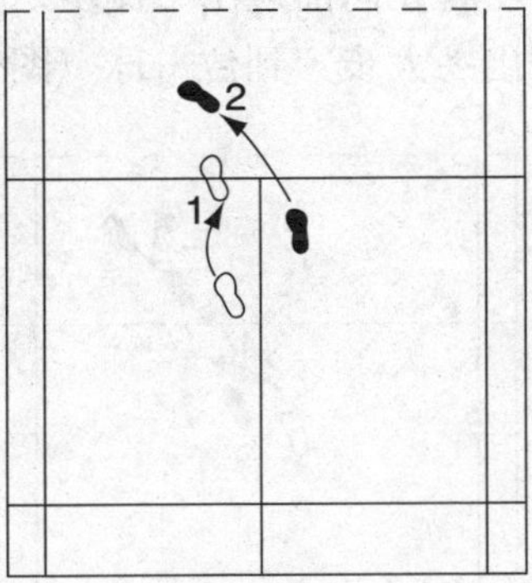

图 166

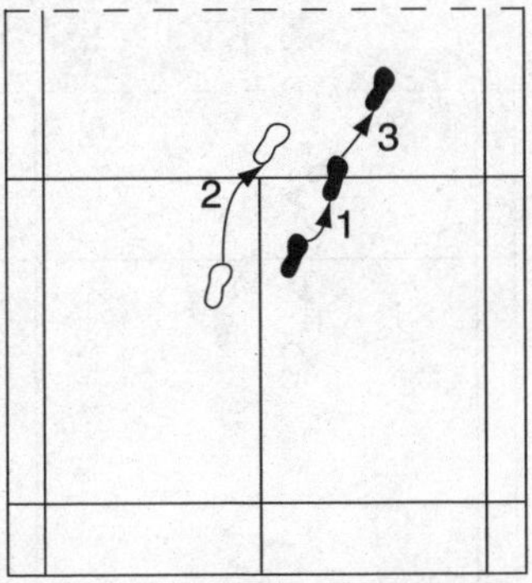

图 167

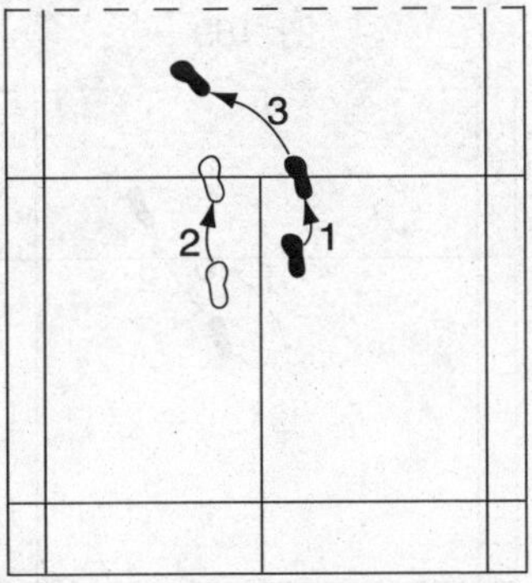

图 168

(2) 垫步加蹬跨步上网步法

右脚先向来球方向迈出一步，紧接着左脚垫一小步，同时右脚抬起，利用左脚的蹬力蹬跨一大步，到位击球（图 169、170）。

(3) 前交叉步加蹬跨步上网步法

左脚先向前迈出一侧步，紧接着右脚抬起，利用左脚的蹬力蹬跨出一大步，到位击球（图 171、172）。

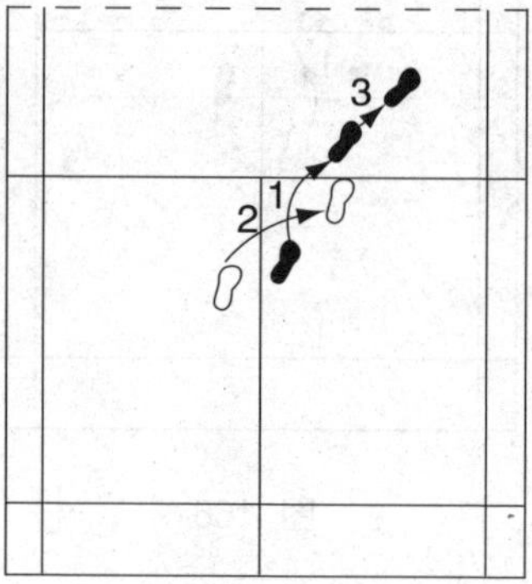

图 169

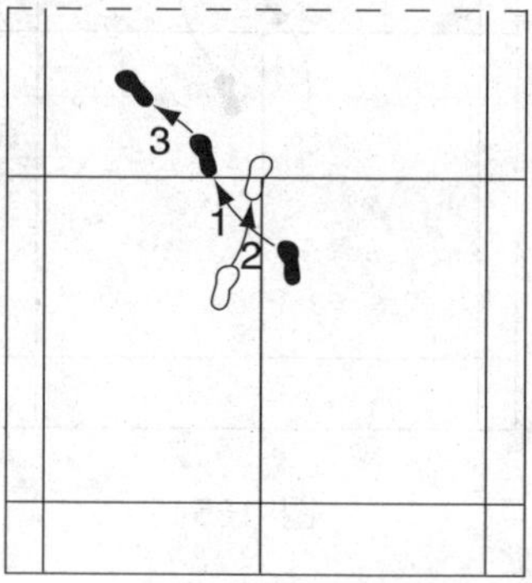

图 170

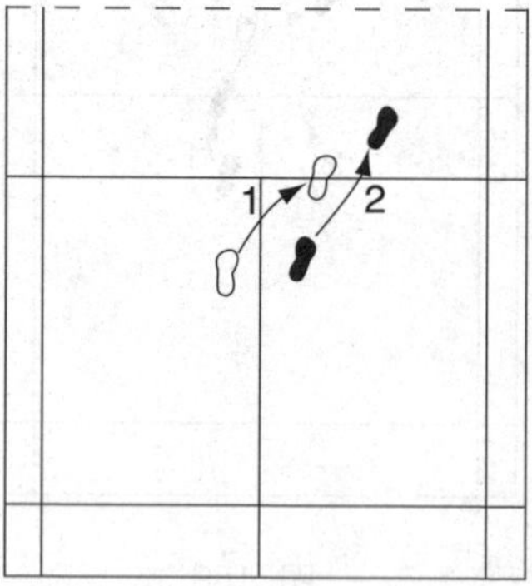

图 171

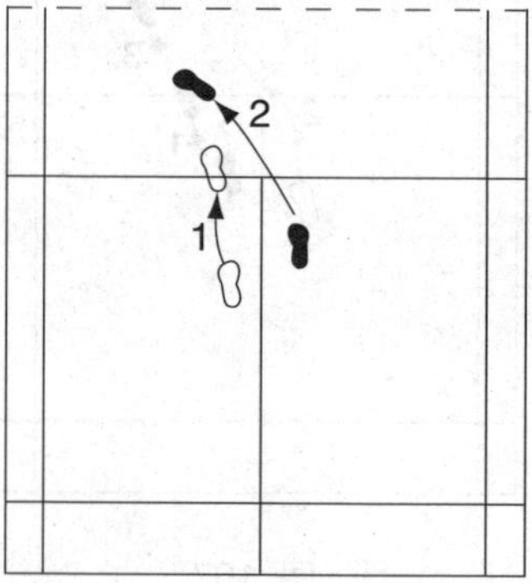

图 172

(4) 后交叉步加蹬跨步上网步法

右脚先向前迈出一小侧步，接着左脚向右脚后迈出第二个侧步，最后，右脚抬起，利用左脚的蹬力，蹬跨出一大步，到位击球（图 173、174）。

(5) 蹬跳步上网步法

站位稍靠前，判断到对方要重复打网前球时，右脚蹬地跳向网前（图 175、176），采用扑球技术击球。注意防止因冲力过大而触网或脚过中线犯规。

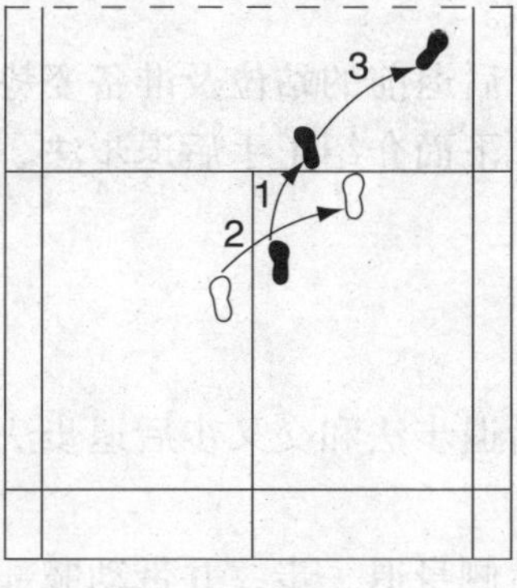

图 173

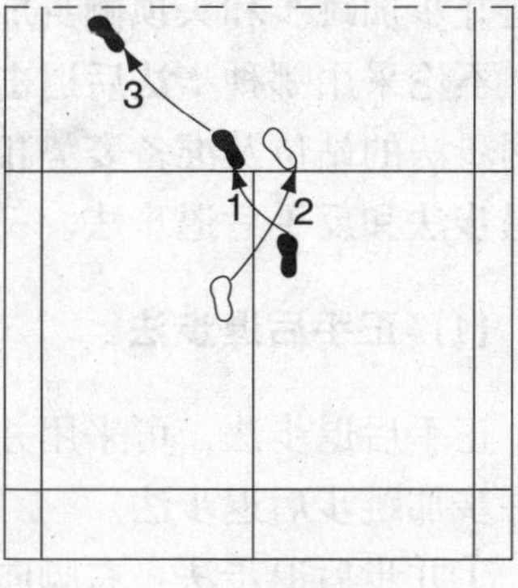

图 174

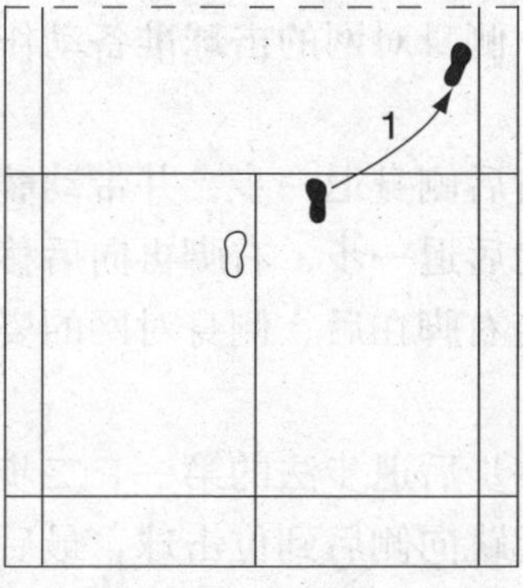

图 175

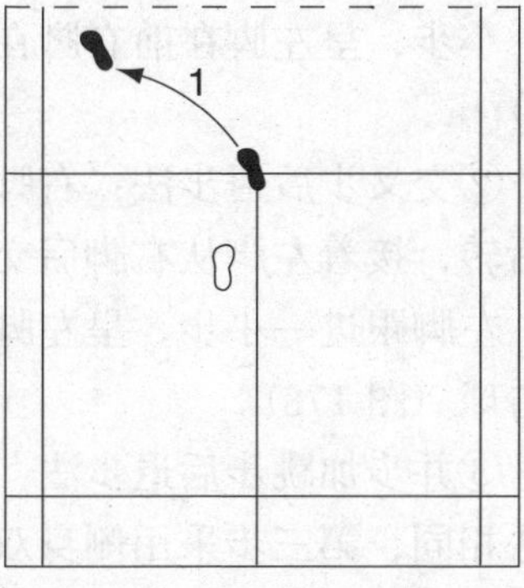

图 176

上网步法中的注意事项

第一，上网步法中前冲力不要过大，以免身体失去平衡。

第二，到位击球时，前脚脚尖应朝边线方向，以利向边线滑行，消除前冲力。

第三，击球后，应尽快采用后退跨步、垫步或交叉步退回中心位置。

2. 后退步法

后退步法是完成后退回击高远球、吊球、杀球、后场抽球的步法，包括正手后退步法、头顶后退步法、反手后退步法、正手后退并步加跳步和头顶侧身加跳步。

不论采用哪种步法后退击球，后退前的站位及准备姿势均与上网步法的站位及准备姿势相同。下面介绍正手后退步法、头顶后退步法和反手后退步法。

(1) 正手后退步法

正手后退步法，可采用并步后退步法和交叉步后退步法，以及并步加跳步后退步法。

①并步后退步法：右脚向右后侧身退一步，并带动髋部向右后转，接着左脚用并步靠近右脚，右脚再向后移至到位，左脚跟进一小步，呈左脚在前右脚在后、侧身对网的击球准备动作（图177）。

②交叉步后退步法：右脚向右后侧身退一步，并带动髋部向右后转，接着左脚从右脚后交叉向后退一步，右脚再向后移至到位，左脚跟进一小步，呈左脚在前右脚在后、侧身对网的姿势准备击球（图 178）。

③并步加跳步后退步法：与并步后退步法的第一、二步后退步法相同，第三步采用侧身双脚起跳向侧后到位击球，最后双脚

落地（图179）。

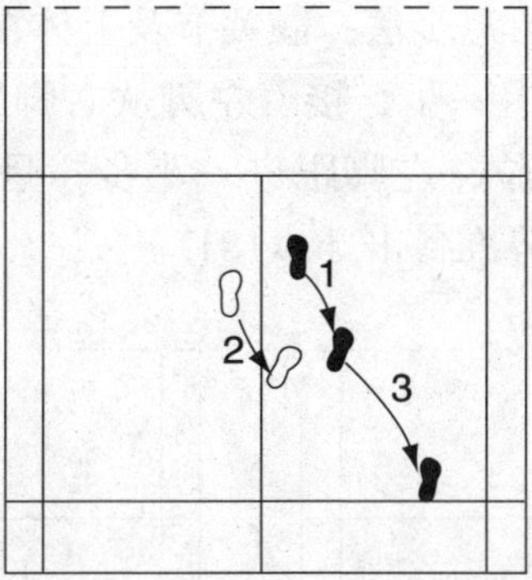

图 177

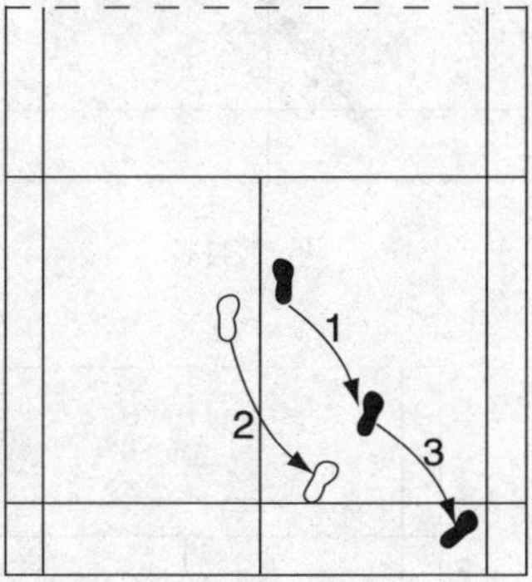

图 178

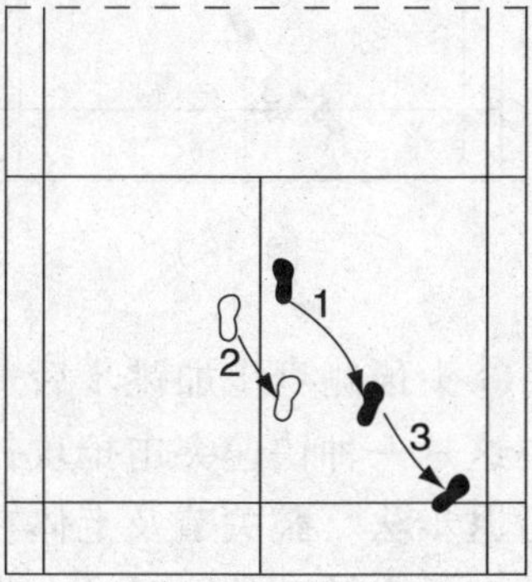

图 179

（2）头顶后退步法

头顶后退步法，可采用头顶并步后退步法和头顶交叉步后退步法，以及头顶侧身步加跳步后退步法。

①头顶并步后退步法：髋关节及上体快速向右后方转动的同时，右脚向后退一步，接着左脚用并步靠近右脚，右脚再向后移

至到位，左脚跟进一步，呈左脚在前、右脚在后、侧身对网的姿势准备击球（图 180）

②头顶交叉步后退步法：髋关节及上体在快速向右后方转动的同时，右脚向后退一步，接着左脚从右脚后交叉向后退一步，右脚再向后移至到位，左脚跟进一小步，呈左脚在前、右脚在后、侧身对网的姿势准备击球（181）。

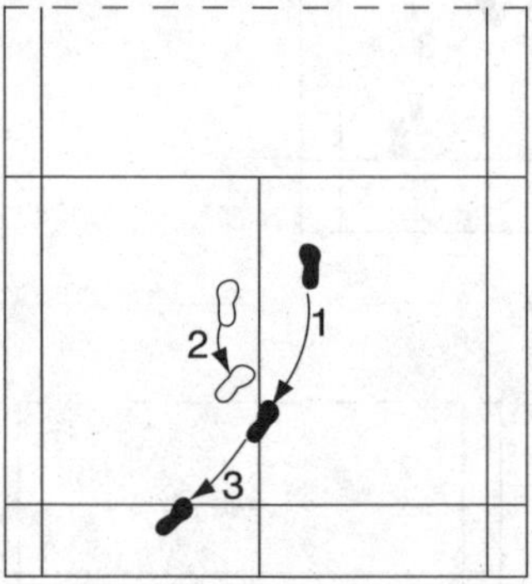

图 180

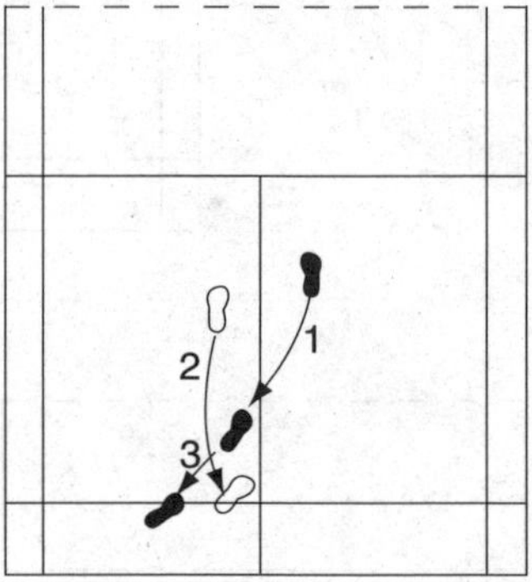

图 181

③头顶侧身步加跳步后退步法：这是一种快速突击抢攻打法的后退步法。髋关节及上体在快速向右后方转动的同时，右脚向后退一步，紧接着右脚向后方蹬地跳起，上体后仰，角度较大，并在凌空中完成击球动作。此时，左脚在空中做一个交叉动作后先落地，收腹，使右脚着地时重心落在右脚上，以便左脚迅速回动（图 182）。

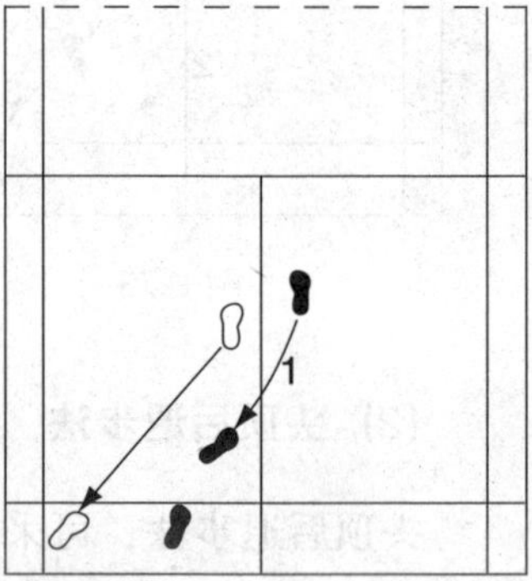

图 182

此种步法应注意以下几个重要环节：首先，上体和髋部侧转要快，右脚后退至左脚的后方横侧位。其次，应向左后方跳起，使上体向后仰。左脚在空中做交叉后撤的动作要大，落地点在身体重心之后。最后，要用力收腹，重心迅速恢复至落在右脚，从而使左脚迅速回动。

(3) 反手后退步法

反手后退步法，包括两步反手后退步法和三步反手后退步法。

①两步反手后退步法：左脚先向左后方退一步，接着上体左转，右脚向左后方跨出一步，以背对网的形式到位击球（图183）。或者右脚先向后退一步，左脚向左后方退一步，以侧身对网的形式到位击球（图184）。

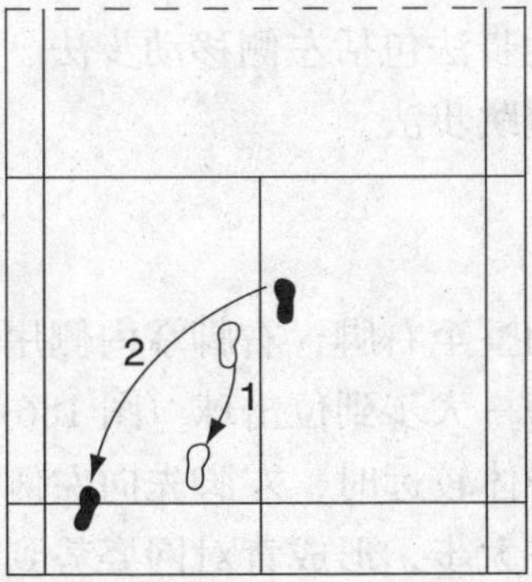

图 183

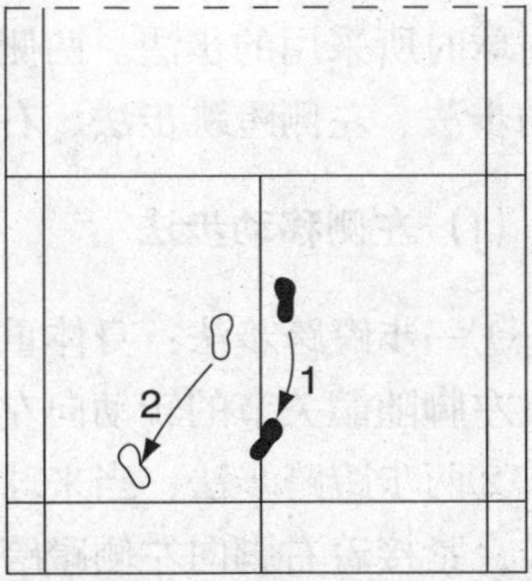

图 184

②三步反手后退步法：右脚先向左脚并一步（或交叉退一步），左脚向左后的退一步，此时，上体左转，右脚再向左后方跨出一大步，以背对网的形式到位击球（图185）。

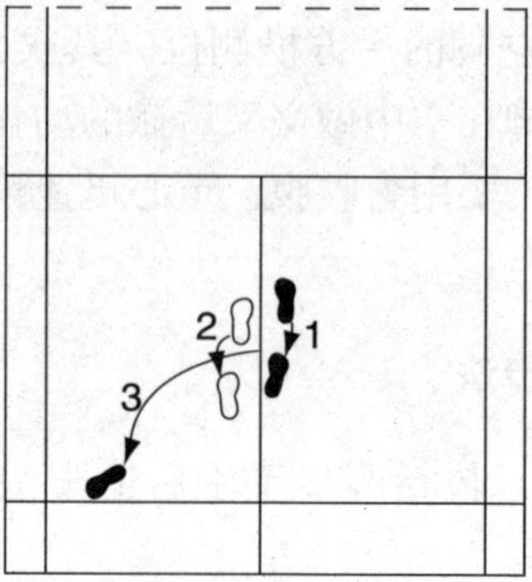

图 185

3. 两侧移动步法

两侧移动步法是完成中场球的回击步法，如接杀球、接对方平射球时所采用的步法。两侧移动步法包括左侧移动步法、右侧移动步法、左侧蹬跳步法、右侧蹬跳步法。

（1）左侧移动步法

①一步蹬跨步法：身体重心调整至右脚，右脚掌内侧用力蹬地，左脚随髋关节的转动向左侧跨一大步到位击球（图 186）。

②两步蹬跨步法：当来球离身体较远时，左脚先向左侧移一小步，紧接着右脚向左侧蹬跨出一大步，形成背对网姿势到位击球（图 187）。

（2）右侧移动步法

①一步蹬跨步法：当来球离身体较近时，身体重心调整至左脚，左脚内侧蹬地，右脚随髋关节的转动向右侧跨一大步到位击球（图 188）。

②两步蹬跨步法：当来球离身体较远时，左脚应先向右后侧移一步，然后右脚向右侧蹬跨出一大步到位击球（图 189）。

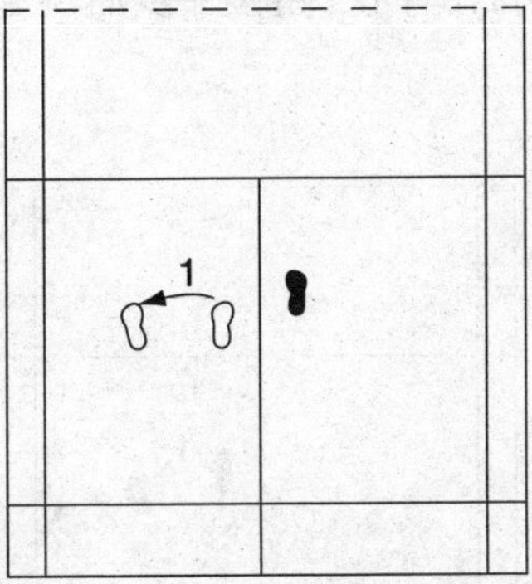

图 186

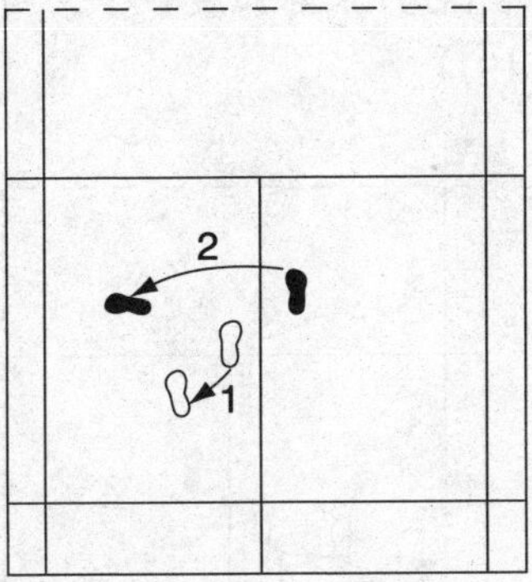

图 187

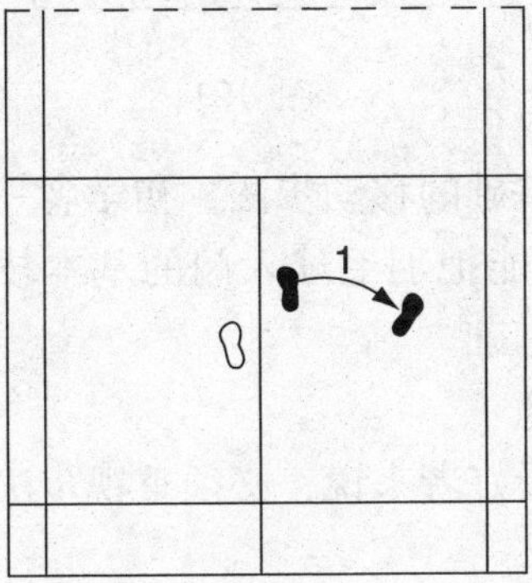

图 188

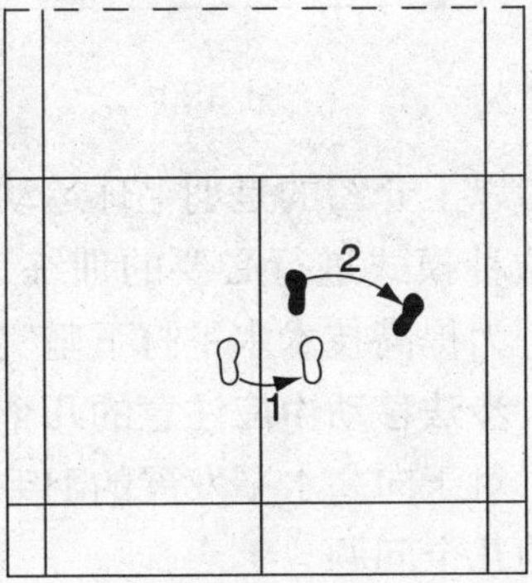

图 189

(3) 左侧蹬跳步法

如对方来球弧度较平，可采用左脚向左侧移一步后跳起突击（图 190）。

(4) 右侧蹬跳步法

如对方来球弧度较平，可采用右脚向右侧移一步后跳起突击(图 191)。

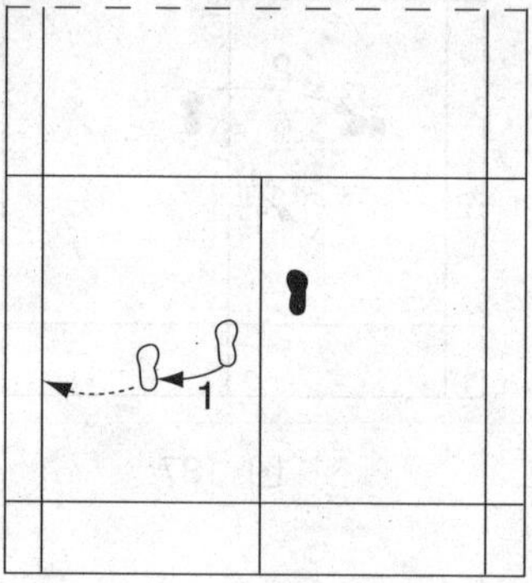

图 190

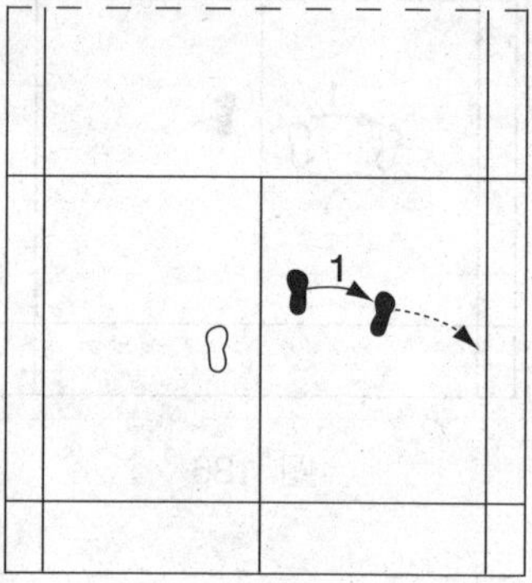

图 191

以上介绍的是羽毛球运动最基础的移动步法，初学者一定要按这种模式进行必要的训练，方能把羽毛球入门的基本技术练好，为提高技术水平打下坚实的基础。

步法移动中应注意的几个问题

对于向高水平发展的羽毛球爱好者来说，必须重视步法移动中的几个问题。

第一，站位的选择。根据不同的对手、不同的打法、不同的击球位置，灵活选择站位是至关重要的。

初学者大都以攻后场为主，此时，站位就要选择偏后些，如对方是以打杀吊为主的打法，站位就得选择偏前些的位置；如我方攻击对方的头顶区质量较好，站位就要偏右（中线偏右）；如我方攻击对方正手区质量较好，站位应偏左；如我方网前搓一高质量的球，站位就要偏前。总之，站位选择不是固定不变的，回中心也不是要求回到场地的中心位置，所说的“中心”是对下一拍回击球最合理、最适当的位置，目的是使自己占据场上的主动权。

站法有两种：一种是前后站法，一般是右脚稍前，左脚稍后；另一种是平行站法。单打一般都采用前后站法，双打的防守一般都采用平行站法。

第二，起动与回动。起动要快，只有起动快才能迅速移动到位，并争得较高的击球点。为了起动快，必须注意在准备动作中两膝要保持微屈，一只脚的脚跟要稍提起，身体重心放在前脚掌，上体不能直立，应有收腹动作，以利快速起动。在对方击球的一瞬间，要作出准确的判断，使之有一个预动调整，作为起动的前奏。例如把重心调整到更向前的位置，以利于上网的起动，也可以做重心的起伏或是两脚的微动，起到以动促动的良好作用。当然，起动离不开良好的战术意识，即准确的判断。

回动，就是击球后回到适当位置，以准备接下一个来球。如果回动太慢，则会暴露自己更多的漏洞，造成更大的被动局面。要想回动快，在击球的瞬间，要保持身体的平衡，击球时双脚的间距不能过大，重心也不能太低。因此，在上网步法中，做蹬跨步后前脚要制动，后脚要跟进一小步；在后退步法中，击球时后脚要顶住重心的后移，随着击球重心的转移，迅速回动。在后退起跳突击进攻时，后脚后摆要大，落地时落在重心之后，要收腹，落地后的动作即成为回动的开始。

第三，调整步法的灵活运用。调整步法是以小步、垫步、并步，并根据比赛场上来球落点的不同和速度的千变万化来进行的。调整步法能否做到随机应变，是高水平运动员所必须具备的条件。

四、羽毛球运动基本技术训练

（一）握拍与挥拍练习法

按照握拍要领，先按正手握拍法握住球拍，如有错误，要及时改正；然后改为反手握拍，这样交替进行。在握拍的练习中，一定要结合挥拍的练习，如正手握拍时要结合正手高球挥拍练习，挥拍后立即检查是否正确地按要领握拍，这样反复进行，不断巩固。

握拍练习要以正手握拍法为主，然后，转为反手握拍法，再转为正手握拍法，以及由正手握拍法转为特殊握拍法。如此反复进行，不断巩固，最终形成灵活的握拍法。

挥拍练习，首先要花大力气进行正手高球的挥拍练习，先做分解的挥拍练习，再做连贯的慢速挥拍练习，待较熟练掌握挥拍动作要领之后，再进行快速挥拍练习，紧接着进行悬球挥拍练习。在进行挥拍练习时，最好能对着镜子练，或两人对练，这样，可互相观摩，纠正错误动作，也可拿网球拍、壁球拍或小哑铃进行负重挥拍练习，这样既可以在负重情况下练习正确的挥拍动作，又能增强手腕、手臂的力量。

（二）单项技术击球练习法

1. 发球练习法

（1）发高远球练习法

这是初学者首先要接触的练习法，因为只有学会发高远球，才能打好高远球。发高远球必须按动作要领进行练习，使球能发得又高（能垂直落下）又远（落在对方底线附近）。同时，还要学习控制发球落点，并做到得心应手。

（2）发平高球、平射球练习法

练习发平高球、平射球时，要注意弧度与落点是否符合技术要求，而且要使发球的前期引拍挥拍动作与发高远球动作基本一致，仅在击球瞬间有所变化。

（3）发网前球练习法

练习发网前球时，要根据单、双打比赛的需要，选择好站位。单打比赛时，发网前球的站位应与发高远球、平高球、平射球相同；双打比赛时，一般应站前一些，或根据战术的需要站位，拉开至边线或离中线的适当距离。发出的球要符合发网前球的技术要求，练习时可安排一人进行接发球，以提高实战性。

以上几种发球练习法，可采用单人多球练习法或双人对练练习法。总之，通过练习提高发球的质量，达到战术要求。

2. 击高球练习法

击高球包括击高远球、平高球、平射球，通过这种练习可以巩固击这些球的手法，达到能把球回击出预期的弧度、速度和达到预期的落点。

(1) 初级的悬球击球练习法

用一细绳将球悬挂在适合于每个人击到高球的位置上（高度应根据个人的身高、臂长而定），反复练习击高球动作，检查挥拍动作、击球点、接触面是否按照击高远球技术要求来完成，这是初学者所采取的练习法。

(2) “喂球”练习法

由教练员发高球或击高球给练习者，球落到一定高度时，教练员发出“打”的信号，要求练习者挥拍击球，以提高练习者的空中击球感觉，准确把握击球点。这种练习因教练员喂球时球的弧度较高，有利于初学者挥拍动作的完成，而且球的落点能较固定，不会忽左忽右忽高忽低，有利于初学者更快形成正确的击球动作和动力定型。如果一开始就做对打练习，因为每次来球的高度、位置、速度不一样，练习者为了击球就会乱跑、乱挥、乱打，必然会形成许多错误动作，打多了形成了错误的动力定型，以后再改正就困难了。

(3) 中级的原地对打练习法

两人站在各自场区的底线附近，进行对打高远球的练习。先练直线对打高远球，再练平高球、平射球，然后再进行对角线对打高远球、平高球、平射球的练习（图 192、193）。

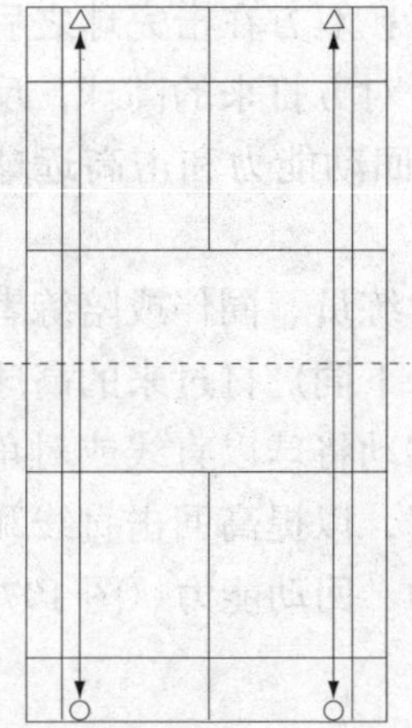

图 192

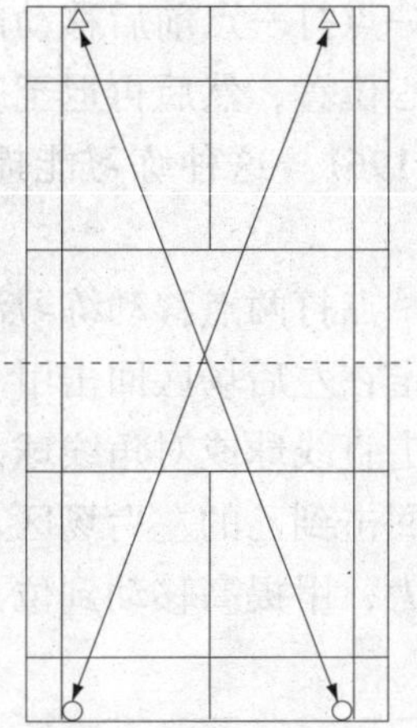

图 193

(4) 移动对打高远球练习法

①一人固定、一人移动的练习：一人在底线固定击高球，另一人前后移动回击高球（图 194、195）。另一边也同样。

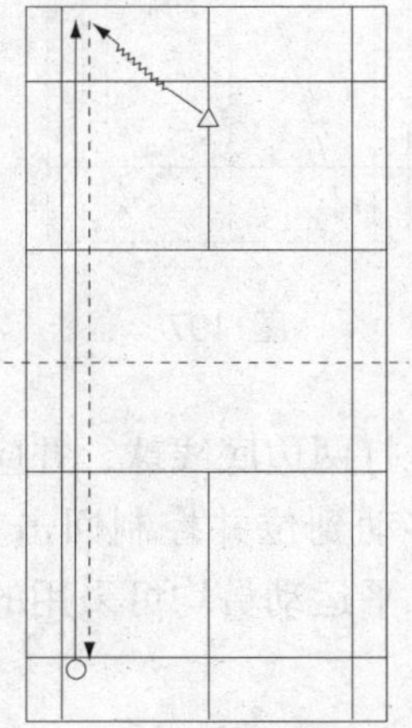

图 194

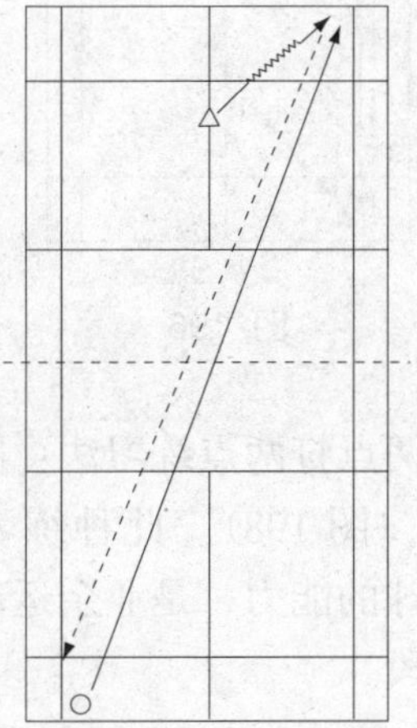

图 195

②一点打一点前后移动击高球练习：双方在击完球之后均应回到中心位置，然后再退至底线，回击对方打来的高球，反复练习（图 196）。这种练习能提高起动、回动能力和击高远球的能力。

③一点打两点移动练习法：乙（教练员、同伴或陪练者，下同）固定在左后场区回击甲（练习者，下同）打过来的高球，可随意回击直线球或对角线球，甲则应移动将球以直线或对角的方式固定回击到乙的左后场区。反复练习，以提高回击直线和对角线的能力，甲提高移动到位击球和起动、回动能力（图 197）。

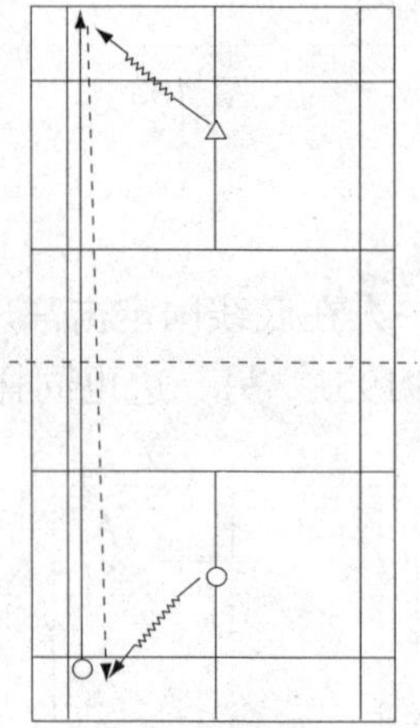

图 196

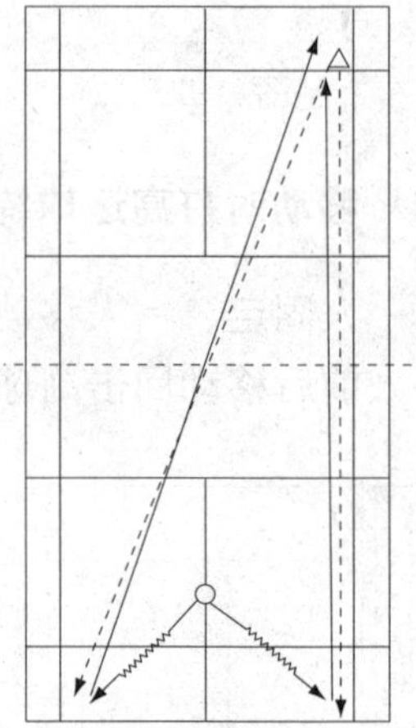

图 197

④两点打两点练习法：甲乙二人对打两边底线球，并应积极回中心（图 198）。此种练习能提高移动到位并控制回击直线、对角高球的能力，是业余运动员和高水平运动员均可采用的一种练习手段。

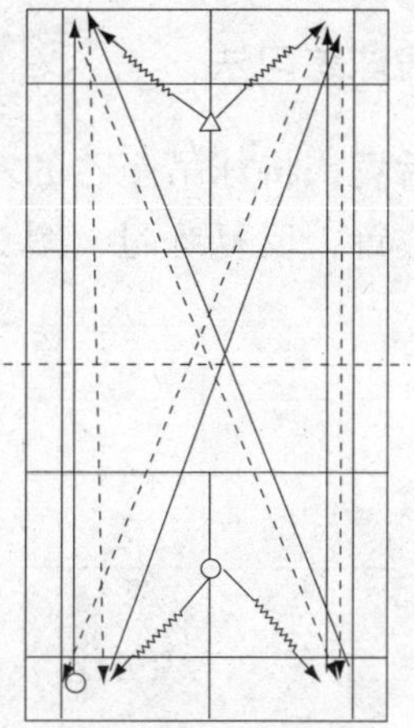

图 198

3. 吊球练习法

(1) 定点吊直线练习法

甲站在右（左）后场，将球吊至乙的左（右）场区网前，乙再将挑回甲所站的位置，反复练习（图 199）。

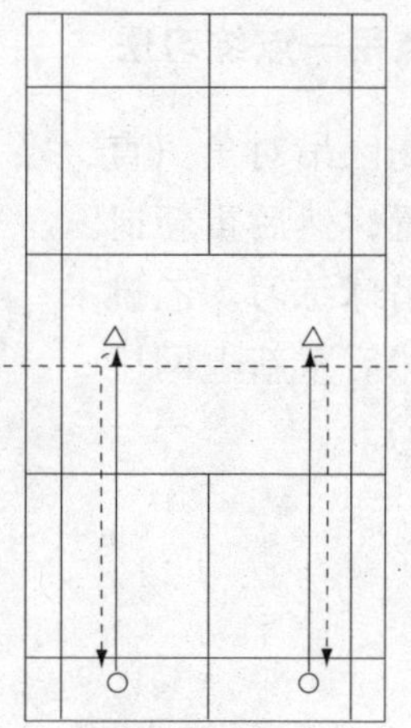

图 199

(2) 定点吊对角线球练习法

甲站在右（左）后场，将球吊至乙的左（右）场区网前，乙再将球挑回甲所站的位置，反复练习（图 200）。

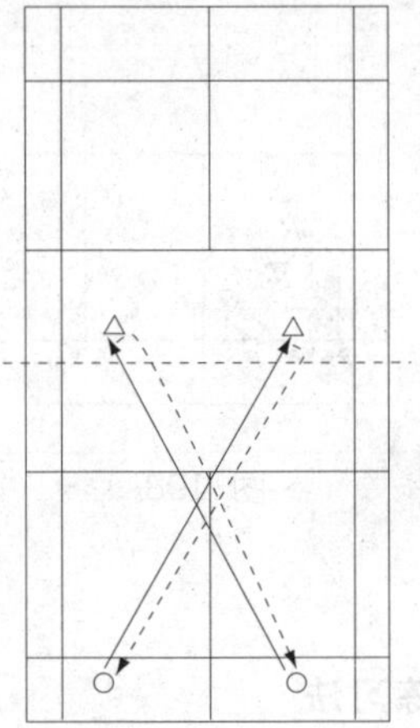

图 200

(3) 前后移动一点吊一点练习法

甲由右（左）后场区吊对角（直线）后回动至中心位置，然后重新退至右（左）后场进行吊球练习。乙挑球后退回中心位置，然后重新上网挑球（图 201、202、203）。

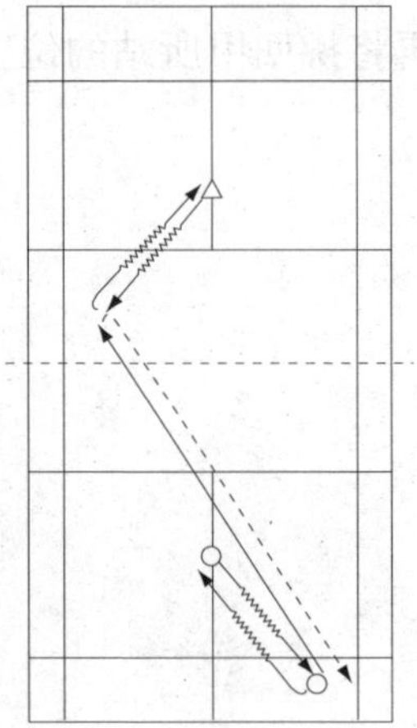

图 201

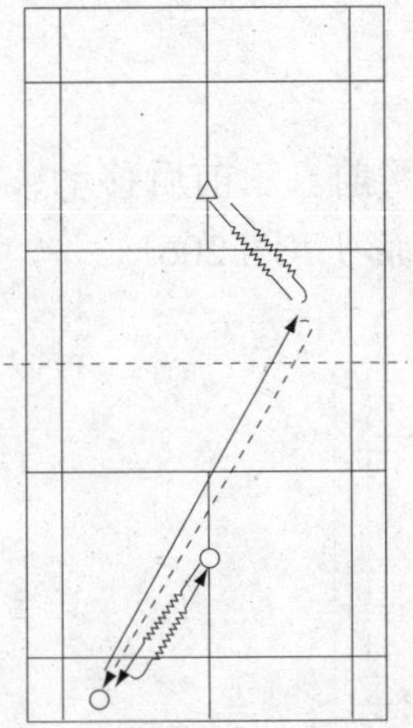

图 202

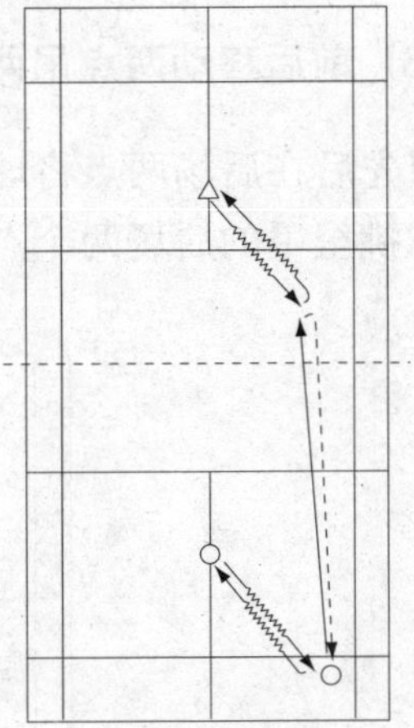

图 203

(4) 前后移动两点吊一点练习法

甲先后在后场两个点上将球吊至乙的网前某个点上（可在右前场区也可在左前场区），乙在网前的一个点上先后将球挑至甲的后场两个点上，反复练习，双方均做前后移动（图 204、205）。

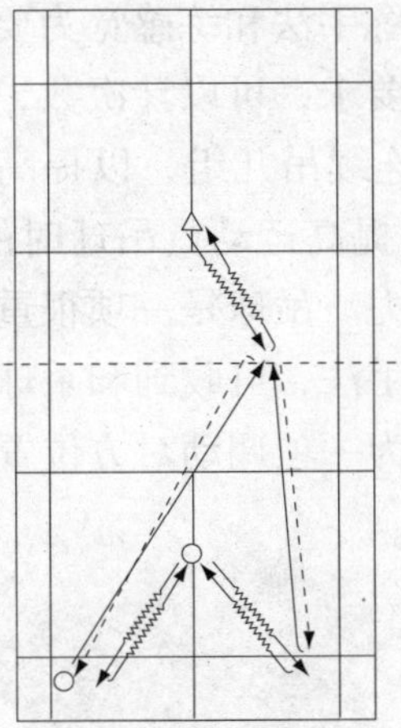

图 204

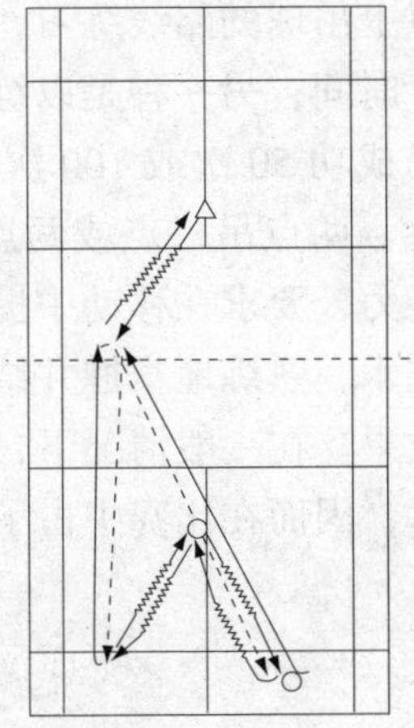

图 205

(5) 前后移动两点吊两点练习法

甲先后在后场两点将球吊至乙的网前。乙前后移动，将两个点的球挑至甲的后场两个点上，反复练习（图 206）。

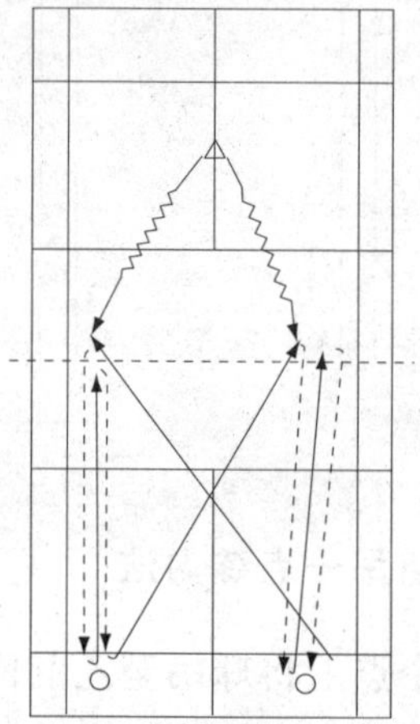

图 206

以上吊球的路线练习，一种是以练手法和练感觉为要求，一般是计时间；另一种是以练稳妥性为要求，可以计次数，例如以连续吊成功 50 次或 100 次为一组，连续吊几组，以提高吊球的稳妥性。两点吊一点或两点则是为了提高运动员吊球时的起动、回动能力，要求在移动中提高吊球能力。吊球是一项很重要的进攻性技术，熟练地掌握并结合一致性手法，可收到和杀球一样的得分效果。在一般情况下，吊球是作为一项调动对方位置的进攻性技术，因而在比赛中占了很大比例。

4. 杀球练习法

(1) 定点杀直线球练习法

甲站在右（左）后场，将来球杀至乙的左（右）场区。乙的水平较高时，可直接将球挑至甲的后场，让甲反复进行杀直线球的练习（图 207）。如果乙也是刚开始掌握基本技术者，他无法将杀过来的球挑至后场，那么，就可采用定点杀直线练习。这种练习主要是让初学者提高手腕闪动压击球的感觉，以及手臂挥拍和拍面正面击球的正确感觉，形成正确的杀球技术，这是初学者很重要的一项练习法。

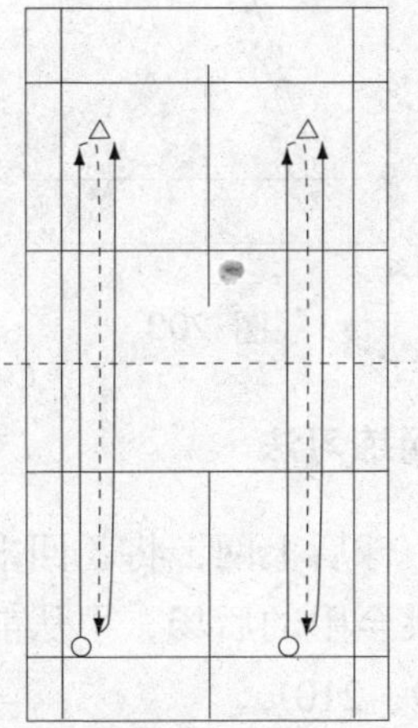

图 207

(2) 定点杀对角线练习法

练习方法与杀直线球相同，但要求杀对角线球，让甲找到杀对角线球时手臂的挥动、手腕的闪动和拍面击球时的击球点的正确感觉（图 208）。

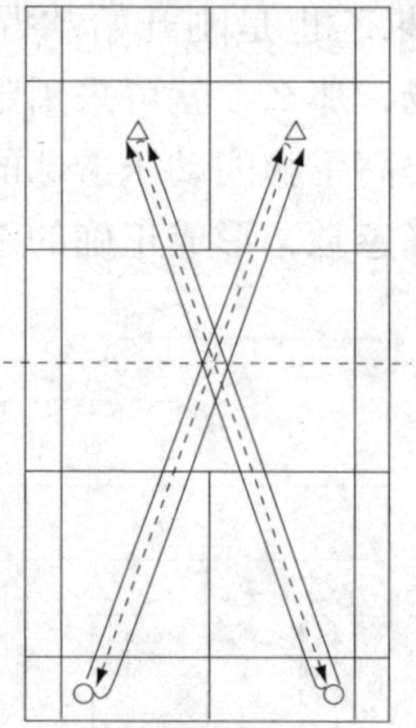

图 208

(3) 定点杀球上网练习法

甲杀直线（对角）球后上网，将乙回击过来的网前球回击到乙的网前，乙再把球挑至甲的后场，甲从前场再退至后场进行杀球，反复练习（图 209、210）。

这是一种杀球技术与上网步法结合的最初级练习法。杀球者的上网步法基本是前后直线（对角线）移动的方式，而防守者的步法呈三角形的移动方式（见图 210）。在头顶区开始杀球也一样。

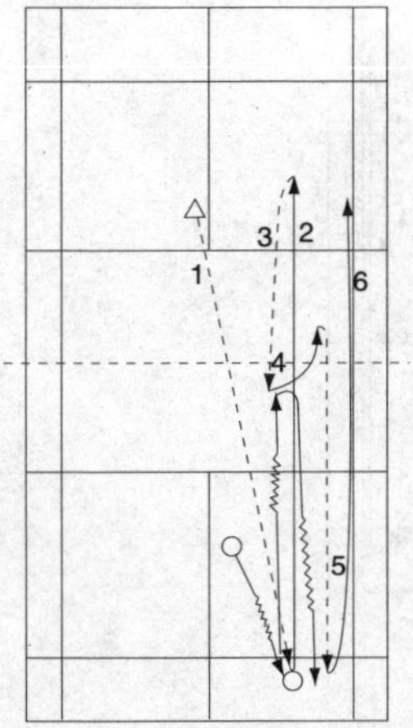

图 209

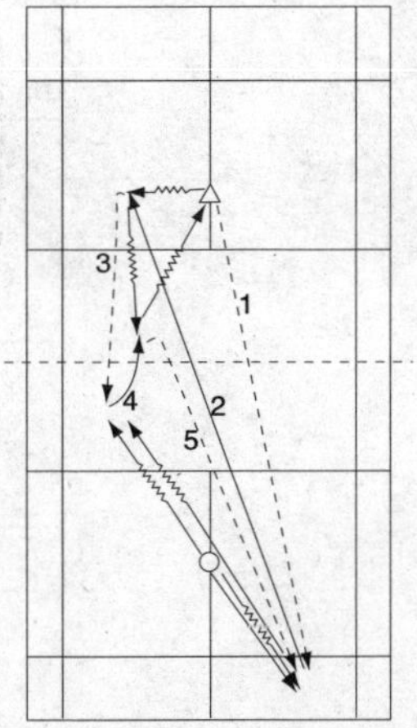

图 210

(4) 不定点杀球上网练习法

甲对乙回击过来的高球可用正手杀直线（对角）球或头顶杀直线（对角）球，然后，上网回击网前球；乙挑直线（对角）到甲的后场正手（头顶）区，甲退至后场重新进行不定点练习（图211、212）。这是一种适于高水平运动员的练习，能有效提高迅速上网高点击球与快速后退杀球的能力。

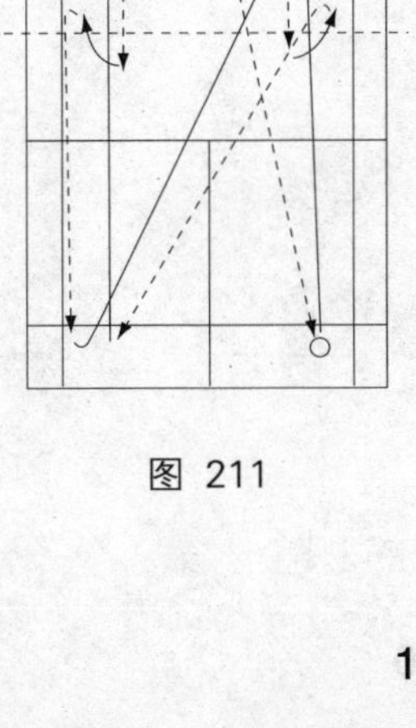

图 211

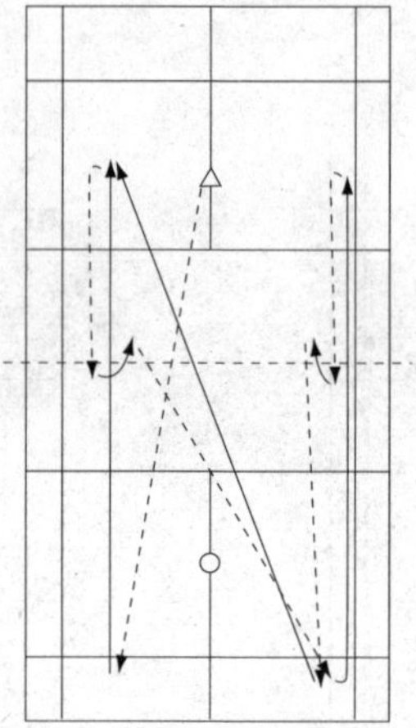

图 212

5. 搓球练习法

(1) 定点不移动搓球练习法

这是一种多球的练习法，也是练习手感的方法。甲可站在右(左) 区网前，对乙抛过来的网前球用正搓、反搓技术搓过网(图 213)。

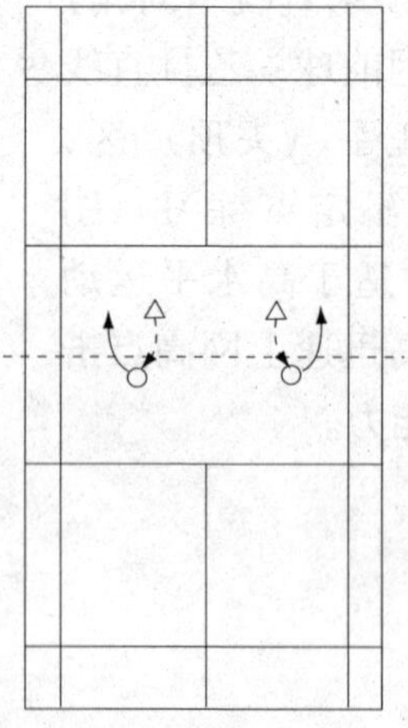

图 213

(2) 定点移动搓球练习法

这是一种与定点不移动搓球练习类似的练习法，只不过加上了从中心上网搓球后回动至中心，再重复上网搓球练习（图214、215）。

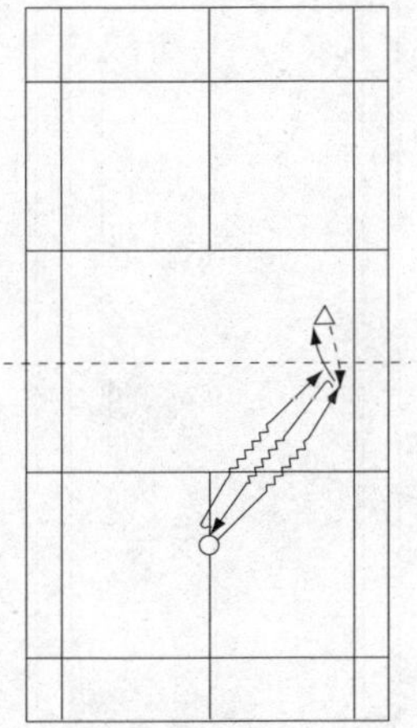

图 214

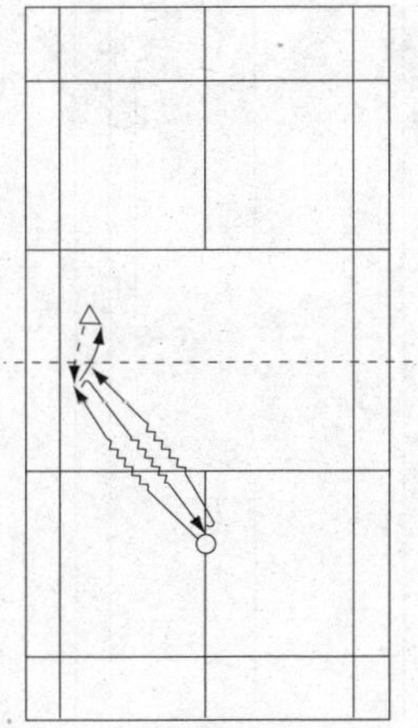

图 215

(3) 不定点移动搓球练习法

乙站于网前中心处，将球向网前两边抛出，甲上网搓球后回动至中心，再反复上网搓球（图216）。

这是一种将手法与步法结合在一起的练习法，如抛球者抛球时间、弧度和距离合适，就可达到和实战一样的效果，是一种较好的练习法。

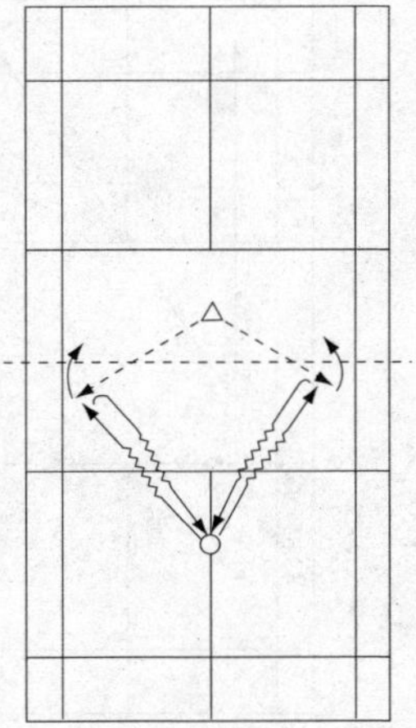

图 216

6. 推球练习法

推球练习法与搓球练习法相同，开始采用定点不移动推球，然后采用定点移动推球，最后采用不定点移动推球练习（图217—220）。

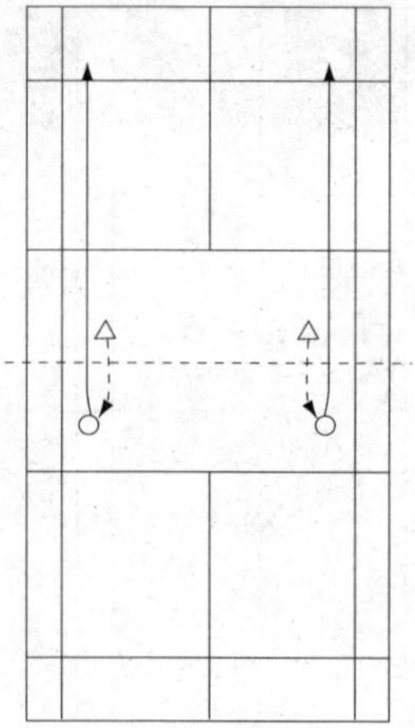

图 217

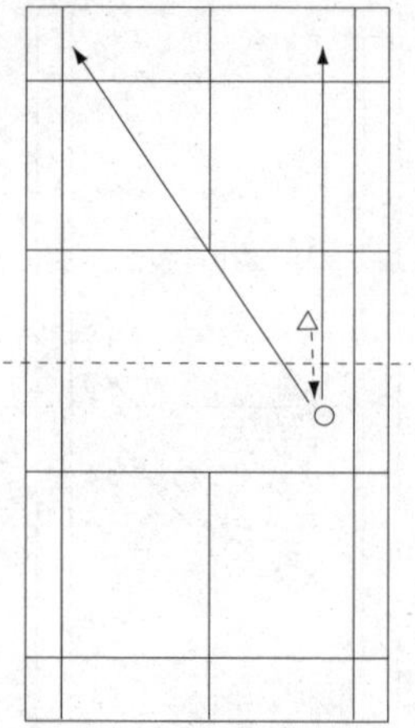

图 218

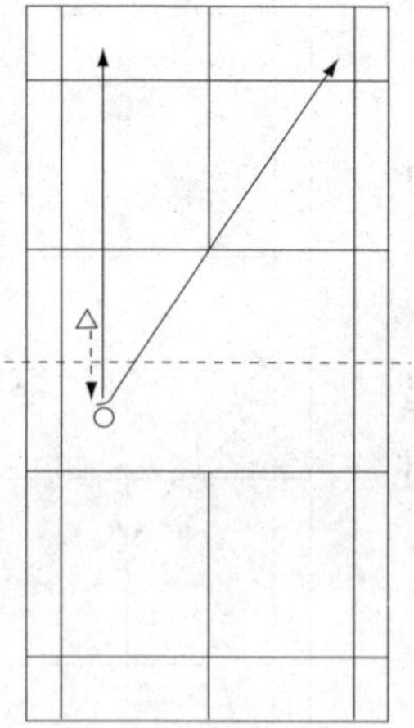

图 219

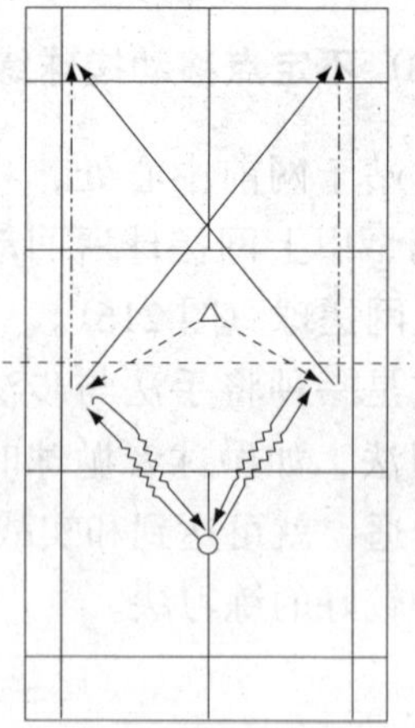

图 220

7. 勾球练习法

勾球练习法与搓球练习法相同，开始采用定点不移动勾球，然后定点移动勾球，最后采用不定点移动勾球练习（图 221—224）。

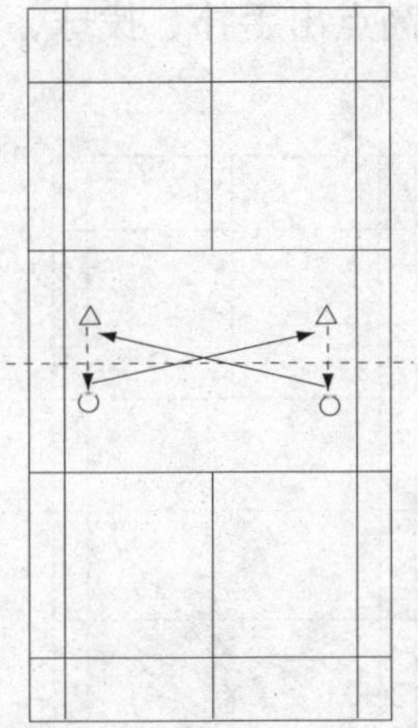

图 221

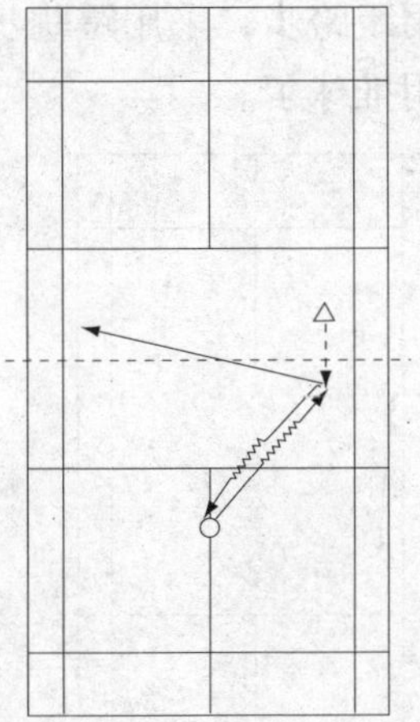

图 222

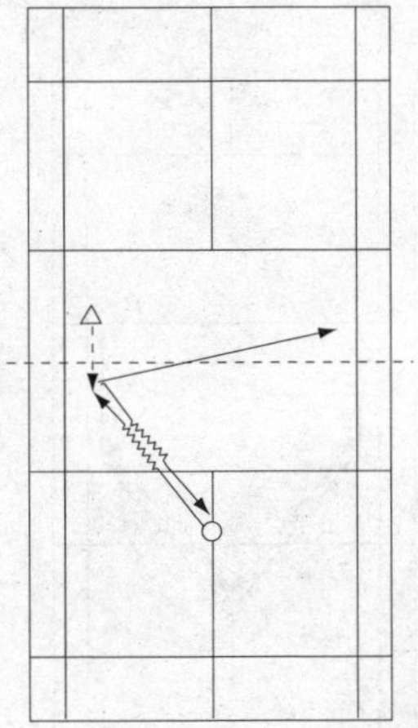

图 223

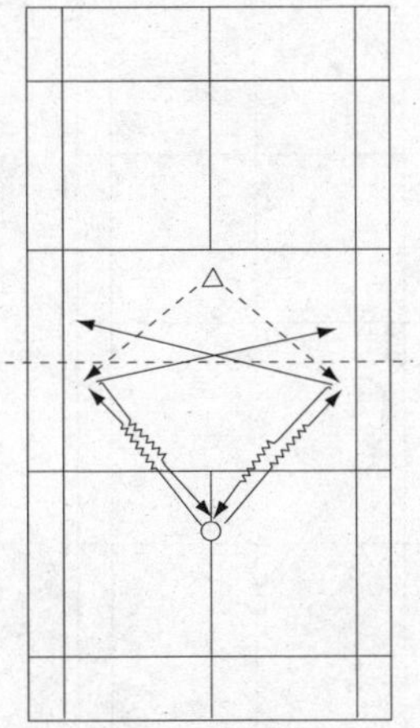

图 224

8. 扑、拨球练习法

扑、拨球练习法与搓球练习法相同，开始采用定点不移动扑、拨球，然后定点移动扑、拨球，最后采用不定点移动扑、拨球练习（图 225—228）。但扑、拨球的移动都应采用蹬跳步而不应采用蹬跨步，采用蹬跳步才能在最高点出手扑、拨球，否则就只能用推球了。

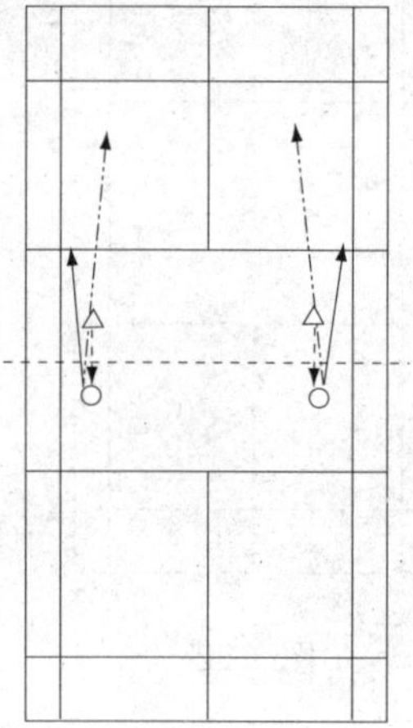

图 225

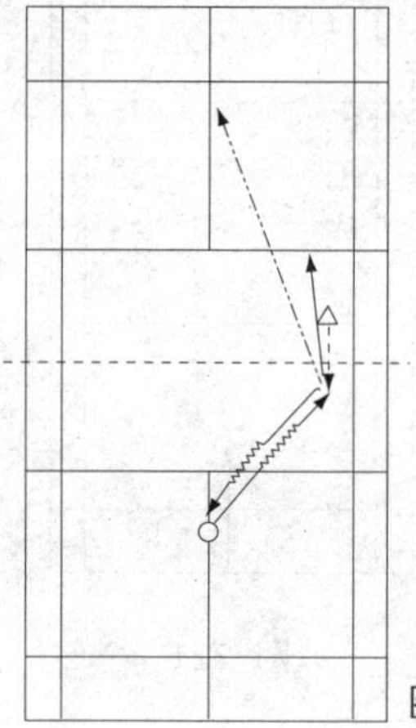

图 226

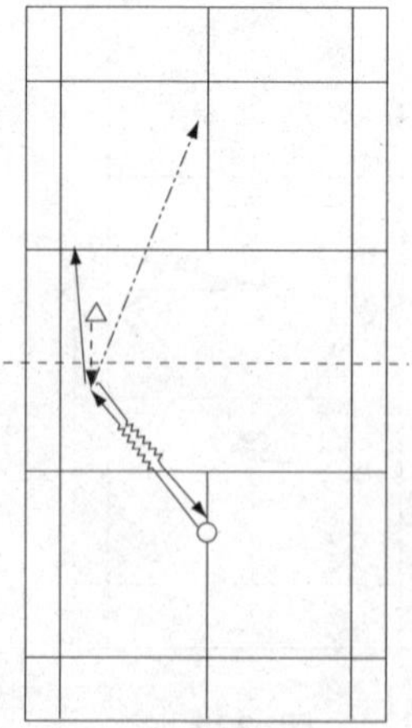

图 227

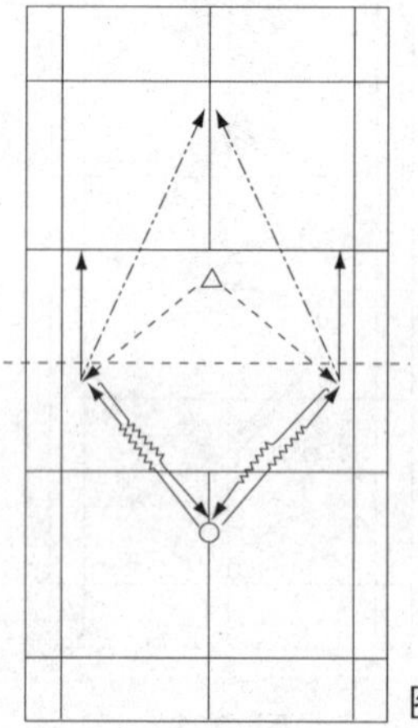

图 228

9. 前场挑球练习法

前场挑球练习法与搓球练习法相同，开始采用定点不移动挑球，然后定点移动挑球，最后采用不定点移动挑球练习（图229—232）。

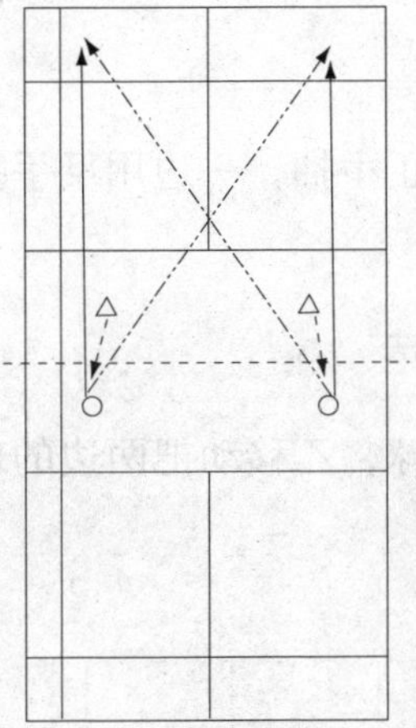

图 229

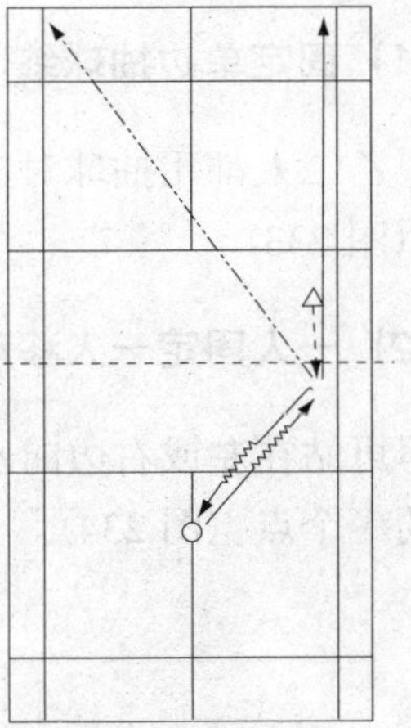

图 230

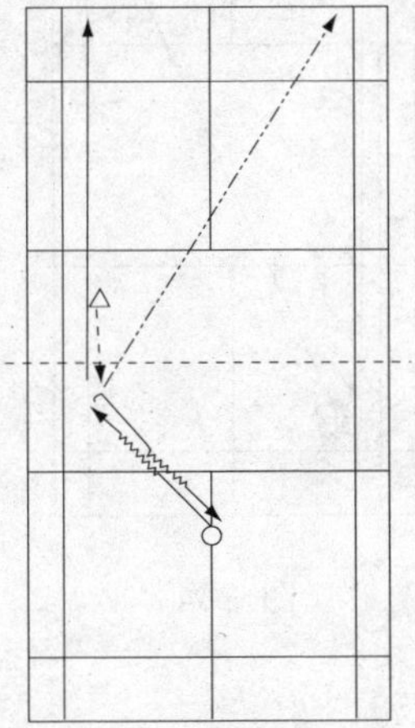

图 231

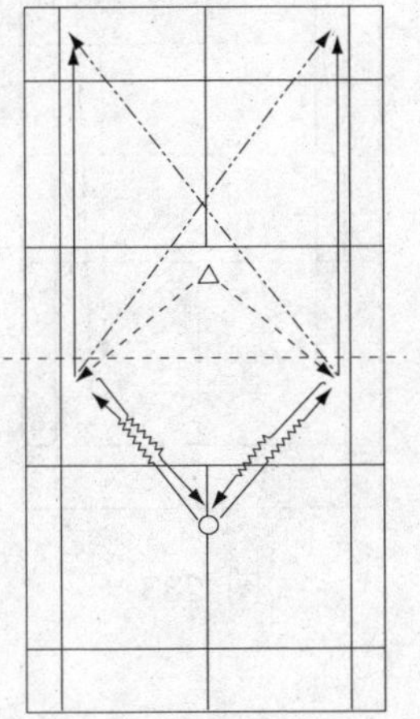

图 232

挑球练习是练习被动时的挑球手法，而搓、推、勾、扑、拨是主动技术，差别就在于挑球击球点在网的下半部，而搓、推、勾、扑、拨应在网的上半部，或更高的击球点。

10. 抽球练习法

(1) 固定单边抽球练习法

甲乙二人都用抽球对抽，一边用正手抽，一边用反手抽，再互换（图 233）。

(2) 一人固定一人移动抽球练习法

甲可站在左或右边向乙的两边抽球，乙移动把两边的球抽至固定的一个点（图 234）。

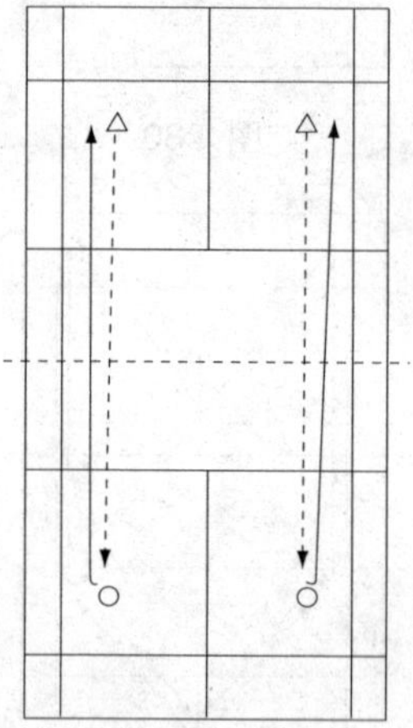

图 233

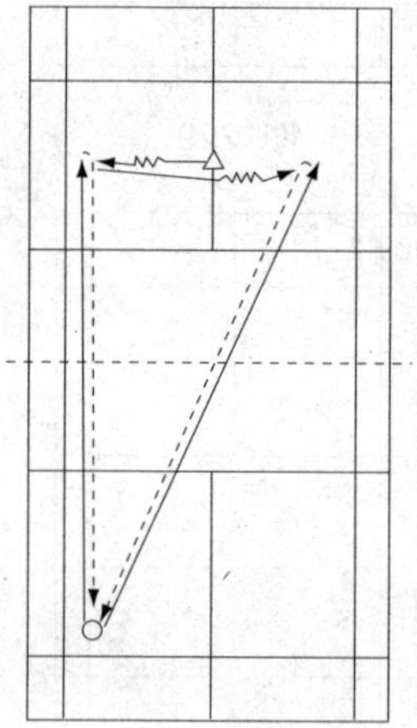

图 234

(3) 不固定的两边抽球练习法

甲乙双方均可抽直线球或对角球（图 235）。

(4) 多球杀球的抽球练习法

由教练员做多球杀球，甲做两边抽球练习（图 236、237）。

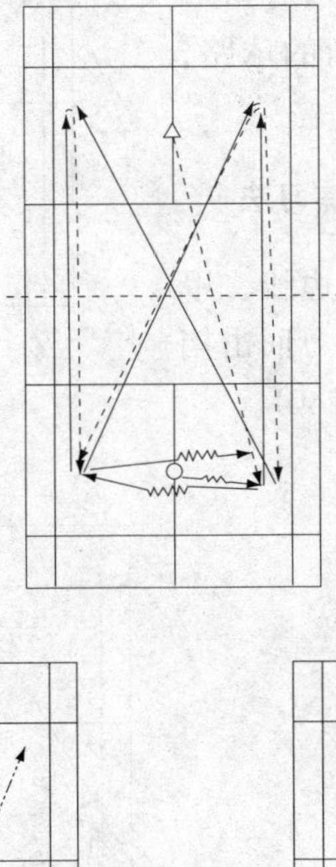

图 235

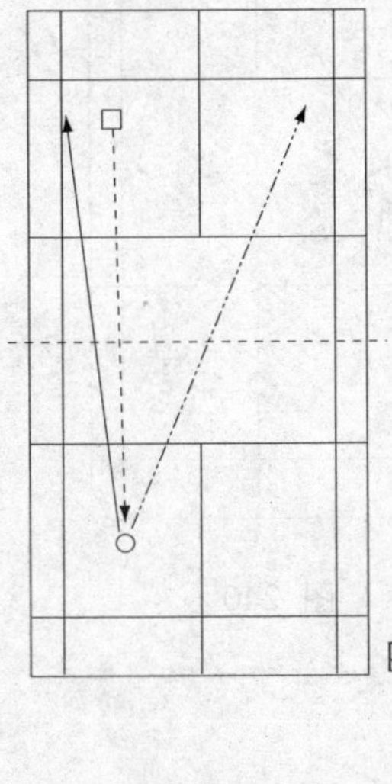

图 236

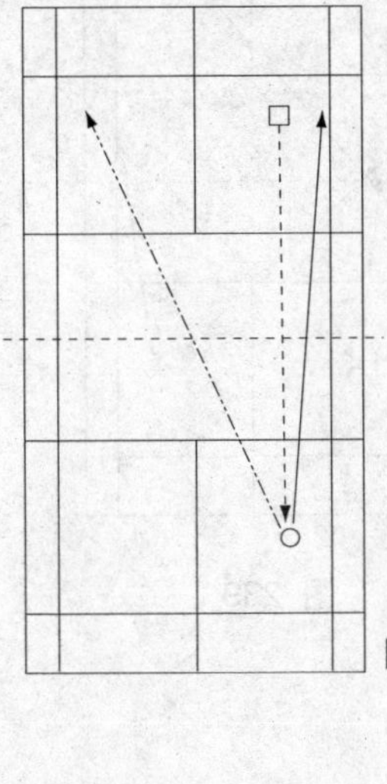

图 237

11. 挡与勾球练习

(1) 固定单边挡与勾球练习法

教练员在场外采用发多球高球给乙，乙杀固定球路，如正手杀直线（对角）、头顶杀直线（对角），甲采用挡直线球、勾对角的球路，反复练习（图 238、239）。

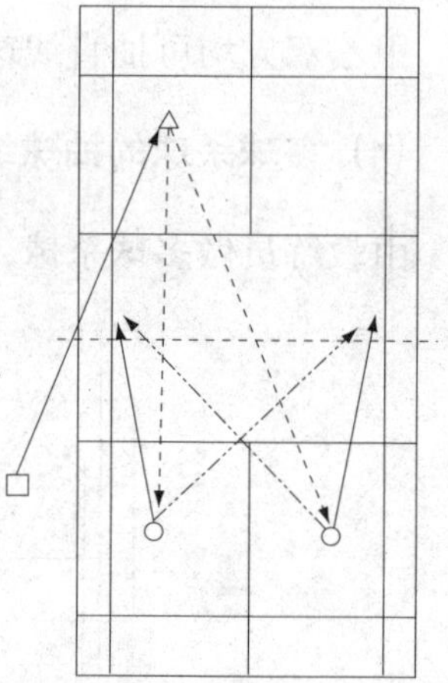

图 238

(2) 不固定挡与勾球练习法

乙从中路或单边杀两边线，甲根据来球的质量与难度练习回击挡直线或勾对角的球路（图 240）。

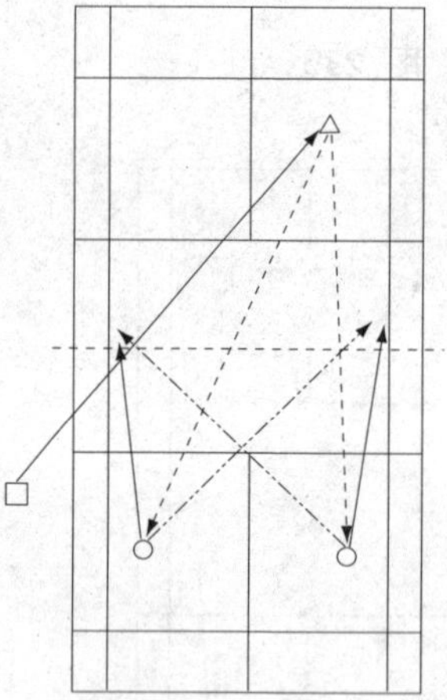

图 239

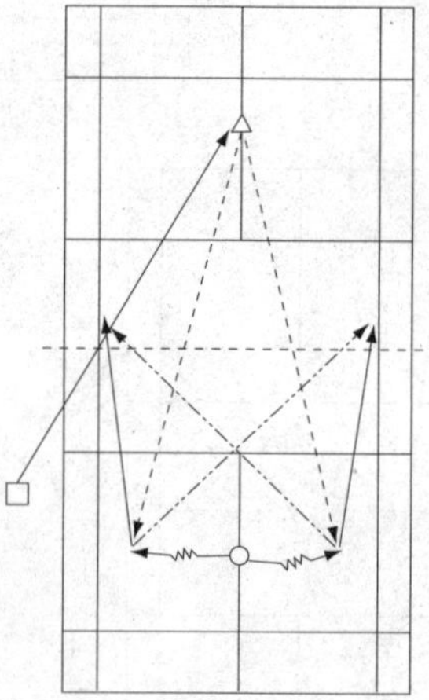

图 240

12. 中场挑球练习法

(1) 单打中场挑球练习法

乙先采用固定的杀单边球，让甲采用挑直线或对角球到乙的两底线，反复练习（图 241）。然后乙采用不固定的杀两边线球，让甲采用挑直线或对角球到乙的后场两边（图 242）。

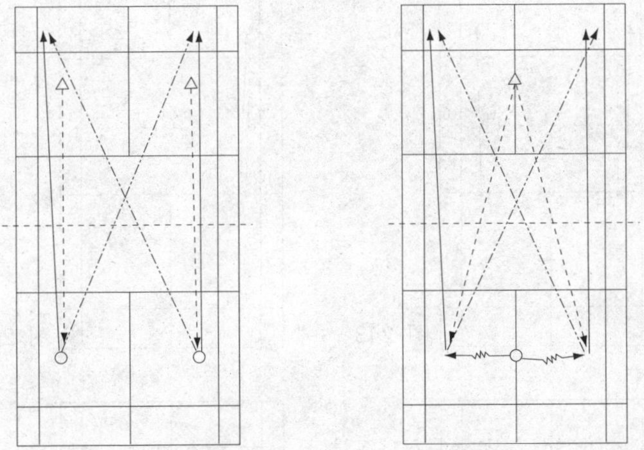

图 241　　　　图 242

(2) 双打中场挑球练习法

这是双打运动员很重要的一项防守技术，练习的目的是把对方杀过来的球能轻而易举地挑至底线两角。

可采用一攻一守、二攻一守、二攻二守、三攻一守、三攻二防守或多球杀守等防守练习法。

13. 半蹲上手平击球练习法

练习者可一对一采用半蹲上手平击球对打练习（图 243）。也可采用一对二平击球对打练习（图 244）。有了一定的能力之后，也可安排接杀，做半蹲上手平击球练习（图 245、246）。

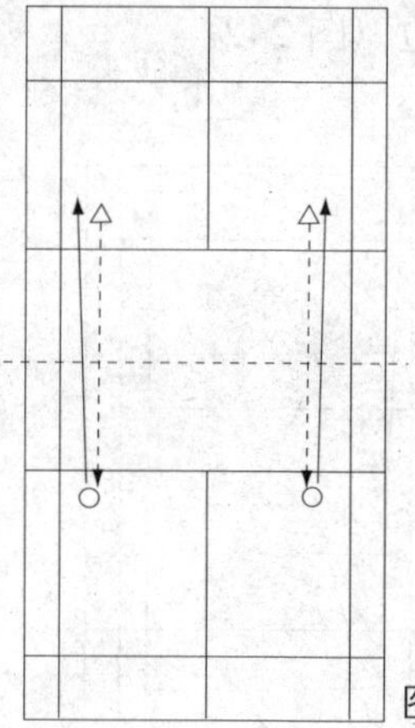

图 243

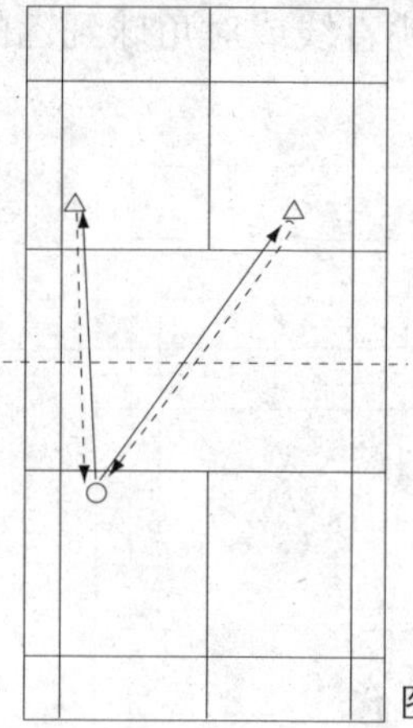

图 244

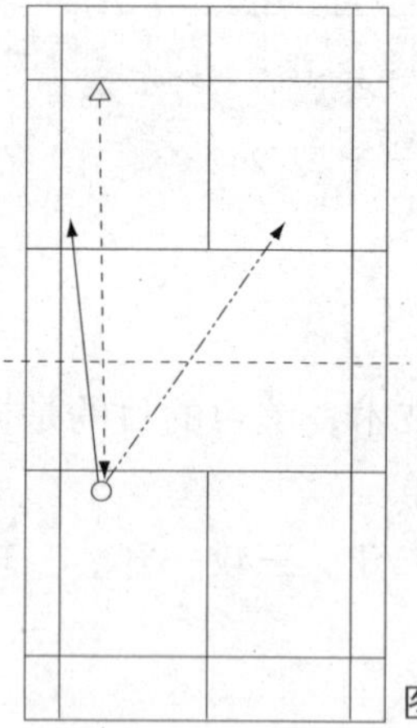

图 245

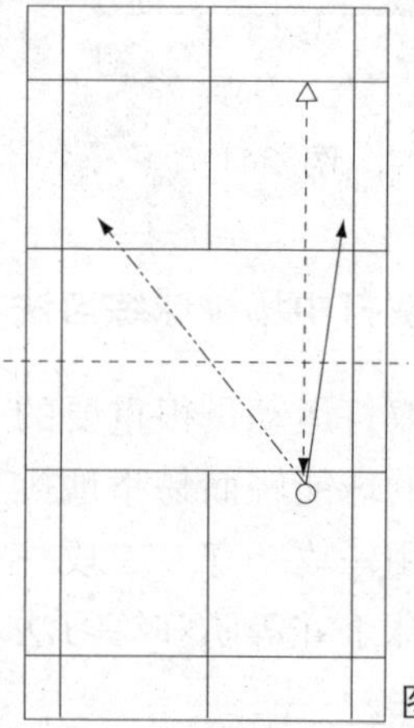

图 246

以上介绍的单个基本技术基础练习法，都是为过渡至中、高级的综合练习打基础的，必须正确、牢固和熟练地掌握。

（三）综合技术击球练习法

1. 高吊练习法

(1) 固定球路高吊练习法

①直线高球对角吊练习法：在此练习中，甲乙双方可同时练习直线高球、对角吊球、上网放网和直线挑高球。乙由右场区发高球（图 247），甲回击直线高球；乙也回击一直线高球，甲吊一对角线球；乙放一直线前球，甲挑一直线高球；乙回击直线高球，甲再回击一直线高球；乙吊一对角线球，甲放一直线网前球；乙挑一直线高球，回复至开始。这样反复进行下去，可把这几项基本技术综合在一起练习。由于球路固定，失误会减少，是提高高吊基本技术的一种方法。发球者也可从左边发球，顺序相同。

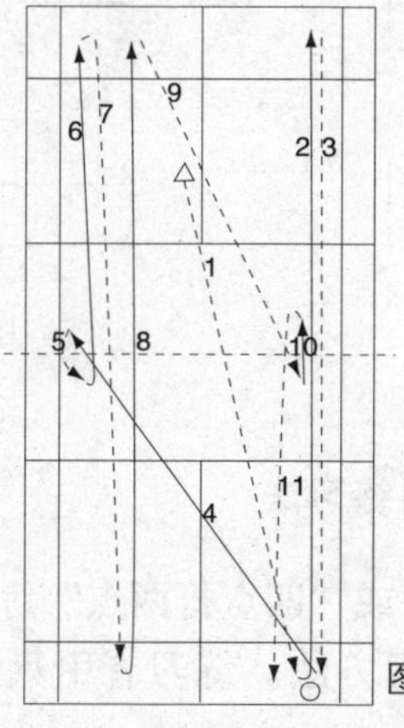

图 247

②对角高球直线吊球练习法：乙由右场区发高远球（图248），甲回击对角高球；乙也回击一对角高球，甲吊一直线网前球；乙也放一直线网前球，甲挑一直线高球；乙回击一对角高球，甲再回击一对角高球，乙吊一直线网前球，甲放一直线网前球；乙挑一直线高球，甲回击对角高球，回复至开始，反复进行。发球者也可从左边发球，顺序相同。

③对角高球对角吊球练习法：乙从右场区发高远球（图249），甲回击对角高球；乙吊对角线球，甲挑直线高球；乙甲回击对角高球，甲吊对角线球；乙挑直线高球，反复进行。发球者也可从左边发球，顺序相同。

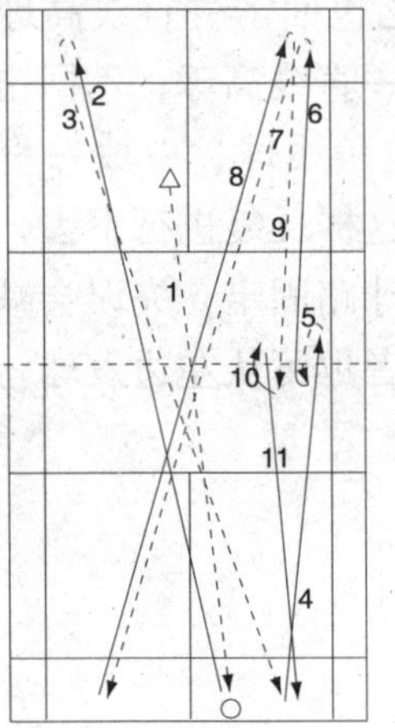

图 248

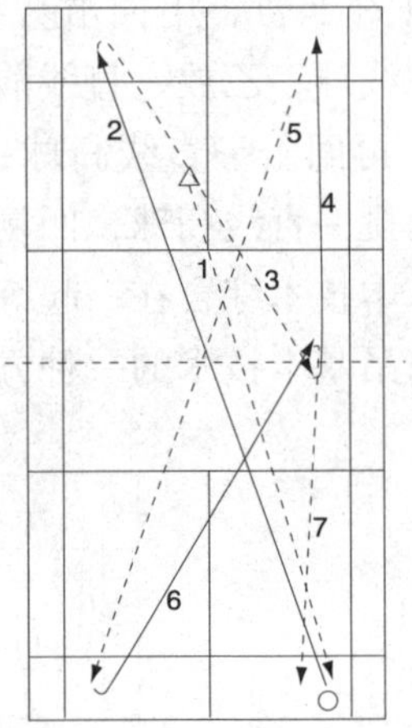

图 249

(2) 不固定球路高吊练习法

此即“两点打四点”或“四点打两点”练习法，是一种综合高吊练习的高级阶段练习方法。练习者甲只是站在后场两边移动，采用高球或吊球控制练习者乙，而练习者乙只能回击到甲的后场两边。相对于练习者乙来说，是训练快速移动接高吊的能力；对两点打四点高吊的甲来说，则是练习高吊手法一致性的较好方法；对四点打两点接高吊的乙来说，则是练习控制全场能力的较好方法，可提高快速判断、控制对方两底线及全场的快速移动能力。

2. 高杀练习法

(1) 固定球路高杀练习法

①直线高球对角杀练习法：练习者双方均可同时练习直线高球和对角杀球，以及挡球和挑球，具体球路与直线高球对角吊球一样（图 250）。如发球者从左边发球，球路也一样。

②对角高球直线杀球练习：具体与对角高球直线吊球一样。

③对角高球对角杀球练习：具体与对角高球对角杀球一样。

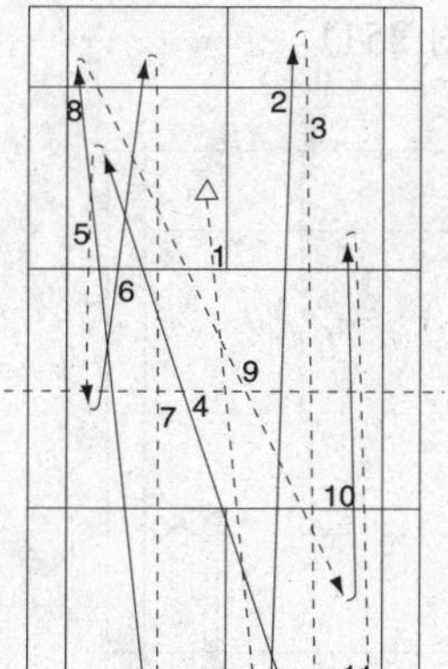

图 250

(2) 不固定球路高杀练习法

①高杀对接高杀练习：练习高杀者甲可任意打高球（平高球），一般不超过3拍，结合杀球。甲打高球，接高杀者乙也要还击高球；如甲打杀球，乙可挡直线或对角网前；甲可上网放网，接高杀者乙再挑至底线高球，反复练习。练习时，一方采用高杀进攻，一方接高杀全场防守，一段时间后交换练习。

②高杀对高杀抢攻练习：双方均可采用高球或杀球练习。这是一种抢攻练习法，既练高杀技术也练抢攻意识。

3. 吊杀练习法

(1) 定点吊杀练习法

①吊直线杀对角练习法：发球者由右区发高球，练吊杀者先吊直线球，对方接吊挑直线球，练习者杀对角球。这种练习中，一方可练吊杀，另一方练接吊杀，练一段时间后交换，双方均可练到吊杀和接吊杀（图251）。

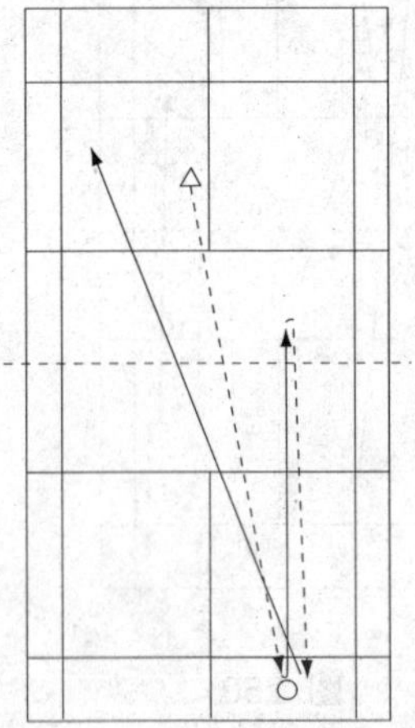

图 251

②吊对角杀直线练习法：球路如图 252 所示。

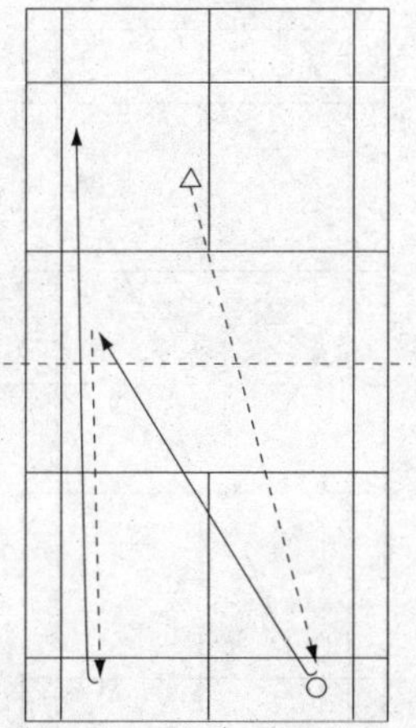

图 252

③吊直线杀直线练习法：球路如图 253 所示。

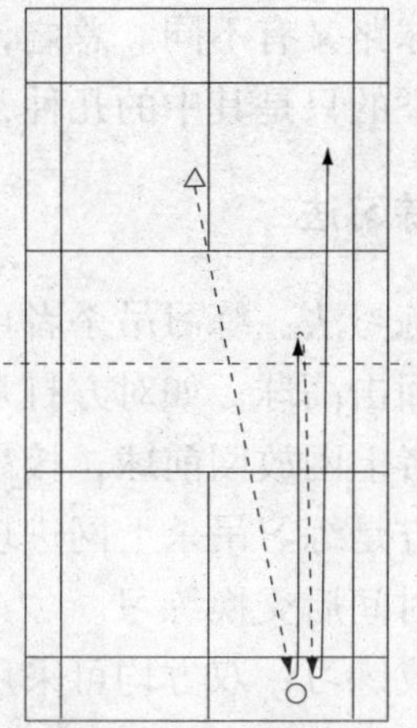

图 253

④吊对角杀对角练习法：球路如图 254 所示

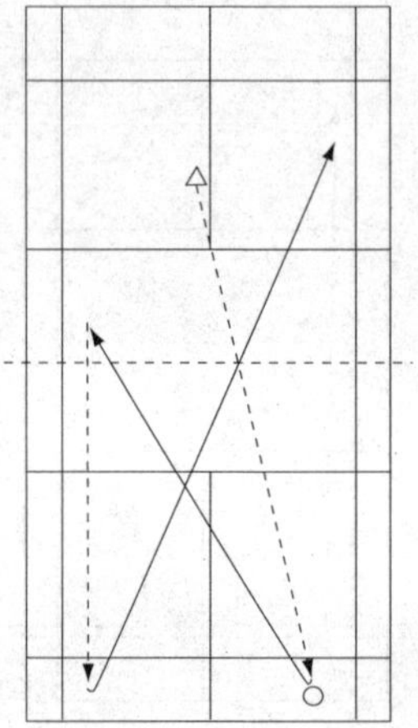

图 254

以上列举的均以挑球一方挑直线球为例，如果挑球方挑对角球，那么具体的固定球路又有不同。总之，固定球路可根据训练需要而设定，以上列举的只是其中的几种，可以变化。

（2）不固定吊杀练习法

①吊杀对接吊杀练习法：练习吊杀者可任意吊或杀，如对方打吊球，接吊杀者要回击高球；如对方打杀球，可挡直线或勾对角线球。此时，练习者上网放网前球，接吊杀者再挑高球，反复练习。这种练习，一方是练习吊杀上网进攻，另一方是练习接吊接杀防守练习，一段时间后交换练习。

②吊杀对吊杀抢攻练习：双方均可采用吊球或杀球，这是一种抢攻的练习法，既练吊杀技术也练抢攻控网意识，是一种高水平运动员采用的进攻练习。

4. 高吊杀练习法

采用高吊杀综合练习标志着已到较高水平的阶段，故不必采用固定球路的练习，一般采用不固定球路练习。在形式上可采用如下几种方法。

（1）半边场地高吊杀综合练习法

即在半边场地上，进攻一方以高球（平高球）、吊球和杀球进攻对方，防守方以挡、挑、放网来防守，这样，一方练进攻技术，另一方练防守技术。由于场地范围小，便于防守和进攻，所以初级者常采用这种练习方法。

（2）全场高吊杀对接高吊杀练习法

一方练高吊杀，另一方练接高吊杀，难度和强度均较大。这种练习方法，基本接近实战。练习进攻时可用高球、平高球、吊球、劈球、杀球、抽球，在网前可用放网球、搓球、推球、勾球，而接高吊杀者可练习防守高球、挑球、挡球、勾球，这样全部基本技术都可练习到，因此是一种最好的综合技术练习方法。

（3）高吊杀对攻练习法（一人对一人）

双方均可采用高吊杀、搓、推、勾控制对方，而对方则应想法进行守中反攻，因此，是一种难度和强度都大的综合攻守练习。

（4）一对二攻守练习法

它和高吊杀对接高吊杀一样，一人是高吊杀全面进攻，二人是全场防守。这种练习方法适用于一人水平高，需要二人防守才能守得住的情况，增加进攻者难度时也可采用这种练习方法。

(5) 二对一攻守练习法

进攻一方是二人，而防守一方是一人，这就更增加了防守者的难度，是一种全场防守练习方法。

(6) 二对一的高吊杀对攻练习法

不论是二人一方还是一人一方，均可采用高吊杀进攻对方，这是提高全场攻守能力的练习方法

(四) 练习形式

1. 单球直线单边对练法

练习者在左区或右区用单球进行直线单边对练（图 255)。

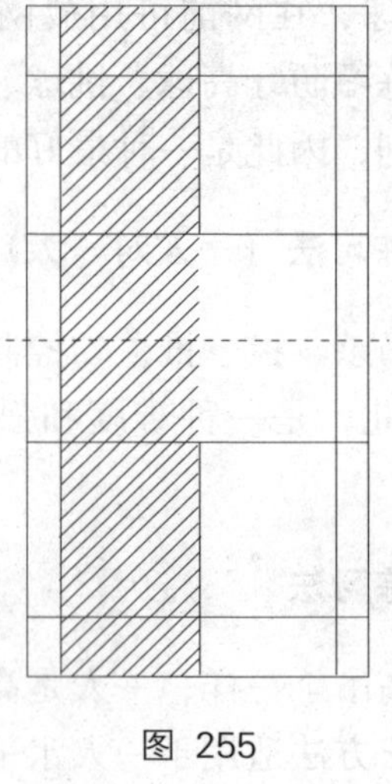

图 255

2. 单球对角单边对练法

练习者在对角区，使用单球进行对角单边对练（图 256）。

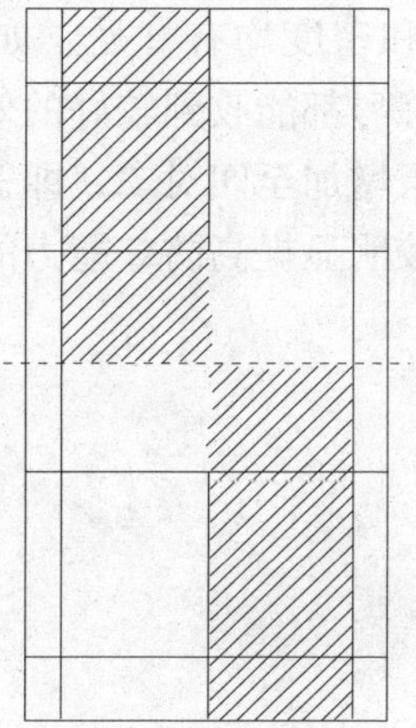

图 256

3. 多球对练法

练习者双方均可用两个球，当失误时，不用去捡球，而将手中的球再发出去，以增加练习时间和击球次数，是一种增加强度和密度的训练方法，适用于单、双打练习。

4. 多球单练法

练习者是一个人，采用多球训练。根据训练要求，采用不同的路线、速度和组数、个数，由教练员发多球给练习者练习。当一人练完一组之后，可休息一定时间，换另一名练习者练习。这种多球练习是增加难度和强度的一种好方法。为了保证有一定密度，练习者最多不超过三人一组，最好是两人一组。双打练习也常使用多球练习法。

5. 多人陪练法

这种练习法在单打中一般较多采用二对一的陪练法，它对提高练习的难度、强度和密度均有好处，如二陪一进行高吊、高杀、吊杀、高吊杀等练习都能收到较好的效果。在双打中常采用三对二练习攻守，甚至增加至四对二，即三人或四人进攻，二人练习防守，是一种能较明显提高防守能力的训练方法。

五、羽毛球运动战术

战术是指运动员在比赛中为表现出高超的竞技水平战胜对手而采取的计谋和行动。

战术与技术、身体素质、心理素质之间是互相联系、互相依存、互相制约的辩证关系。技术、身体素质是战术的基础，心理素质是战术的保证。比赛中良好的技术、身体素质、心理素质总是在具体的战术配合、战术行动中体现出来。先进的战术可以积极地促进技术、身体素质、心理素质的提高。

选择战术首先不能脱离自己的实际情况，要根据自己的技术水平、打法、身体素质、心理素质等情况以及对方的情况，在击球一瞬间选择对自己有利的回击球路。“以己之长，克敌之短”或“以己之短，克敌之劣”就是最正确、最佳的战术选择。

“以我为主、以快为主、以攻为主”是我国羽毛球战术的指导思想。

“以我为主”即不要脱离自己的技术、身体素质、心理素质、打法特点去选择战术。

“以快为主”即在战术的变化和转换上要体现“快”的特点。发现对方技术、战术优缺点后，改变战术要快、要及时，进攻转防守、防守转进攻、过渡转进攻、进攻转过渡的转换速度都要快，要抓住有利时机迅速转换。

“以攻为主”即在制订战术时要强调进攻的主导思想，在防守时也要强调积极防守。

（一）单打战术

1. 单打进攻战术

(1) 发球抢攻战术

发球抢攻是比赛的重要得分手段，发球可根据对手的站位、回击球的习惯球路、反击能力、打法特点、精神和心理状态等情况，运用不同的发球方法，以取得前几拍的主动权。通过这一战术的运用，打乱对方的整个战略部署，让对方措手不及。特别是在关键时刻，运用发球抢攻战术能取得不同的效果，如相持时可以用它来打开僵持的局面，力争主动；领先时可以用它来乘胜追击，一鼓作气战胜对手；落后时可以用它来作最后的拼搏，力挽狂澜，反败为胜。

①发前场区球抢攻战术：前场区球有发 1 号区球、2 号区球、1 号与 2 号之间区球，发追身球等（图 257）。

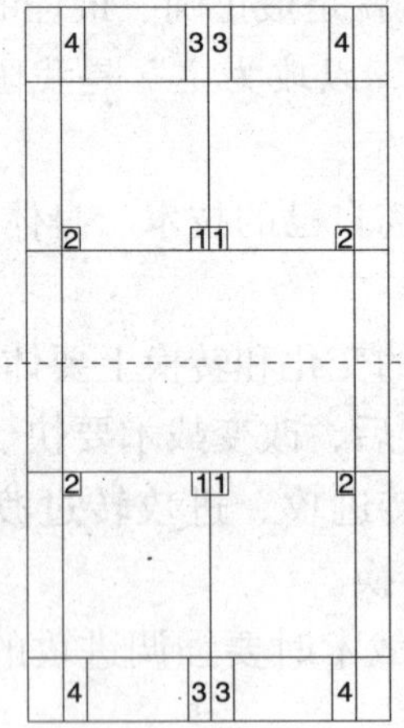

图 257

发前场区球的目的主要是为了限制对方立即进行攻击，另一目的是通过准确、有意识地判断对方的回击球路，组织和发动快速强有力的抢攻，如抢攻质量好，可达到直接得分或获得第二次攻击机会。在一般情况下，发前场区球主要以发 1、2 号之间的球和追身球为主，这样比较稳妥，不至于造成失误。如果我方发出一个较高质量的前场区球，紧接着应迅速而准确地判断对方的回击习惯球路及其意图，然后调整好自己的站位，以利于抓住有利战机，发动进攻。如图 258 所示，我方从右场区发一个 1、2 号之间球，对方回击一直线网前球，我方已判断到对方的球路，即迅速上网进行抢攻，这时有 3 条有效球路，即快速反搓直线球（图 258 中的 1），或假动作平推直线底线球（图 258 中的 2），或勾对角网前球（图 258 中的 3）。如第一次抢攻质量好，可立即得分或创造第二次攻击机会。

发前场区球抢攻战术的其他例图如图 259—264 所示。

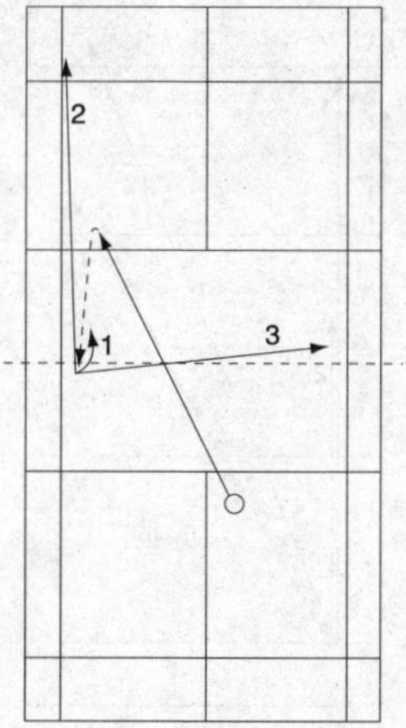

图 258

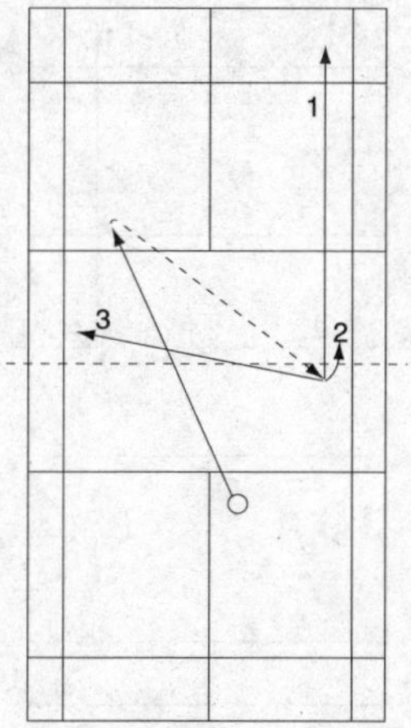

图 259

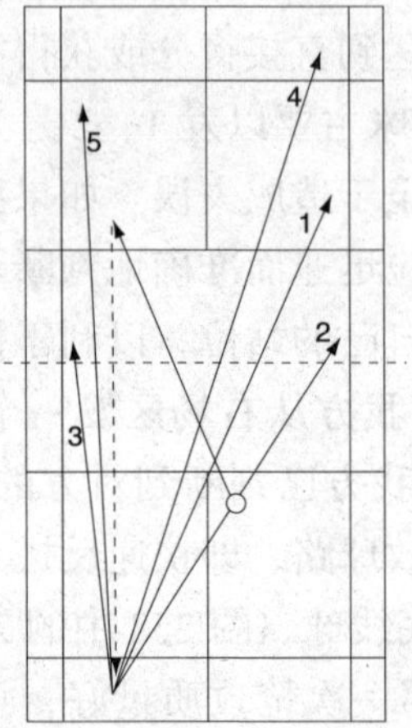

图 260

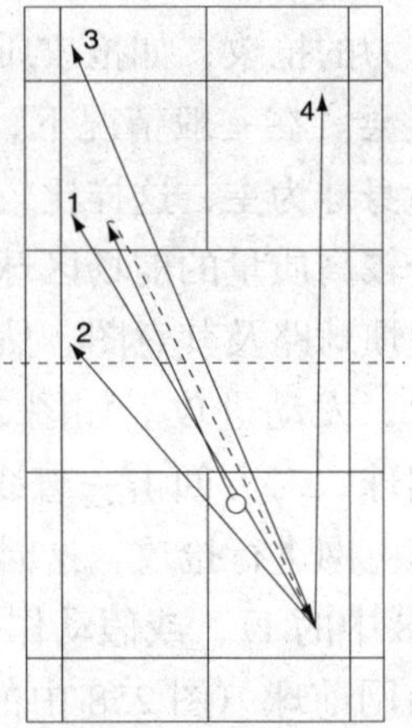

图 261

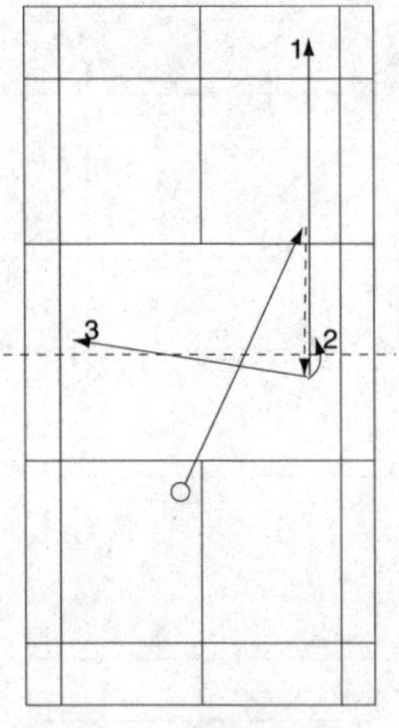

图 262

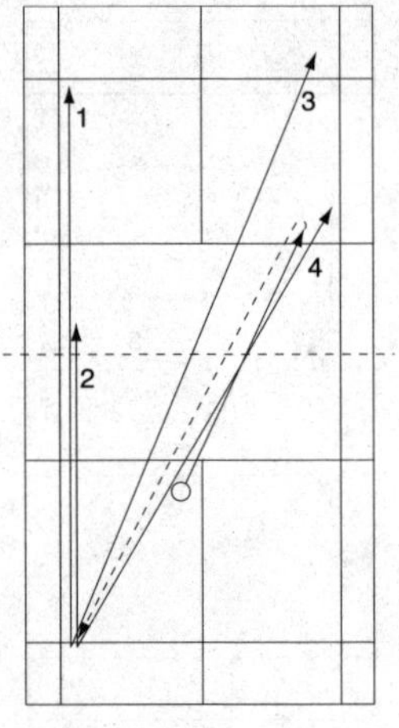

图 263

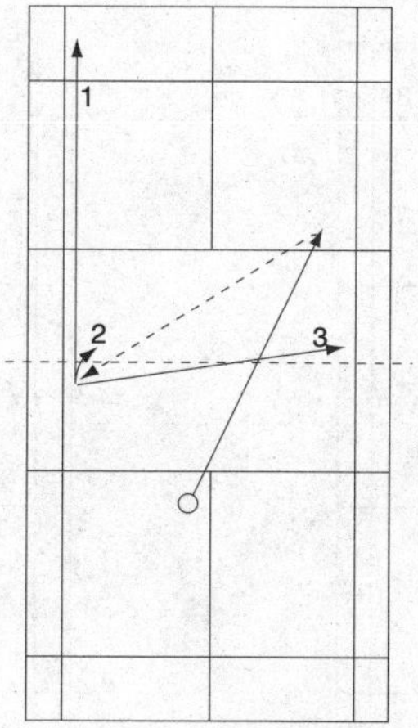

图 264

②发平高球抢攻战术：发平高球有发 3 号区、4 号区、3 号与 4 号区之间 3 种。

发平高球抢攻战术和发前场区球抢攻战术的不同点在于发前场区抢攻可直接抓住战机，而发平高球抢攻则要通过守中反攻的手段才能获得抢攻的机会。

发平高球的目的，一是为了配合发前场区球抢攻；二是为了让对方盲目进攻，或在我方判断的范围之中进攻，使我方能从防守快速转入进攻；三是造成对方由于失去控制而直接失误。

如图 265 所示，当对方从右后场区杀一直线球时，我方已判断到对方的球路，即迅速转体，选择以下 3 条守中反攻球路，即挡一直线网前球（图 265 中的 1），或勾一对角网前球（图 265 中的 2），或反抽一对角底线球（图 265 中的 3）。如以上击球质量好，可立即得分或能创造第二次进攻机会。

发平高球抢攻战术的其他例图如图 266—271 所示。

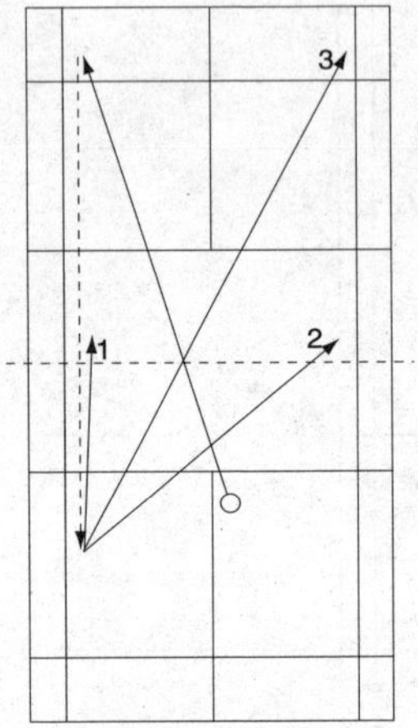

图 265

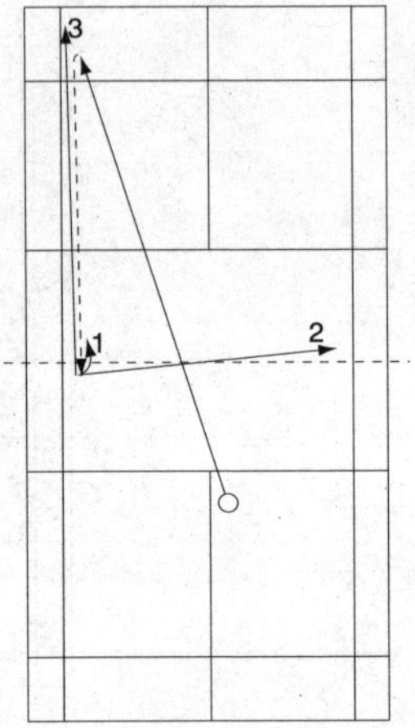

图 266

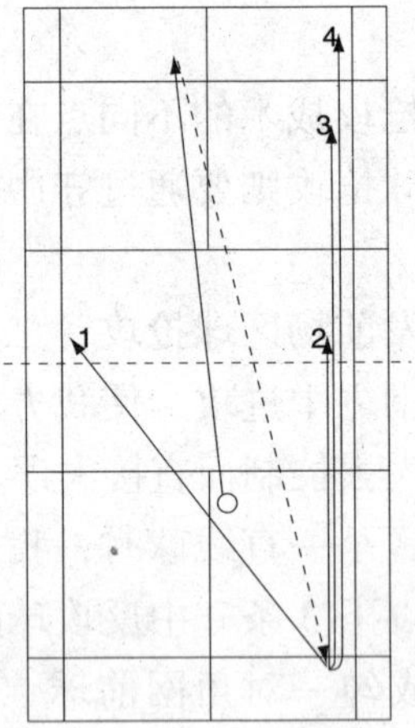

图 267

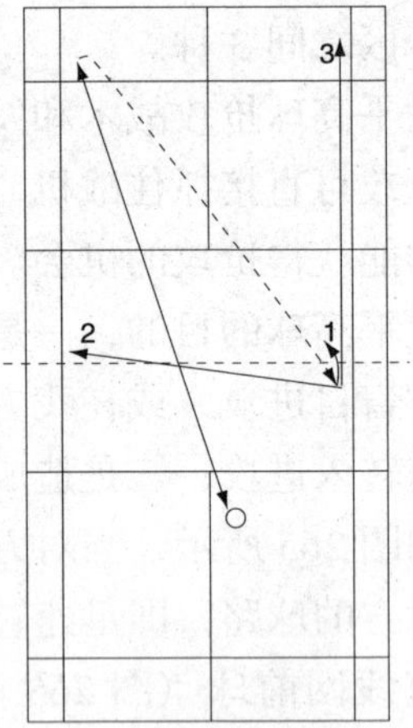

图 268

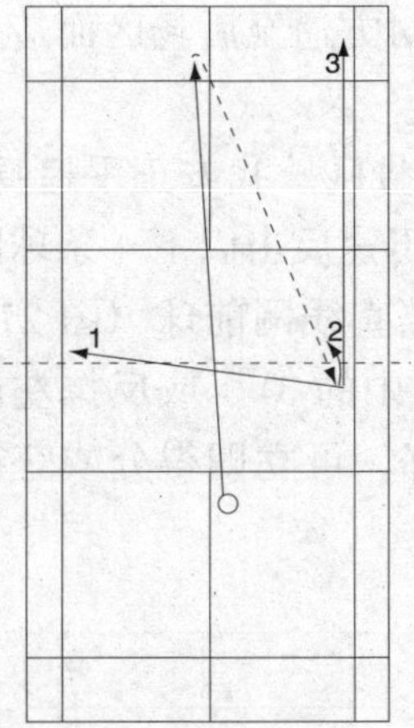

图 269

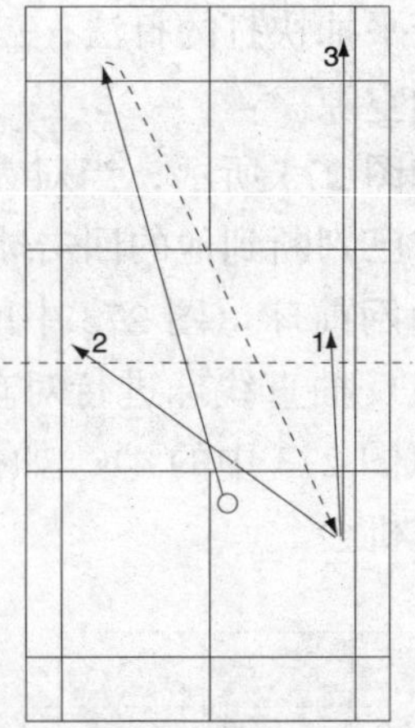

图 270

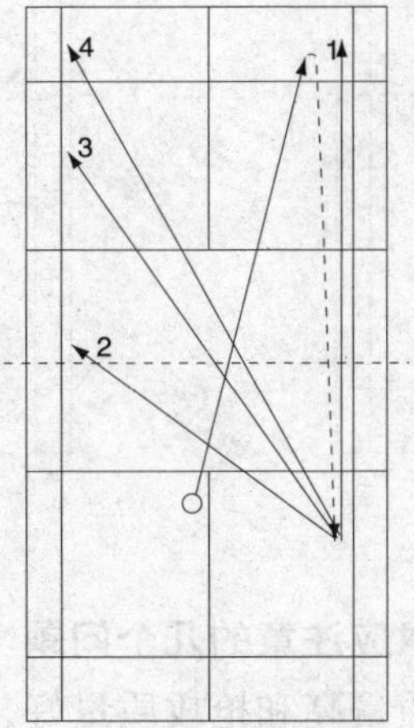

图 271

③发平射球抢攻战术：发平射球主要是发 3 号区（图 272）。发平射球战术的目的，一是为了偷袭，如对方反应慢，或站位偏离中线，3 号区空隙大时，偷袭该区成功率较大；二是为了逼对

方进行平抽快打的打法；三是为了把对方逼至后场区而造成其网前区的空隙。

如图 273 所示，当对方从右后 3 号区杀我方正手追身球时，如我方已判断到他的回击球路，则可迅速反击以下 4 条球路，即勾对角网前球（图 273 中的 1），或挡直线网前球（图 273 中的 2），或反抽直线球进行对攻（图 273 中的 3），或反拉左后场平高球（图 273 中的 4），如抢攻质量好，可立即得分或获得第二次进攻机会。

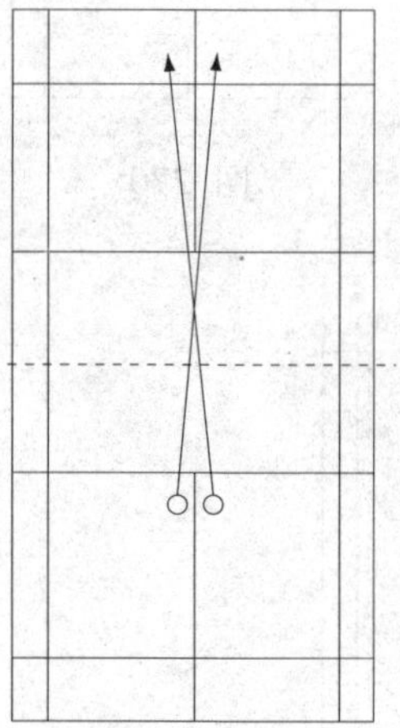

图 272

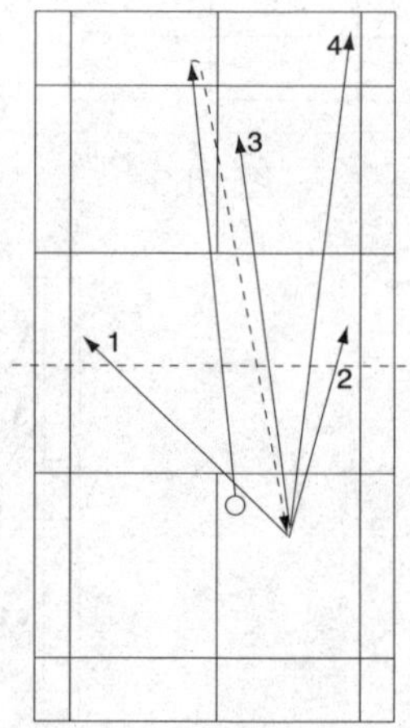

图 273

运用发球抢攻战术应注意的几个问题

上面提到了发球质量高和抢攻质量好，所谓质量包括击球的时间、击球的弧度、球的落点、球的速度、出球的路线 5 个方面。所谓质量高，即出手击球的时间快，能破坏对方的起动；发前场区球弧度较平，过网时高度不过高（平高球要越过对方跳拦的高度）；球的落点到位；球的速度快，杀球有一定的速度和力度；出球的路线符合战术的需要。以上几个方面达到了要求就可称之为质量高。

上述文中还提到我（发球）方已判断到对方回击的球路，怎样才能判断到对方回击的球路呢？这个问题是属于战术意识问题，可参阅本书的战术意识部分。

当判断到对方球路后，如何站位、如何起动才能更有利于抢攻这是个涉及步法的问题，在这里就不多阐述。当然，要完成抢攻，离不开判断、调整站位和起动。

上述发球抢攻中提到的都是如何抢攻，而且都是假设在判断准确的前提下，而实际比赛中并非如此。因为，接发球方也在判断发球方发球抢攻的意图，肯定要击出不符合发球方所判断的球路，所以发球抢攻与接发球抢攻就形成了斗智、斗谋、斗果断、斗反应、斗速度的局面。因此，发球方在采用发球抢攻战术之前，首先要判断对方接发球的习惯球路和习惯打法，然后调整好自己攻击时的站位，并靠迅速反应起动达到发球抢攻的目的。

如果对方回击出一个你发球时意想不到的球路，那么你可能处于被动。此时，应力争把球回击到对方的后场，转入防守。

发前场区球是否属于抢攻战术呢？这主要取决于发球方是否有抢攻的意识，如果发前场区球的目的是想抢攻，那就可以说是采用了发球抢攻战术；如只是为了避开对方后场强有力的攻击而以发前场区球过渡，则不属于发球抢攻。

发球抢攻战术通常由发前场区球、发平高球、发平射球 3 种发球技术组成，因此在进行发球抢攻战术时，一定要根据对方的站位、习惯使用的技术和球路、心理状态等情况，采用不同的发球来组织。例如，对方站位偏前，可发平高球；对方站位偏后，可发前场区球；对方站位偏边线，可发平射球偷袭对方 3 号区；对方攻击力差，可发平高球；对方反应慢，可发平射球；对方接发前场区球习惯放网前球，可发前场区球后快速上网抢攻；对方站位适宜，但心情急躁，可佯做发前场区球姿势和动作，但在击球一瞬间，改发平高球等，这些都会取得抢攻的有利形势。

发球抢攻属于一种比较有效的战术，但不可能经常使用。总之，要有所变化，要虚虚实实，要结合发高球把对方的注意转移至处理高球状态，然后再采用发球抢攻，这样，战术效果就会更好些。

(2) 接发球抢攻战术

接发球抢攻是接发球中最具威胁的一种战术，但前提是对方的发球质量欠佳，例如发高远球时落点不到位，发前场区球过网时过高，发平射球时速度不快、角度不佳，发平高球时节奏、落点、弧度不佳等，都会造成接发球抢攻的机会。离开了这一前提条件，盲目地进行接发球抢攻，效果差，成功率低。除此以外，还要有积极大胆的抢攻意识。要获得接发球抢攻战术的成功，还要根据自己的技术特点和身体条件，同时结合对方的技术特点、身体素质和心理素质。

当对方从右场区发一平高球落点欠佳，已出现我方发动抢攻的极好时机时，应如何组织抢攻才能奏效呢？

首先要在瞬间分析和判断对方发平高球不到位是有目的的还是由于发球控制不好所造成的，如是有目的的，那要谨慎，不能随便进攻，要控制好自己的身体重心，进攻后要能控制全场，特别是前场区；如是对方未控制好发球，则要果断大胆地抢攻，除要运用自己最擅长的技术外，还要考虑到对方的弱点和优点，有针对性地组织抢攻战术。

接发球抢攻战术的完成要有两三拍抢攻路线的组织才能奏效。所以，一旦发动抢攻，就要加快速度，扩大控制面，抓住对方的弱点或习惯路线，一攻到底，一气呵成，完成一个组合的抢攻战术。

图 274 表示，发球方从右场区发一平高球，由于控制得不好，使接发球方有了可抢攻的机会，而且发球方防守中路球的能力差，故接发球方可大胆快速地攻击对方中路弱点，然后快速上网。第一次攻击如能得分最好，不能得分就要靠上网快速进行第二次攻击，即上网扑球，以达到这个回合的抢攻目的。

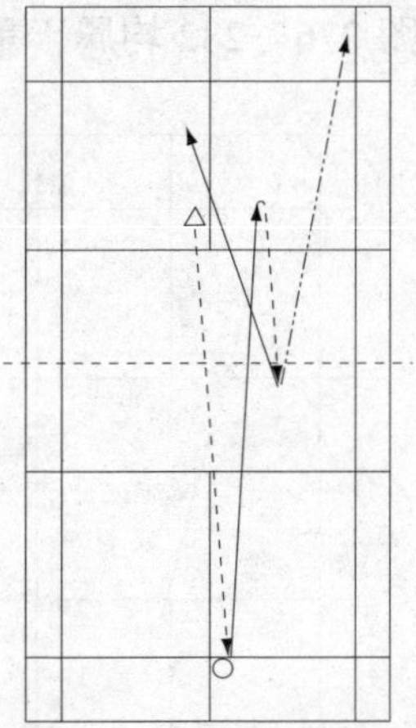

图 274

(3) 单个技术的进攻战术

①重复平高球进攻战术：这种战术的特点是以重复平高球进攻对方的同一个后场区，甚至可连续重复数拍。如图 275 所示，致对方于死地，或逼对方击出一个半场高球，以利我方进行最后一击。这种战术对付回动上网快、控制底线能力差，以及侧身后退步法差的对手很有效果。

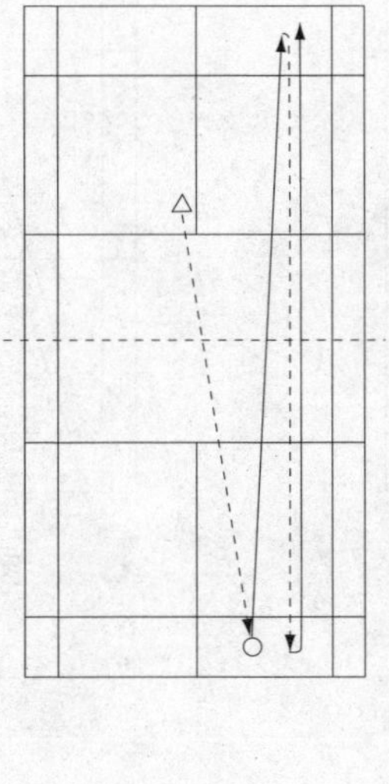

图 275

图 276—282 均属于重复平高球战术的例子。

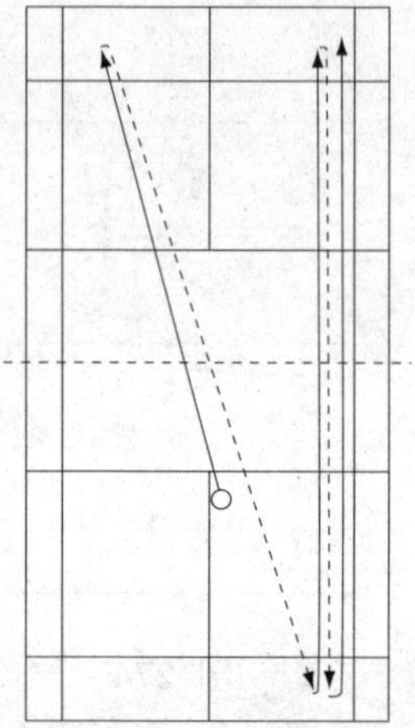

图 276

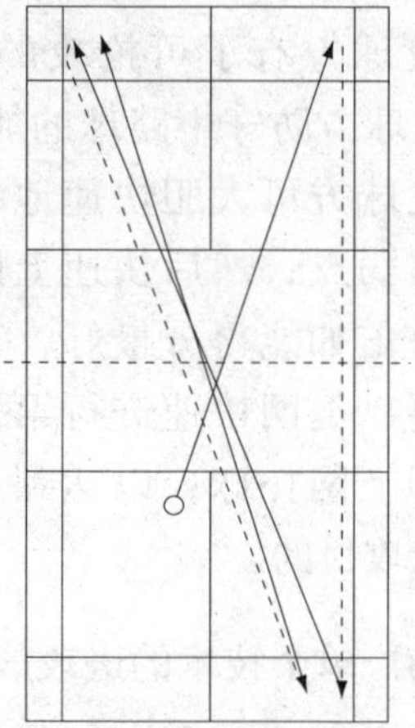

图 277

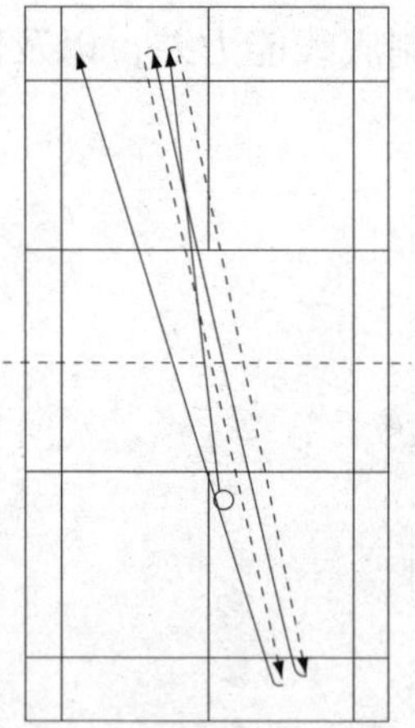

图 278

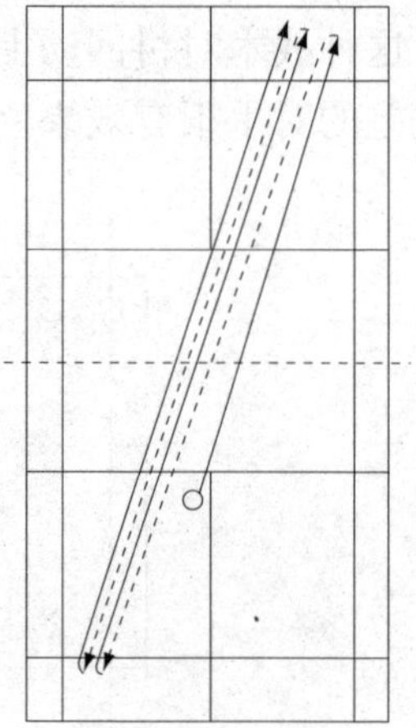

图 279

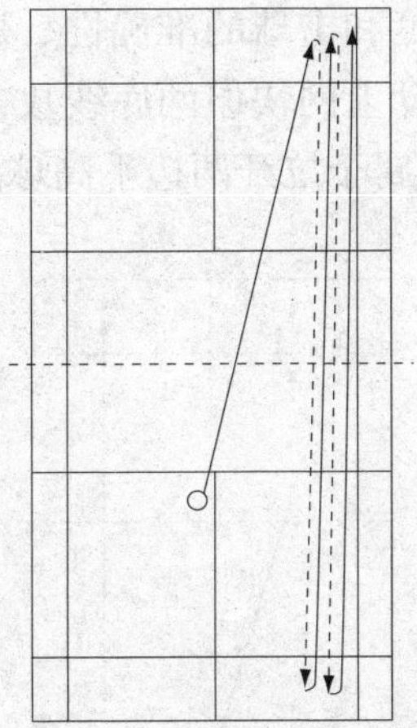

图 280

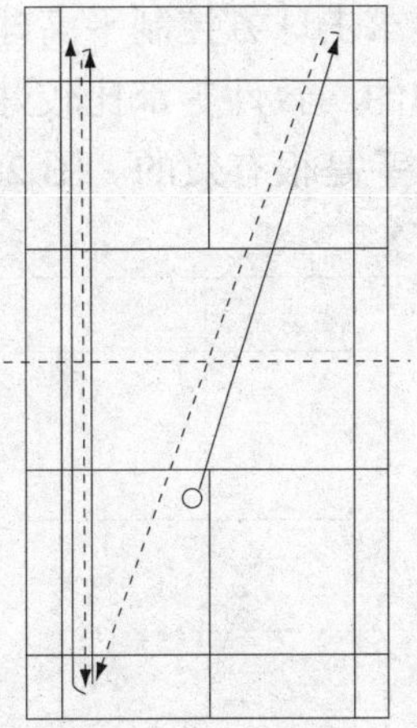

图 281

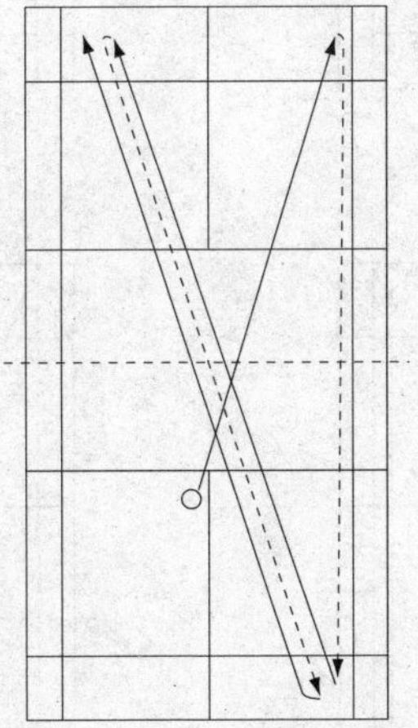

图 282

②拉开两边平高球进攻战术：这种战术的特点是使用平高球或挑平高球连续攻击对方两边后底线，以求获得主动权，或逼对方采用被动战术，以利我方进行最后一击（图 283）。采用这种战

术，要求击球方控制平高球的出手速度和击球的准确性、爆发力与动作的一致性等都比较好。对付回动上网快但两底线攻击能力差的对手是很有效的。图 284—290 均属于拉开两边平高球战术。

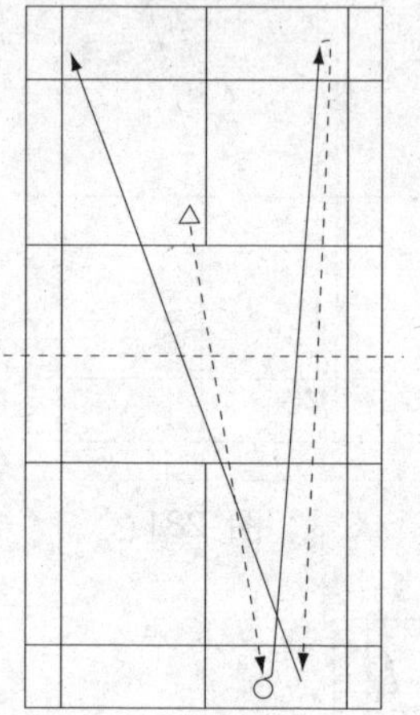

图 283

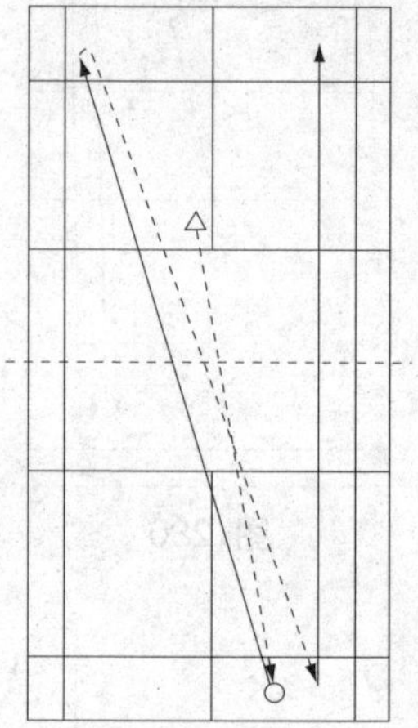

图 284

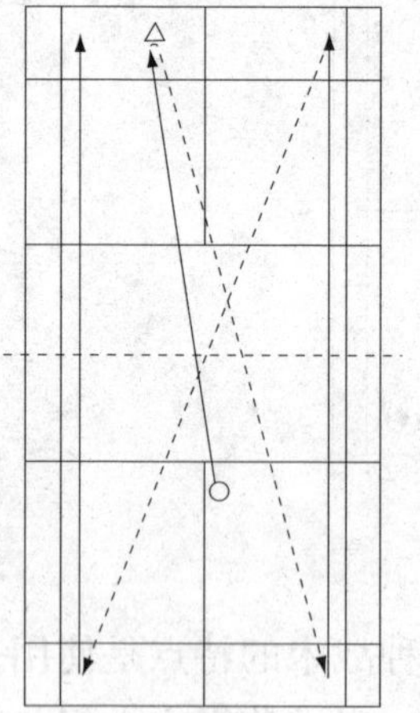

图 285

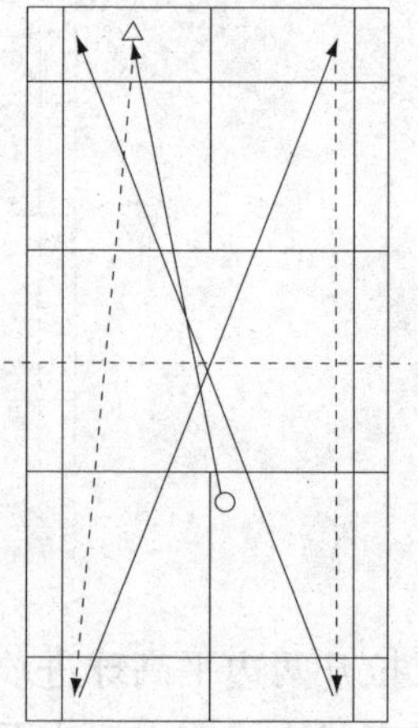

图 286

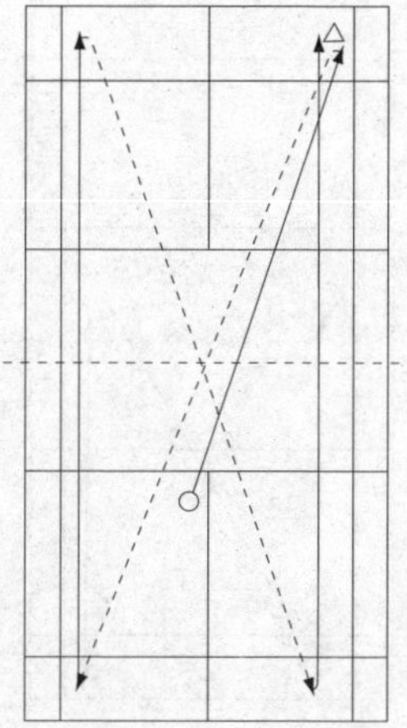

图 287

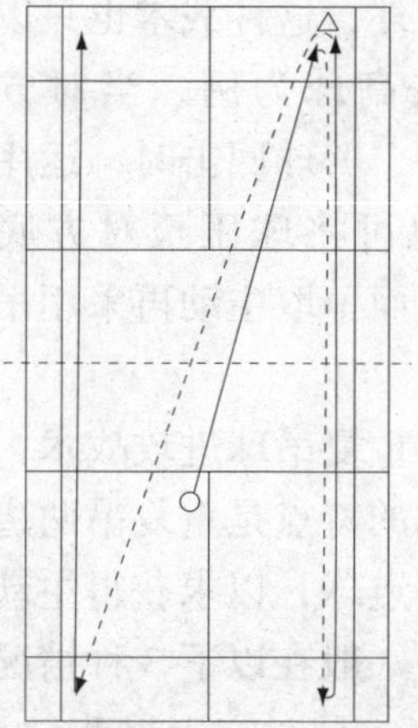

图 288

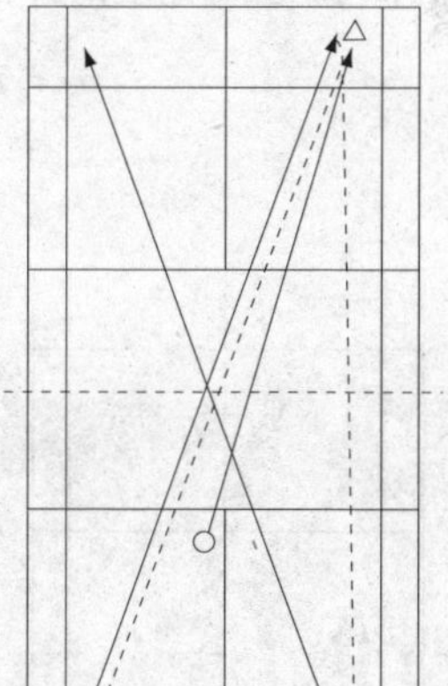

图 289

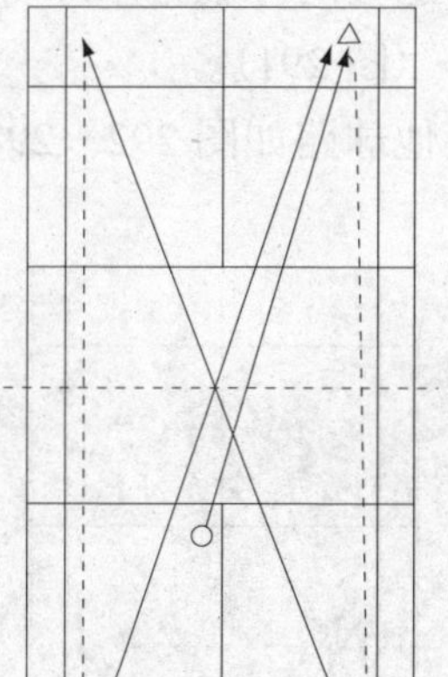

图 290

以上例图只以两拍为例，但实战过程中，有时可以创造出最后一击的机会，有时也需要经过反复数拍才能完成。这种战术，重点是将球击到对方两底线处，迫使其回击出有利于我方进攻的球。另外，这种战术也只以对方回击高球为例，当对方以吊、杀、劈球回击时，运用此战术也可将球压至对方底线处，从而争取主动再采用吊杀劈战术。

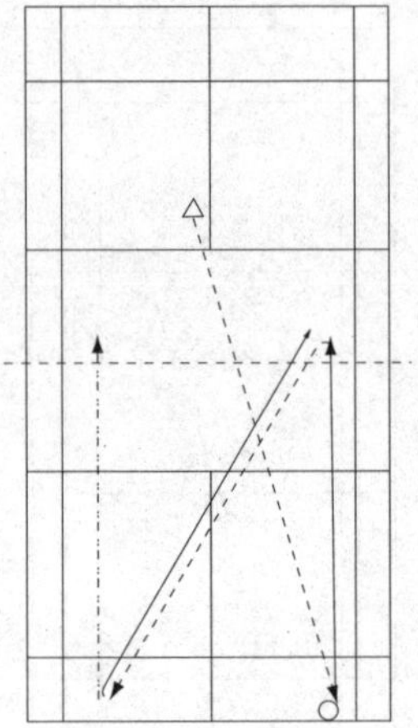

图 291

③重复吊球进攻战术：这种战术的特点是重复吊两边球或吊一点球，以求获得主动攻击权，一般在以下 3 种情况下采用：一是对方上网步法差；二是对方打底线球不到位，而急于后退去防守我方杀球时；三是我方吊球技术较好，并能运用假动作（图 291）。

其他球路如图 292—298 所示。

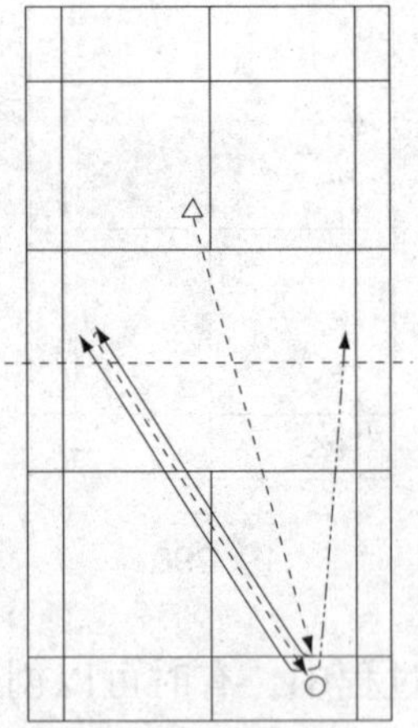

图 292

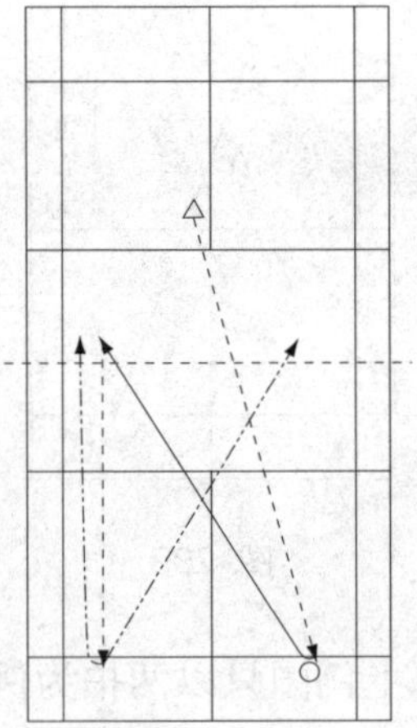

图 293

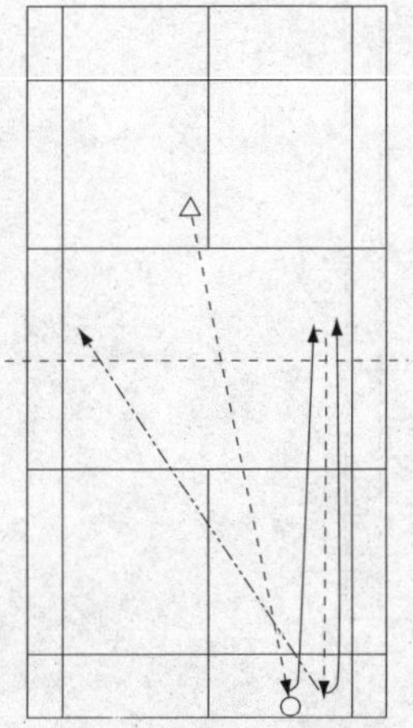

图 294

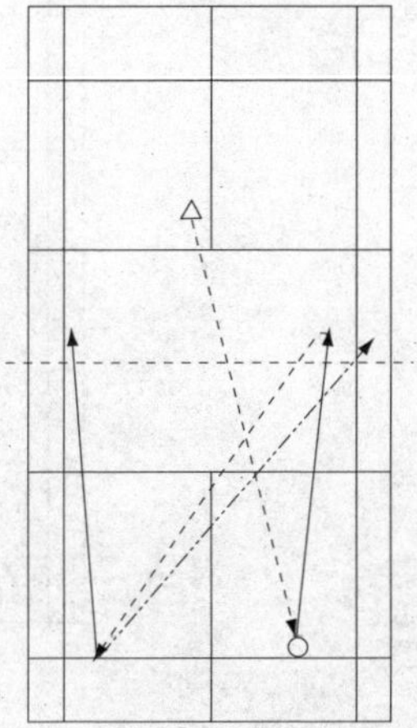

图 295

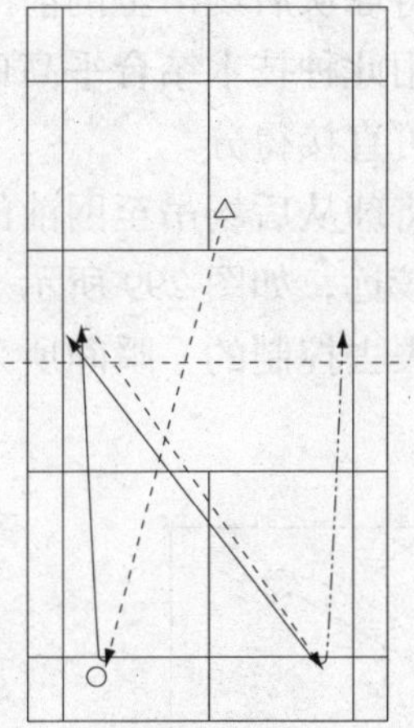

图 296

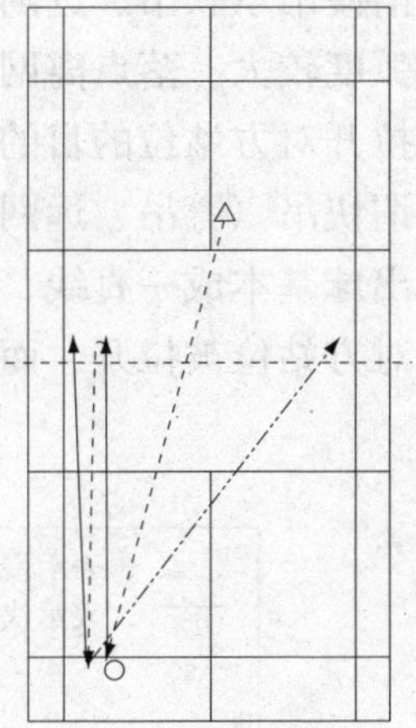

图 297

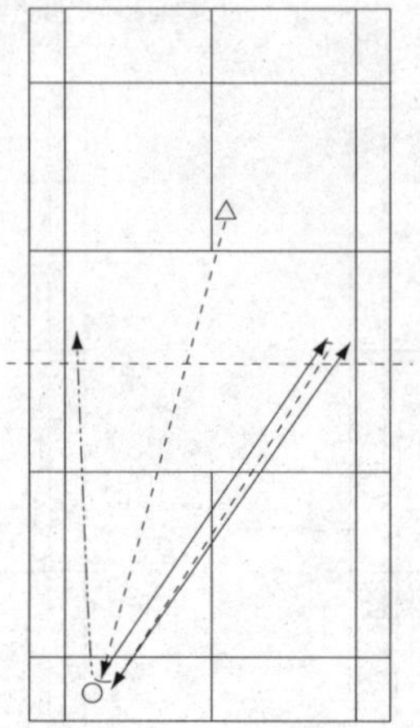

图 298

④慢吊（软吊、近网吊）结合快吊（劈吊、远网吊）进攻战术：所谓慢吊（软吊、近网吊）是指将球从后场吊至网前的速度较慢、弧度较大、落点离网较近。采用此种技术结合平高球是为了达到拉开对方站位的目的，有时也可直接得分。

所谓快吊（劈吊、远网吊）是指将球从后场吊至网前的速度较快，出球基本成一直线，落点离网较远，如图 299 所示。这是一种当对方站位被拉开，而身体重心失去控制的一瞬间所采用的战术。

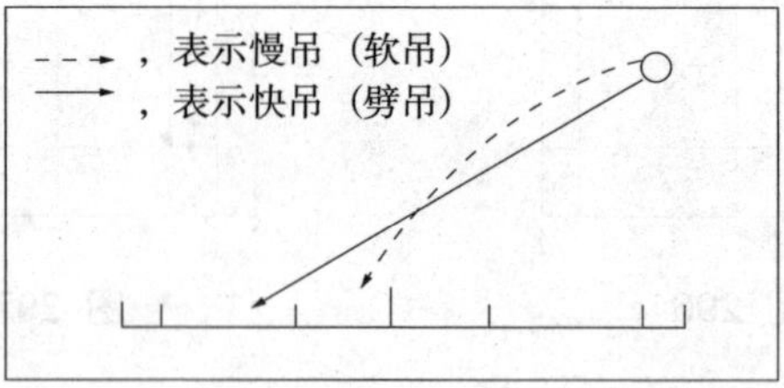

图 299

⑤重复杀球进攻战术

当遇上一位防守中习惯反拉后场球的对手时，就可采用重复杀球的进攻战术（图 300、301）。采用这种战术时，首先要了解对手是属于上述的情况，然后先运用轻杀或短杀。此时，我方不能急于上网，而要调整好自己的位置，以利采用重复杀球的战术。

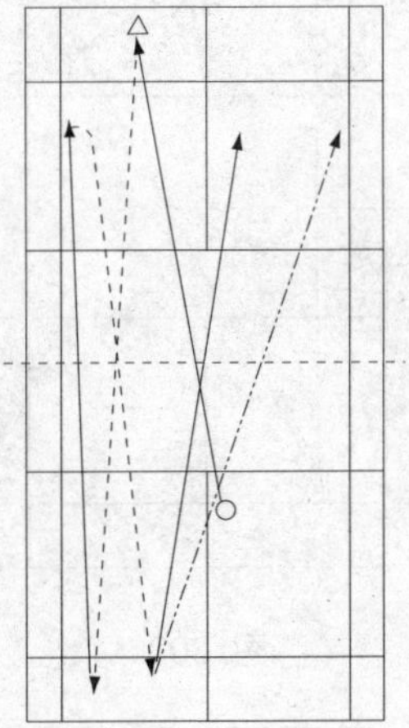

图 300

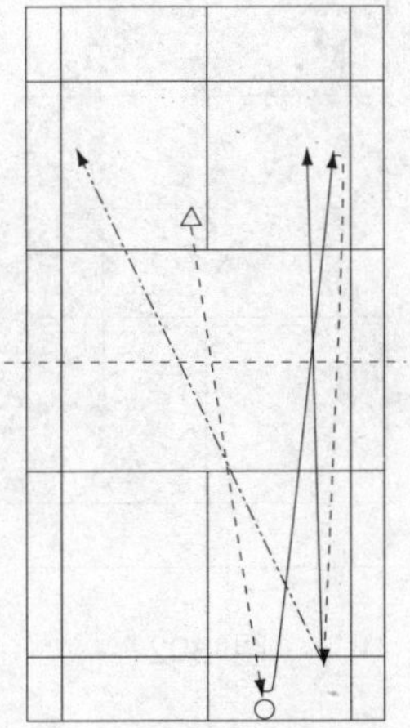

图 301

⑥长杀结合短杀（点杀、劈杀）进攻战术：长杀结合短杀是指“直线长杀，对角短杀”，它比直线短杀结合对角长杀效果更好。在图 302 中，因为直线长杀结合对角短杀造成对方接杀球时需移动的距离（图 302 中 1）比较长，增加了防守的难度，而直线短杀结合对角长杀所需移动的距离（图 302 中 2）则较短，从图 303 中也可清楚地看到这两种方法的对比。

⑦重杀结合轻杀进攻战术：半场重杀、后场轻杀就是这一战术的概括。当我方通过拉吊创造出半场球的机会时，应该采用重杀战术；反之，如球在后场，我方还想采用杀球时，一般多用轻

杀。尽管半场球用重杀时即使是失去身体重心也不至于造成控制不了网前的局面，可是，如果在后场采用重杀时万一失去身体重心，上网慢了，就控制不了网前，而轻杀可使自己保持较好的身体重心位置，有利于下一步控制网前。

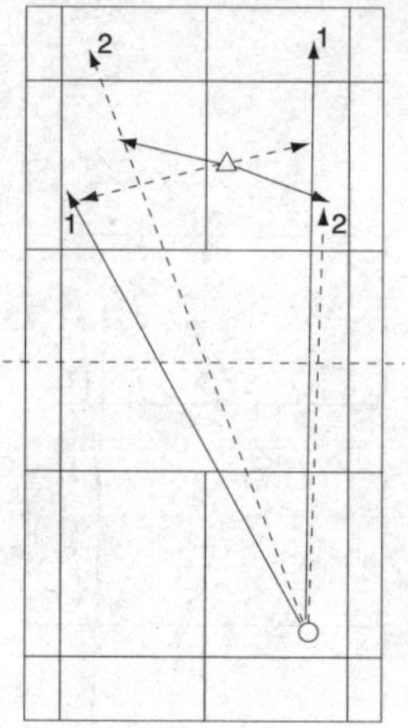

图 302

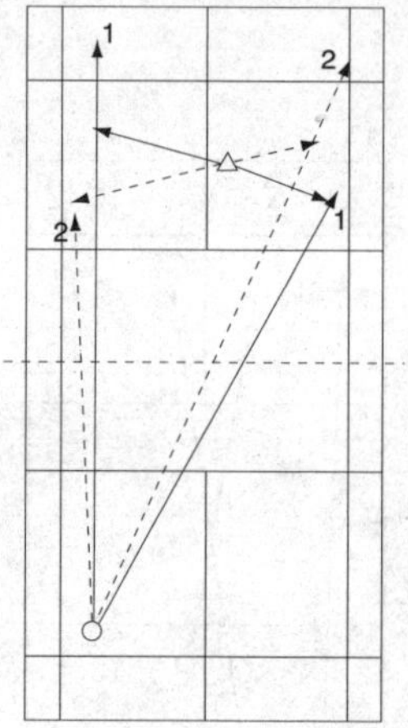

图 303

（8）重复搓球进攻战术：当碰到对方上网搓球之后习惯迅速后退的对手时，我方就可采用重复搓球战术。如图 304 所示，可达到获得主动的机会及破坏对方后退进攻意图的目的。其他情况如图 305—307 所示。

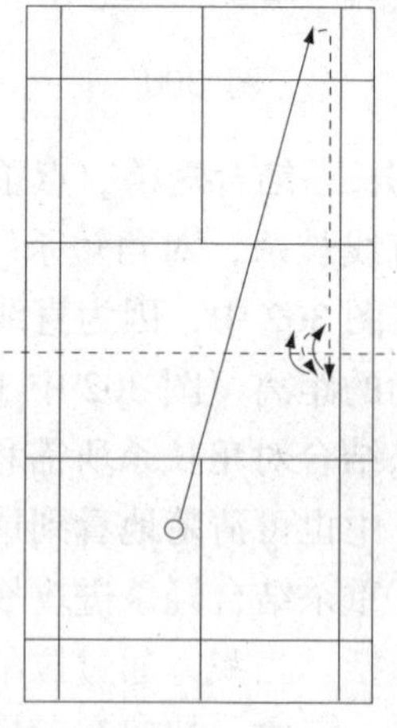

图 304

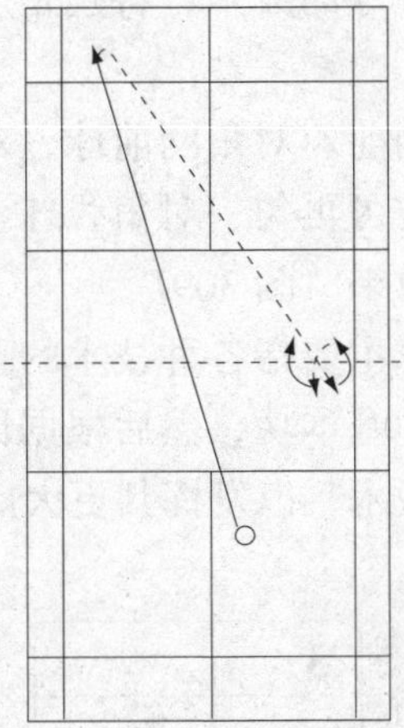

图 305

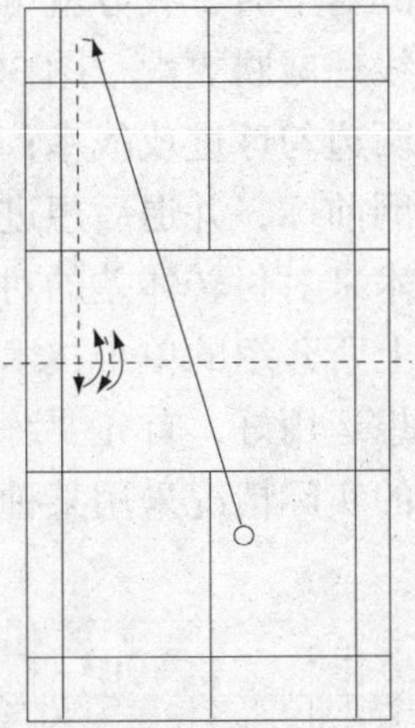

图 306

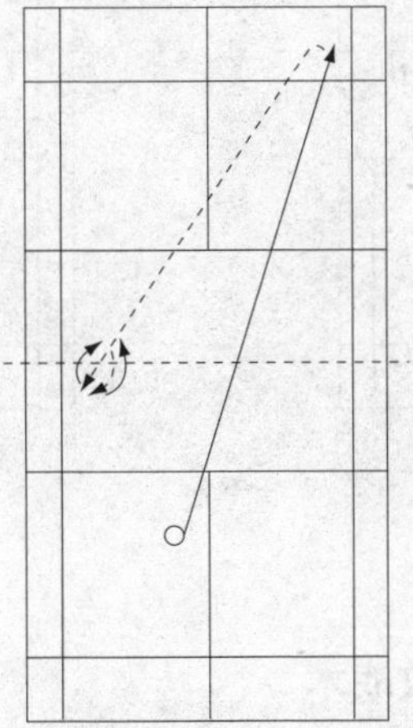

图 307

⑨重复推球进攻战术：当碰到从后场拦网前球之后迅速回动至中心的对手时，我方就可采用重复推球的战术，特别是反手网前推直线球威胁更大（图 308）。

⑩两边勾球进攻战术：当我方从网前勾对角网前球，对方回搓直线网前球，并退后想进攻时，我方可再勾一对角线球。运用这一战术来对付转体差的对手时更有效果（图 309）。

以上所介绍的单个技术的进攻战术主要指各种技术的重复战术。要想运用好，首先要练好该技术的基本功，然后根据比赛场上对手的实际情况采用某种单一重复战术，以发挥其更大威力。

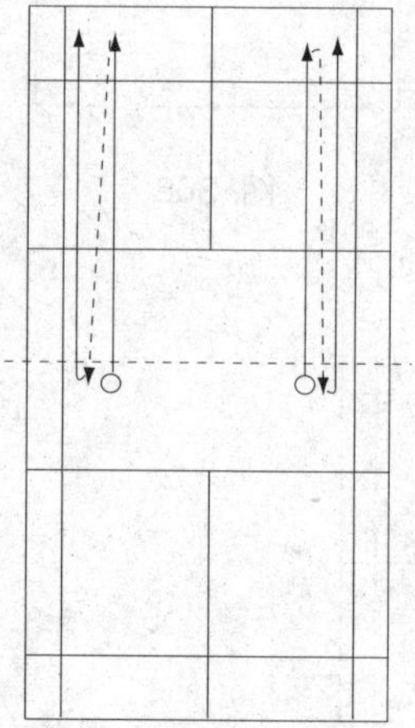

图 308

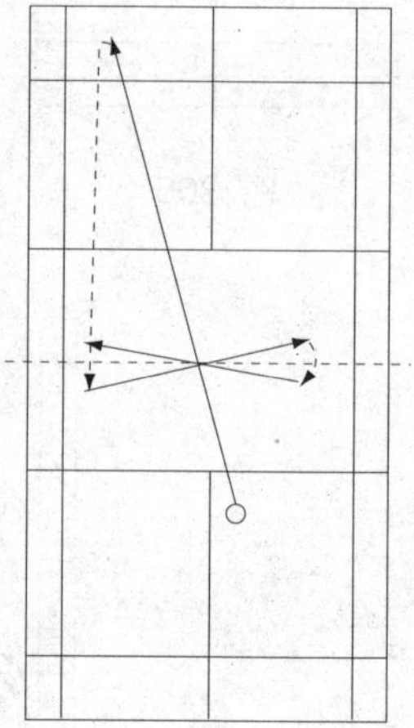

图 309

(4) 组合技术进攻战术

①以平高球开始组织进攻战术：这种战术，实际上就是所谓的“快拉快吊结合突击”，包括平高吊结合突击战术（图 310）、平高结合吊劈战术（图 311）和平高结合杀吊战术（图 312）。单

打比赛中，一个球的争夺一般有 3 个阶段，即控制与反控制阶段、主动一击阶段和最后致命一击阶段。

例如，我方从正手后场区开始以直线平高球攻击对方头顶区，对方想摆脱被动局面，反打一对角平高球，企图让我方回击直线高球，以便造成对方主动，此时我方已意识到对方打平高球的意图而反压对方头顶区（采用重复平高球战术），逼对方回击一直线高球，而且使对方移开了中心位置，获得了主动一击的战机，并迅速地采用吊劈对角球，从而控制了整个局面。此时，对方很被动地接回一个直线网前球，我方判断到对方只能这样回击，很快上网做了个搓球假动作后迅速地推一直线，造成对方被动回击一直线半场高球，形成我方最后一击的形势。我方大力杀中路追身球，对方只能应付挡一网前球，而且回击质量不好，我方迅速上网扑球解决了这一回合的争夺。

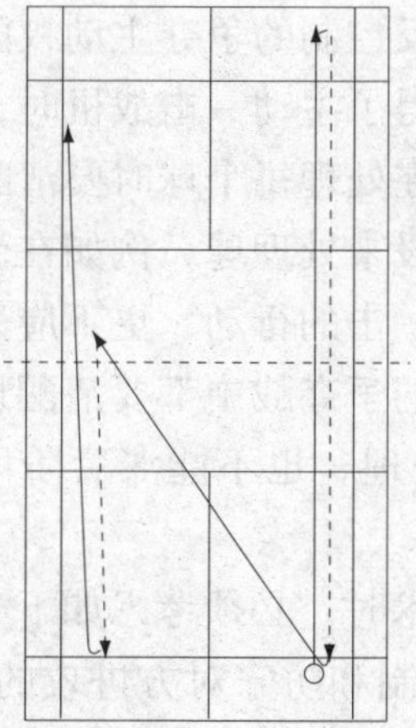

图 310

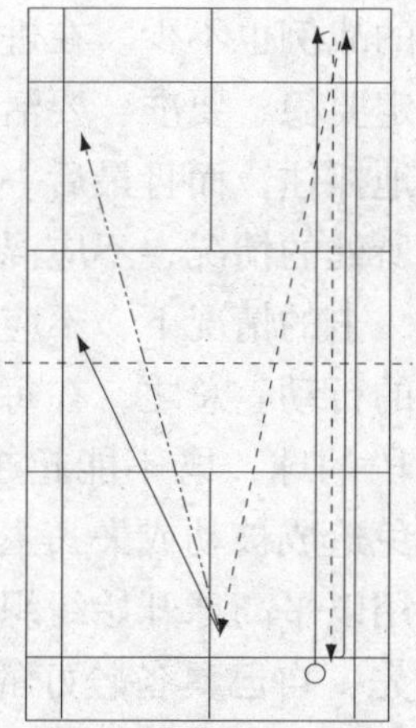

图 311

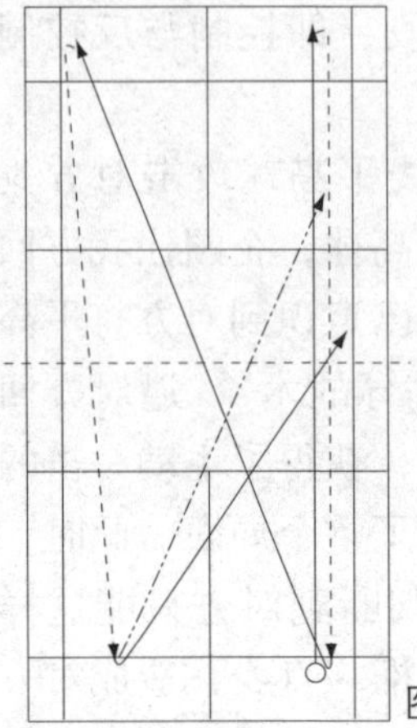

图 312

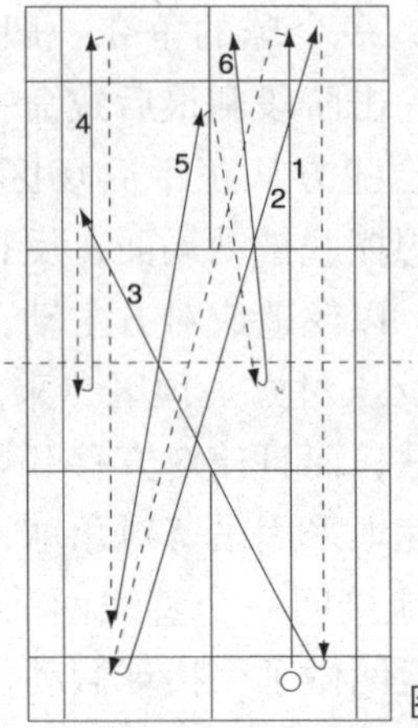

图 313

图 313 中的 1—2 拍属控制与反控制阶段，3—4 拍属主动一击阶段，5—6 拍属致命一击阶段。此乃我方掌握了主动权直至攻死对方的战例。但实战中，掌握了主动权或是已到主动一击阶段，由于出球质量差或对方回击质量好，而又失去主动权反被对方攻死的战例也不少。在进行控制与反控制的争夺主动权的回合中，一定要稳、要准、要活。一旦获得了主动一击战机时，必须快而准地抓住，而且最后一定要狠。在处理每个球时要清醒地判断自己所处的情况，不应混淆 3 个阶段来处理球，例如在尚未获得主动一击的情况下，不应采用主动一击的行动，更不应采用最后一击的行动。总之，在每一个回合的争夺战中都要清醒地处理每个阶段的球，既不能超越阶段来处理，也不能滞后阶段来处理，以免造成被动或失去主动权。

采用以平高球开始组织进攻的战术时，必须考虑如下几个条件：首先，自己具备较好的平高球控制和防守对方进攻的能力；其次，对方的后场进攻能力不是太强，他不是一个抢攻型队员；第三，对方的步法移动有弱点，我方通过高吊可以控制他。否则就难以取得比较满意的效果。

②以吊劈开始组织进攻的战术：这种战术也就是吊杀控制网前进攻的战术，包括上网搓创造突击进攻战术（图 314）、吊上网推创造突击进攻战术（图 315）、吊上网勾创造突击进攻战术（图 316）、吊杀进攻战术（图 317）。采用这些战术时，首先自己要具备较好的吊球（劈吊球）技术；第二是对方上网能力较弱；第三是对方后场进攻威力很强。总之，是为了不让对方发挥优势而采用这种战术。

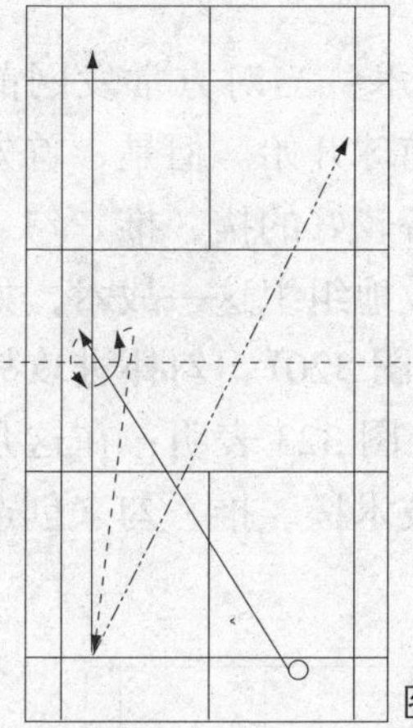

图 314

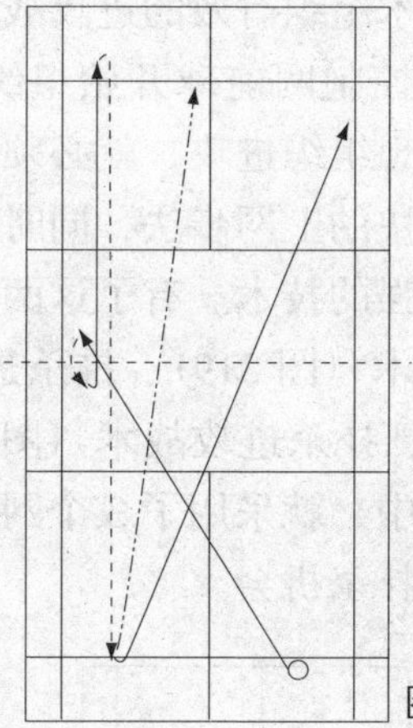

图 315

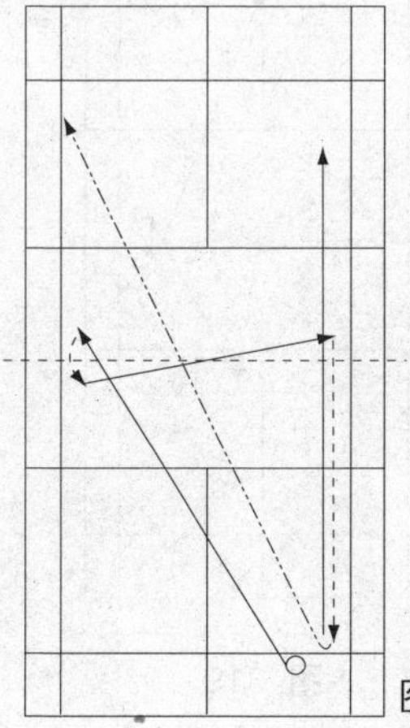

图 316

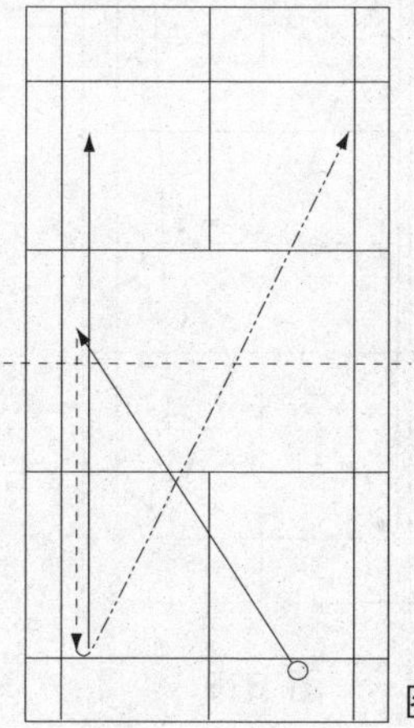

图 317

③以杀劈开始组织进攻战术：以杀劈开始组织进攻的战术属于抢攻型队员的典型战术，威胁很大，如图318所示。采用此种战术打法必须具备良好的速度和耐力，以及较好的杀劈上网控制网前的技术和步法。20世纪60年代以方凯祥为代表的一些运动员采用过这种战术，但目前已很难看到我国优秀选手中有这种打法。其特点是以快速杀劈上网搓或推、勾、扑控制网前球，创造出第二次的杀劈机会。只要有机会，采用这种打法的队员就要采用杀劈技术组织有效的进攻战术。

④以控制网前球开始组织进攻的战术：当对方常发网前球时，我方想组织进攻，就必须从控制网前球开始。但是，首先必须具有较快的上网步法，同时还必须具备较好的搓、推、勾、扑一致性较强的技术。有了这两点才能有效地组织这一战术，如搓扑进攻战术（图319）、推杀进攻战术（图320）、勾扑进攻战术（图321）、扑杀进攻战术（图322）等。图323表明：在这几个回合击球中，就采用了3个网前的主动技术搓、推、勾来创造最后一击的扑杀机会。

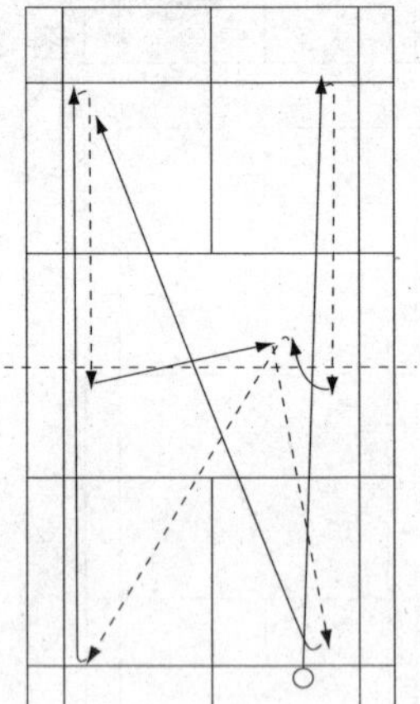

图 318

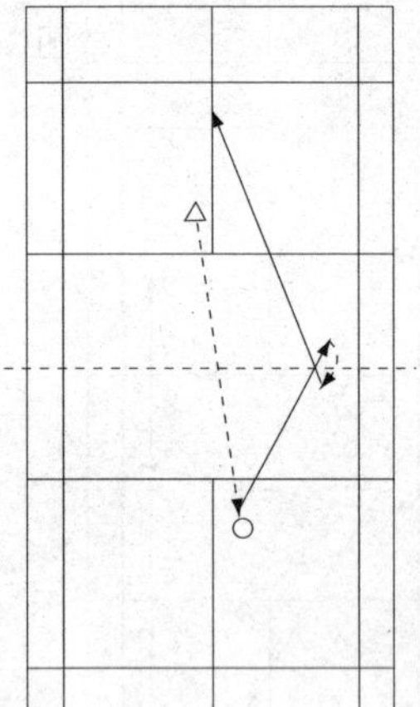

图 319

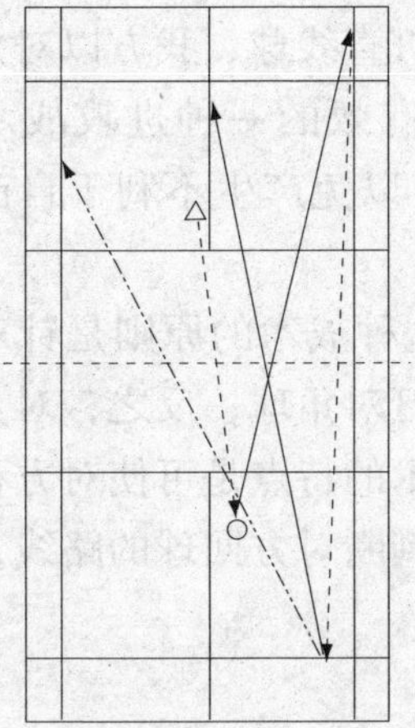

图 320

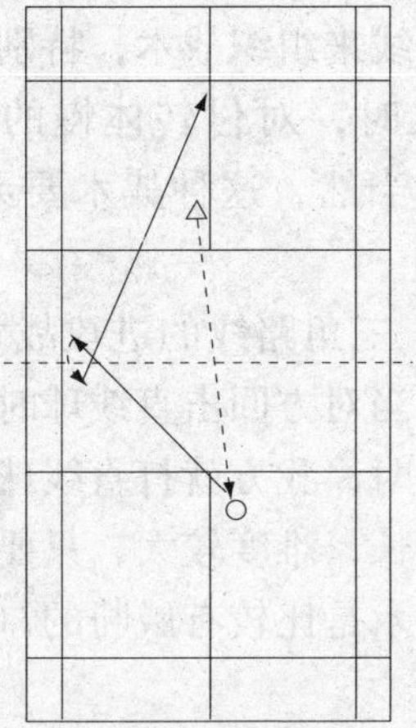

图 321

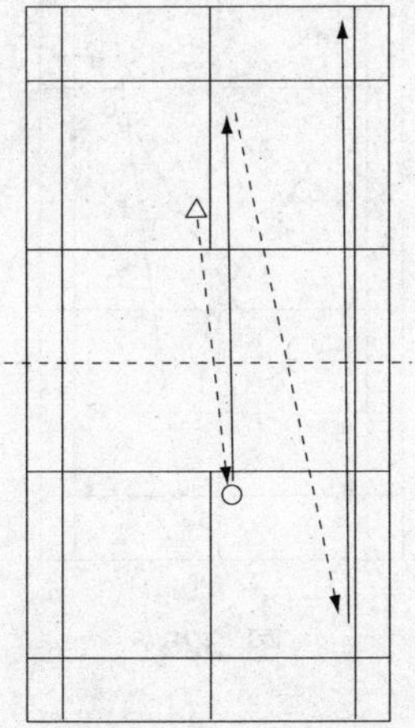

图 322

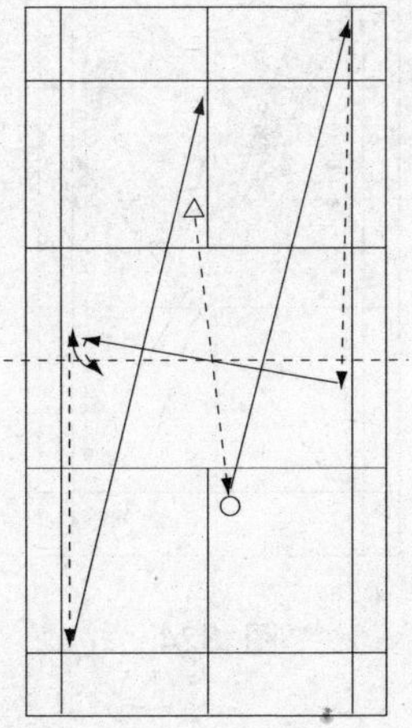

图 323

⑤以路线和区域组成进攻战术

A. 对角路线的进攻战术：即无论采用什么技术，都以回击对角路线来组织战术，特别是当对方打直线球、我方以对角路线回击之时，对付转体慢的对手是很有效的一种进攻战术（图324）。当然，这种战术要灵活运用，以免产生不利于自己的局面。

B. 三角路线的进攻战术：采用这种战术的原则是针对性要强，即当对方回击直线球时，我方就打对角球；反之，对方回击对角球时，我方就打直线球。这种战术的特点是可使对方移动的距离最长，难度较大，只要能准确地判断对方回球的路线，采用这种战术是比较有威胁的（图325）。

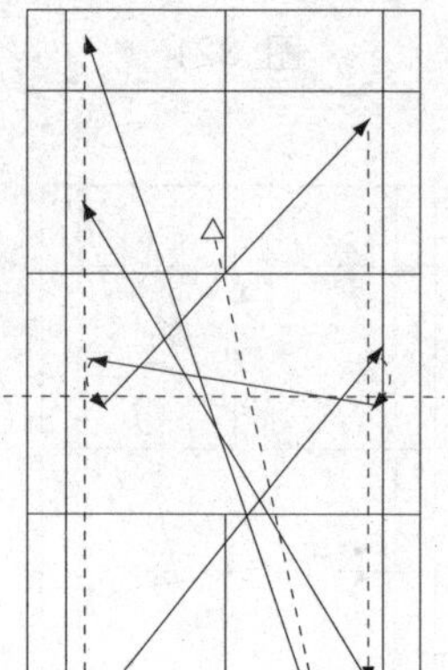

图 324

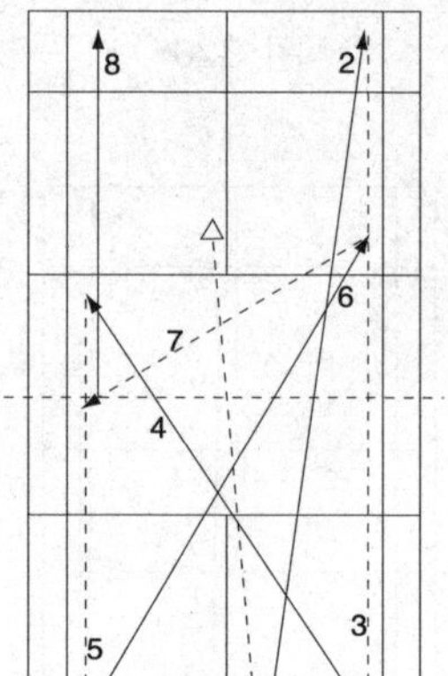

图 325

C. 攻后场反手区进攻战术：采用这一战术时首先是要有针对性，即对方反手区有较大的弱点，如他的侧身步法差，回击头顶球之后位置易被拉开，反拍技术较差，头顶区球路死板，对我方构不成威胁，此时，我方采用这种战术成功率就会较高（图326）。

D. 攻后场正手区进攻战术：针对对方后场正手区有较大的弱点，例如他的正手侧身步法差，回击正手区后位置易被拉开，且正手区的球路对我方构不成太大的威胁，采用此战术效果较好（图 327）。

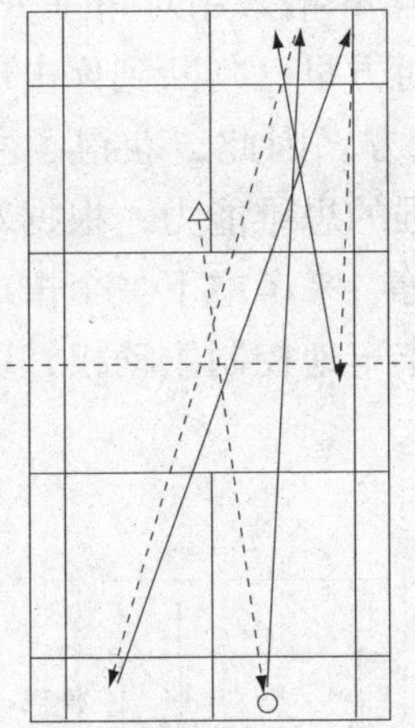

图 326

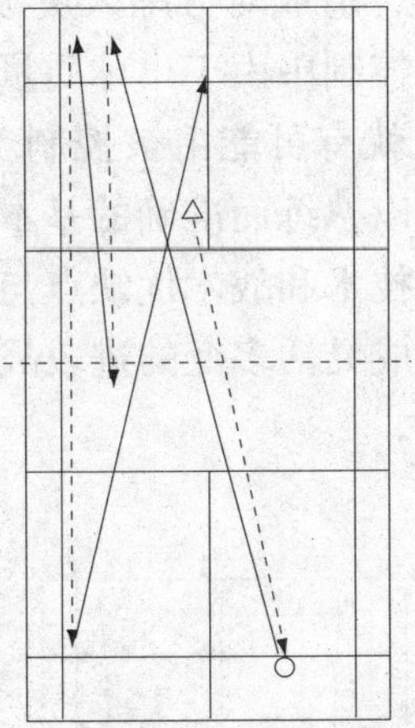

图 327

E. 攻后场两边的进攻战术：采用这一战术，要针对对方后场两边有较大的弱点，例如后退步法慢，后场手法差，进攻能力和后场反控能力都较弱，这时采用重复压对方底线的两角战术效果较好（图 328）。

F. 攻前场区进攻战术：采用这一战术是针对对方前场区较弱，如他的上网速度慢，步法有缺陷，前场手法差，从前场击出的球路及质量对我方威胁不大，这时采用这一战术效果较好。

以上介绍的单打进攻战术是分解各个技术的简述，其实在比赛中单独使用某一种战术而得分的机会不多，高水平的运动员双方都是经过多拍的控制与反控制才能获得主动出击的机会，直至采用致命一击，所以应该组合使用多种战术，抓住对手的主要弱点进行组合攻击才能奏效，也不易很快被对方识破所用的战术。如图 329 所示，开始的 1—2 拍是使用重复平高球攻击对方头顶区，造成对方被动后第 3 拍采用对角杀战术，4—5 拍采用重复推战术，造成对方陷入更被动局面，第 6 拍采用对角杀劈得分。如果在控制中由于出球质量不好，或对方早已判断到你击球的目的，他就有可能由被控制反为控制我方。因此，获得了主动权时，要以熟练而准确的基本技术和较强的思维能力，根据对方的站位、技术和战术优缺点与心理情况等，来考虑下一个击球的路线，组成灵活多变的进攻战术，才能牢牢地控制主动权，取得最后胜利。

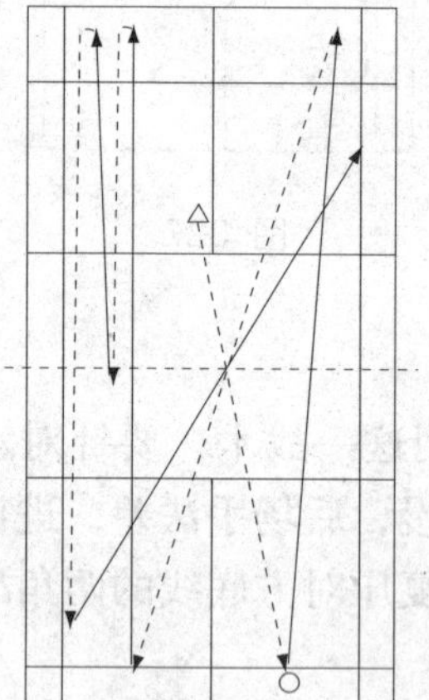

图 328

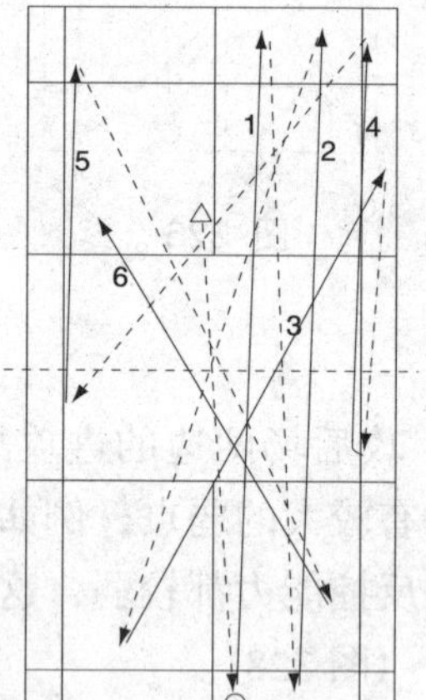

图 329

2. 单打防守战术

防守战术的原则是积极防守、守中反攻，而不是消极防守。因此，防守是在自己被动情况下，通过调整战术，达到排除对方进攻夺回失去的主动权所进行的有组织、有目的的战术行动。

防守必须具备较好的防守能力（包括手法与步法）才能做到积极防守或守中反攻，如具备较好的回击后场高远球的能力，起动反应快，步法到位，有较好的反挡底线、勾对角球、挡及反抽球的能力，才能用好守中反攻和积极防守的防守战术。

（1）打两底线高球的防守战术

这一战术和打两底线平高球进攻战术不同之处在于高远球是作为防守时使用的技术，而平高球是作为进攻时使用的战术，在使用上一定不要混淆；进行防守时只能使用高远球，如用平高球防守，则会增加防守的难度。反之，也不能将高远球作为进攻战术来使用（图 330）。

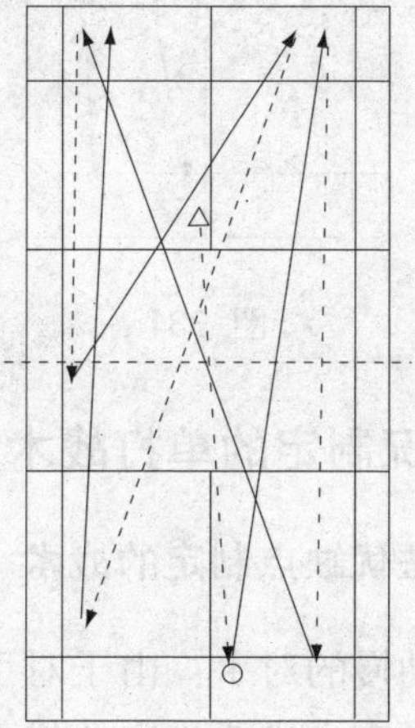

图 330

(2) 采用勾对角网前结合挡直线网前或直线半场球的防守战术

在防守中采用勾对角网前战术，对积极防守、守中反攻很有效果，如果防守中再结合挡直线网前或挡直线半场球，那么防守战术就会更加灵活多变和更有威胁性。当然，要用好这一防守战术，必须具备准确判断对方进攻落点的能力，反应要及时，并具有灵活多变的手法，才能打出挡直线结合勾对角的球，并达到守中反攻的目的（图 331）。

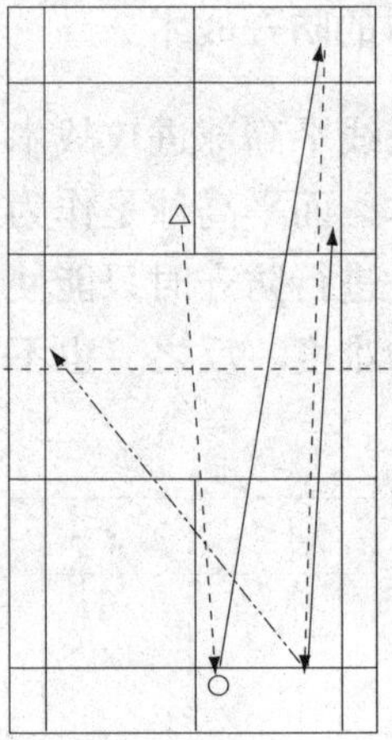

图 331

3. 根据对手情况制定的单打战术

(1) 根据对手步法优缺点制定的战术

①对付起动、回动慢的对手：由于对手起动、回动慢，因此我方应采用以快拉快吊突击进攻为主的战术。要慎用或不用重复战术。

②对付起动、回动快的对手：由于对手起动、回动快，因此采用各种重复战术比采用拉开战术会有更好的效果。

③对付上网快、后退能力差的对手：这种对手一般情况下控制网前球的能力较强，而控制两底线的能力较弱，特别是上网后的后退能力就更差。因此，我方采用先引他上网再推或快拉两底线的战术比较有效。

④对付侧身转体能力差的对手：对付这种对手，应多采用对角球战术，特别是劈杀对角球路会有较好的效果。这种战术打法对付步法起动慢、侧身转体技术差的欧洲选手较有效。

⑤对付正手后退步法差的对手：我方采用以攻正手后场区为主的进攻战术较有效。

⑥对付头顶侧身后退较差的对手：我方采用以攻头顶后场区为主的进攻战术较有效。

⑦对付两边上网步法差的对手：我方采用以重复吊两边为主的进攻战术会较有效。

⑧对付低重心较差的对手：这种对手一般防守能力较差，我方应多采用以杀劈、吊为主的战术。总之，多打对方下手球，让对方必须降低重心去接球，以便暴露其弱点。

（2）根据对手手法上的弱点制定的战术

①对手反拍及头顶手法差。对付这样的对手，我方应多采用以重复攻反手后场区为主的战术，逼对方以其弱点打球，这样效果较好。

②对手手腕闪动慢、摆臂速率慢。这种对手由于手腕发力差，摆臂慢，其击球一般要有一定的摆臂及闪腕发力的时间，否则就很难把球打到底线。因此，我方采用以发球抢攻为主战术，特别是发平射球后采用打平推身上球的战术逼对方打平快球，就可充分暴露其弱点。

③对手防守近身球手法较差。遇到这样的对手，当我方获得致命一击的机会时，一定要采用以杀追身球为主的战术，这样效果较好。

④对手网前手法不凶不稳，而且无威胁。对付这样的对手，用以攻前场区为主的战术效果较好。当对手打网前球时，尽量多用重复搓和勾球的战术，大胆与其斗网前球。当对方打后场球时，要尽量多打吊劈球，以尽快控制其网前。

⑤对手后场手法不凶，平高、杀、劈无多大威胁。对付这样的对手，要用以攻后场区为主的进攻战术，尽量多采用平高球或高远球控制其后场区。如果我方被动，则尽量少打网前球，多打后场过渡球，以利防守并转入反攻。

⑥对方手法突出，威胁性较大，但不稳。遇这种对手时，首先要付出很大的精力防守对方突出的几拍进攻球。在无把握的情况下，不能随意乱攻，因对方手法突出，乱攻必然出现漏洞，会遭对方致命打击。因此，只要能多坚持几拍，就有可能逼使对方失误。但是，如果我方也是进攻型打法且不善于防守，那么就得“先下手为强”了。

⑦对手手法不突出，但比较稳。这种对手一般防守能力较好，我方在进攻时不要太冒险，太勉强。首先，在进攻中要先稳后狠，快中求稳。如果稳不住，对方不需要反攻就能由于我方的频频失误而获胜。因此，对付这种对手时要有足够的耐心，要有足够的体力及毅力，再加上合适的战术球路，才能战而胜之。

(3) 根据对手身材、体态及身体素质的优缺点制定的战术

①对手个子矮小，后场攻击能力差。遇这类对手时，采用以重复拉开后场两边或快速高吊为主的进攻战术都是很有效的。当然，这类对手中也有个子矮但后场攻击能力强的，这时，就要多采用“下压”战术来限制其后场攻击力的发挥。

②对手身材高大，转体与步法不灵，但杀上网好。对付这样的对手，首先要重视其杀上网好的这一优点，当他杀上网时，不但要守得住，而且要抓住他转体与步法不灵的弱点，以勾两对角球来阻挠和破坏其优点的进一步发挥。当我方主动控制时，应多采用打侧身转体的球路，杀、劈、勾会更有效。

③对手速度快，突击能力强，但耐力差。遇到这类对手时，要尽最大努力与其周旋，多打几个回合，逼使其暴露出耐力差的弱点，他失去了优势，我方就可战而胜之。

④对手速度慢，突击能力差，但耐力好。遇到这类对手，首先不能跟着他的节奏打，而应采用以快速高吊突击进攻为主的战术，破坏其节奏，采用变速突击进攻更为有效。

⑤对手灵活性和协调性差。对付这种类型的对手，应采用以假动作击球为主的战术。由于对方灵活性、协调性较差，一旦受假动作迷惑，他就不易及时调整自己的重心，造成动作不到位或失误。

⑥对手髋关节柔韧性较差，伸展面小，低重心差。我方应以下压战术为主，而且要打离身远的球，使其暴露伸展面不大的弱点。

⑦对于肩关节及腰部较僵硬。我方以攻头顶区为主的进攻战术即可抓住对方的弱点。

(4) 根据对手心理上的弱点制定的战术

①对手易被激怒。我方应有意识地采用一些动作、球路、表情、态度去激怒对方，从中渔利。这是很巧妙的战术，如应用得当，可获得意想不到的效果。

②对手易泄气。这种对手一般毅力差，只能打领先球。因此，我方一定要努力打好开局和第一局球，这样对方就有可能暴露易泄气的弱点，我方可抓紧有利时机扩大战果，不给对方喘息

的机会，一鼓作气战而胜之。

③对手注意力转移能力差。这种对手由于注意力转移能力差，易受假动作的欺骗。因此，我方以声东击西的假动作战术为主，可以收到较好的效果。

④对手不能尽快调动自己。由于对手不能尽快调动自己进入最佳竞技状态，所以一开局他就会显得活动不开，发挥不出正常水平。此时，我方应在充分做好准备活动的基础上，一上场就采用快速突击的战术，在对方处于低潮状态时战胜他。

⑤对手易紧张、胆怯。首先应在心理上战胜对手，要发扬敢打敢拼的作风，在气势上压倒对手，哪怕在技术上低于对手也要下决心拼搏到底。因为拼搏过程中对方可能紧张失控，步法移动僵硬，从而失误增多，为我方得分创造机会。

⑥对手易受对方情绪的影响。这种对手的特点是易受对方情绪的影响，你无精打采地击球，他也会变得无精打采；你在比赛场上随意玩球，他也会跟着耍球；你很认真地比赛，他也会认真地对待。碰上这种对手，就应该充分利用他的这一弱点，装做无精打采或随意玩球，可是自己却在准备抓住有利时机进行致命一击。这样对方往往会上当受骗，导致失败。

⑦对手容易松懈，骄傲自大。遇到这样的对手时，不要被他的骄傲气势所压倒，即使暂时落后也不要松劲，反而要增强信心。因对方领先时易松懈，我方尽力拼搏到底，就有可能在对手松懈之时迎头赶上，增大对手的心理压力，从而战而胜之。

⑧对手爱冒险。爱冒险的对手，一般在领先至快胜利时、或落后要失败时、或体力不足时，总之是在关键时刻经常会做出一些冒险行为，例如发难度很大的平射球、杀难度很大的边线球、做一个很大的假动作、搓一个很滚很贴网的球、击一个很平的平高球、劈一个很边又很贴网的对角球等等，总之以冒险达到不是你失误就是我得分的目的。发现对方有冒险行为时，一定要集中

注意力判断好他可能做出的任何冒险行动，在战术上要以稳对狠，切不可跟着他贸然行事，因为冒险动作做多了的后果必然是失误。因此，碰到这种情况时，只要冷静对待，一般是可以获得成功的。

以上根据对手心理上的弱点制定的战术，是很微妙的战术，也是重要的战术，这种“心理战术”的每一个行动、每一个动作都有可能给对方增加心理压力，因此，这一战术虽然没什么较明确的战术球路，但只要运用得当，即可事半功倍；只要能认真仔细观察、及时判断对方的心理特点，并有一定的心理对策，就会比较容易达到战胜对手的目的。

比赛之前，在场外已开始进行“心理战”，即自己与自己战，自己与外界环境战，这时若不能战胜自己，不能战胜外界环境的压力，那么，可以说你已经失败了一半。因此，一定要下功夫去学习、掌握、提高这门“心理战”的艺术，在上场前就能战胜自我、战胜外界，再战胜对手就比较容易了。

(5) 根据对手在打法上的弱点制定的战术

①对手能攻而不善守。要集中力量攻其不善守的弱点，并且要付出很大的精力防住对方进攻的习惯路线，从战术上要抢攻在先，因此，发球抢攻战术和杀吊控网战术都是相当有效的。

②对手能守而不善攻。如果对手防守技术较好，我方不要在尚未控制好网前的情况下贸然发动进攻。要进攻就必须攻得准、攻得狠，并且还能上网控制网前，这样对方就难以抓到我方之弱点。

③对手不善分配体力。这种对手一般是进攻型的选手，一开局就会发起快速抢攻或硬攻，想一鼓作气取胜。因此，我方如能在开局时顶住他的猛烈的攻势或多周旋几个回合，消耗其体力，即可在最关键时刻，从体力上战胜对手。

④对手球路变化不大。这种对手最大的弱点就是不会根据赛场双方的情况来制订战术和组织球路，而是按自己较熟练的球路来组织战术。因此，赛前应充分了解对手情况；如不了解，也要在比赛中尽快熟悉对方的习惯球路，以便在比赛中找到战胜他的办法。

以上介绍的是羽毛球单打的进攻与防守战术，以及根据对手情况制定的应变战术，而且只谈及原则的应变办法。必须注意，战术、球路是千变万化的，不可能一成不变，应根据自己的具体情况、对手的情况，以及临场的具体情况去制订应变的方法和采用更为切合实际的战术与球路。不能生搬硬套，最关键的是能灵活运用。

（二）双打战术

1. 双打进攻战术

(1) 发球战术

双打中，发球的战术具有特别重要的意义。发球质量的好坏，从战术意义上说，直接影响到场上的局势。因此，运用好发球战术，有利于控制整场局势，对获胜有重要意义。

①以我为主的发球战术：首先必须清楚地了解自己发球有什么优势，第三拍有什么优点，不应过多考虑对方接发球的能力，应根据我方发球与第三拍的能力来组织发球战术。

②根据对方站位、站法来决定发球战术：目前接发球的站法有 4 种，即一般站位法、抢攻站位法、稳妥站位法和特殊站位法。

A. 一般站位法：特点是站在离中线和短发球线适当的距离，主导思想是以稳为主，保护后场，对前场以推、搓、放半场为主。

发球时要以发近网1、2号位为主，多点配合，使对方不能集中精力，这样对方就不可能打出较凶狠的球（除了我方发球偏高之外），这时的主动权取决于第三拍的回击质量。

B. 抢攻站位法：特点是站位离发球线很近，身体倾斜度较大，目的是要进行抢攻，以扑球、跳杀为主来处理接发球。

发球时首先要洞察对方站位的目的是要进行抢攻还是怕自己接发球不好陷入困境而想冒险，还是想要以此来威胁恐吓我方，判断准确了才能以恰当的发球手段来对付之。我方发球应以质量为主，结合时间差或假动作，达到破坏对方想抢攻或冒险恐吓的目的。

C. 稳妥站位法：特点是站在离发球线远一些的位置上，身体倾斜度较小。这是只求把球打过去而进攻意识较差的一种过渡站位法。

发球时不要发高远球，应该以发网前球为主，因为对方站位消极，必然起动慢，我方发近网球有利于第三拍的反攻。

D. 特殊站位法：一般站位都是左脚在前，右脚在后，但特殊站位法改变为右脚在前，左脚在后，这种站位法一般以右脚蹬跳击球，不论是上网或后蹬，均以一步蹬跳击球。

发球时，在还不了解对方改变站法的目的及其优缺点的情况下，还是要以我为主发球，但要尽快掌握对方的目的及其优缺点，从而制订有效的发球战术。

③根据对方打法弱点制定的战术

A. 调动队形的发球战术

对方情况：甲后场进攻能力较强，网前封网一般。其队形安排为甲在后场，乙在前场。

发球战术：向甲发球时，多发前场区球；反之，向乙发球时多发后场区球。这样，一开始就会把对方的队形调动为甲在前、乙在后，限制对方发挥其队形优势。

B. 避开特长，抓住弱点的发球战术

对方情况：在接发右场区 1 号区时扑球较好，接 2 号区一般，接 3 号区较差，接 4 号区一般。而在接发左场区 1 号区时较好，接 2 号区较差，接 3 号区球路死板且失误多，接 4 号区攻击力差。

发球战术：根据对方上述接发球特点，我方就应该在右场区更多发 3 号区结合发 2 号区和 4 号区，而在左场区则应更多发 2 号区和 3 号区，以利避其长而击其短。

④发球时间变化战术：发球时间变化要做到快慢结合自如，使对方摸不到准确的击球时间。要掌握好这种快慢结合的发球战术，就一定要有熟练的手法动作及合理的用腕技术。否则，即使在时间上起到了破坏对方起动的作用，但因发球质量太差也达不到目的。

⑤发球的其他变化战术：发球时要做到软硬结合、长短结合、直线对角结合。

A. 软硬结合的发球战术：对方要接好这种发球，其接发球动作必须有变化，如无变化，就会因为过来的球速有快、有慢、有软、有硬、有轻、有重而造成接发球失误或处理不好而失去主动权。

B. 长短结合的发球战术：发球时要注意发后场区（即 3、4 号区）和前场区（即 1、2 号区）结合好。对方要接好这种发球，在起动、判断上就要有前蹬和后蹬起跳击球的变化，如对方不注意判断或起动，就会造成失误或处于被动局面。

C. 直线和对角结合的发球战术：前场区的 1、2 号位结合，后场区的 3、4 号位结合，都是直线和对角相结合的发球战术，这种战术可以起到破坏对方精力集中于某一点的作用，迫使对方打出的球路质量不佳和威胁性不大的球，从而有利于我方反击。

以上介绍的有关发球的战术，如果离开了最基本的发球质量，那么，发球的战术意义就不大了。例如我方在战术的运用上很成功，但由于发球质量不好，对方在起动慢的情况下也还能勉强进攻。可见，发球质量是第一重要的。当然，只有发球质量而忽视了其他战术的配合也不妥，那样很容易被对方抓住发球的时间和路线的规律。总之，质量和战术要很好结合才能达到我方从发球开始所要达到的目的。另外，切不可忘记练胆量、练意志，做到关键时刻不手软，威胁面前不害怕，冷静沉着胆量大，灵活多变信心强。

(2) 接发球战术

接发球的战术指导思想——“快字当头、以稳为主、狠变结合”应贯彻始终。“快字当头”体现了我国羽毛球技术风格，因为如果没有“快”，就很难在前几拍争得主动权，反而会处于被动挨打的局面。只有“快”，才能体现积极主动、快速进攻的风格，体现中国运动员积极向上、力争上游的思想风格和精神面貌。“以稳为主”也很重要，因为如果接发球不稳，失误率高，就会让对方轻松得分。当然，“以稳为主”是针对对方发球质量较高的情况，如果对方发球不好，那么能快则快，能狠则狠，做到狠变结合。

①以我为主的接发球战术：以我为主就是要根据自己在左场区或右场区的接发球优势、特长来处理接发球，而不考虑对方第三拍如何打，即以自己特长打法为主，结合一些改变的路线。

②根据对方发球质量的好坏来处理的接发球战术：当对方发球质量好时，应该采用过渡的技术去处理接发球，然后封住对方的路线，才能争得主动。当对方发球质量不高时，就应该抓紧这个有利时机采用快速扑两边、扑中路、轻拨两边半场、扑中路半场等办法，争得主动权。

总之，这一战术的原则是要根据对方发过来球的质量情况，立即作出判断，并采用有效的技术去争取主动权，而不能一成不变地采用固定的接发球技术和路线。

③根据对方处理第三拍的优缺点来处理的接发球战术：例如对方甲在后场接第三拍时站位靠后，接反手区的球及中路球较差，我方在接发球时，就要考虑到对方的这些弱点，一是反手区，二是中路区，三是半场区。这时，就要尽量以己之长攻彼之短，甚至不惜改变自己的打法去攻对方的弱点，以争得主动权。

(3) 第三拍回击的战术

第三拍在双打技术中既是重要技术，也是重要战术。第三拍和发球有紧密联系，如果我方发球目的性强，发球质量又较好，那么，第三拍就能保持继续进攻。如果虽然目的性强，但发球质量不高，而对方也打出了意料之中的路线，这时，第三拍就应考虑如何组织反攻。如果发球目的性不强，质量又差，那么，第三拍就应考虑如何摆脱被动局面。因此，第三拍是保持主动、组织反攻、摆脱被动局面的关键环节。第三拍要做到起动反应快，主动跟得上，被动救得起，手法出手快，能攻又能守，球路变化多，使对方封不住，从而创造更多的主动权。

①主动时，第三拍保持进攻的战术：当我方发球质量较好时，就会出现第三拍的主动情况，这时，要求在前场的发球者迅速举拍封住对方的习惯球路，形成两边压网的进攻队形。

例如从右场区发 2 号区发得较好，对方回击网前球或放半场球，这时发球者立即跟进至左场区封住头顶半场和网前，同伴移至右场区，成并排队形，以形成进攻优势（图 332）。

这时如果对方推后场区，那么，由于发球质量好，来球必然有一些向上，这时，后场的同伴要立即采用高打、快打，把球迅速向下压，最好是压到接发者这个场区。这时，前面的队员封住对角球路，后场击球人要立即跟进，形成两边压网的局面，以保持进攻之队形（图 333）。

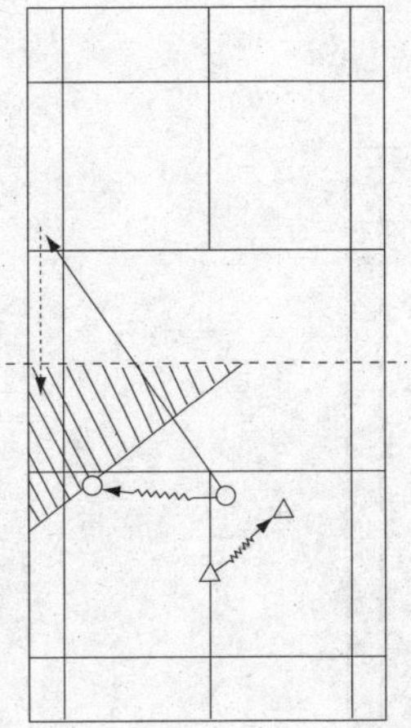

图 332

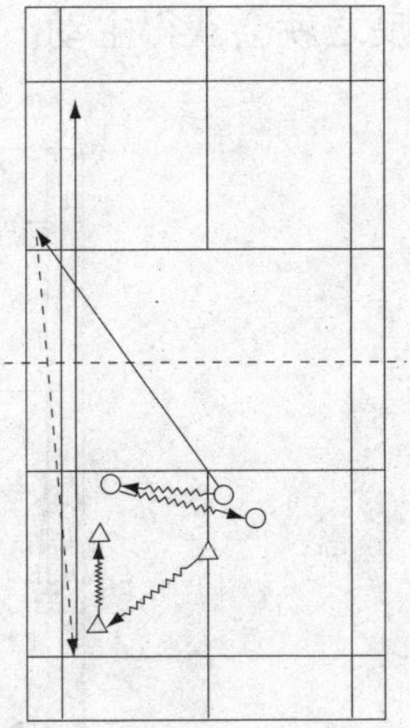

图 333

总之，一旦主动时，要求前后场的人都要能做到高打、快打、狠打、硬打，以压住对方。打完之后要跟进压网，形成分边进攻的队形，争取在前半场攻死对方。

②一般情况下第三拍进行反攻的战术：所谓一般情况，即对方接发过来的球对我方形成一种不主动也不被动的形势，这时，第三拍处理得好就可控制主动权，反之，就变成被动了。因此，此时的出手技术一定要有一定质量，具体要求做到高打、快打，但过网质量要高，球路要出乎意料，做到以速度压住对方，然后以分边压网之势，争得前半场之优势。迫对方打出高球，让我方进攻。在这种情况下，分边逼网、大胆而快速的两边跟进与对方展开短兵相接的对攻战，是争取主动的关键，因此，第三拍、第五拍的配合是重要环节。

具体路线如图334所示，问题是我方后场人处理球时对方前者（a）可以采用高压打法，对方后者（b）只能平抽。因此，我方平抽技术如不过关，过网不平、不快又无球路变化，就易变成被动，反之就会获得主动。

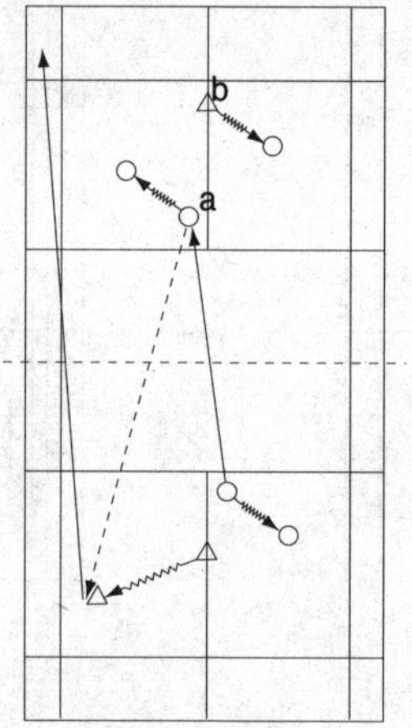

图334

③被动时，第三拍摆脱被动的战术：这是第三拍经常碰到的问题，可以分两种情况处理，即一是对方接发球之后两边压网的打法较凶，对前半场的球封得较狠。碰到这样的对手，第三拍被动时一般要求我方反应较快，手腕爆发力也较强，迅速地把来球反挡或拉到两边后底线高球，过渡一下，让对方从后场进攻，以免被对方在前半场封住而攻死（见图334）。二是对方接发球之后，两边压网的打法不凶，而且平抽平挡的打法不突出，这时如果被动，有以下两种处理办法：

A. 反挡的网前球要有速度，而且过网要低、要平，不能翘高，用力必须适当（如果用力太大，球过网后必然还要继续上升，容易被对方扑死或压死)。如果力量适当，过网又较低、较平，对方只能采用推的办法，要往下扑也是不太可能的。这时我方要立即跟进，采用半蹲对打对攻的办法，争取从被动中转为主动（图 335、336)。

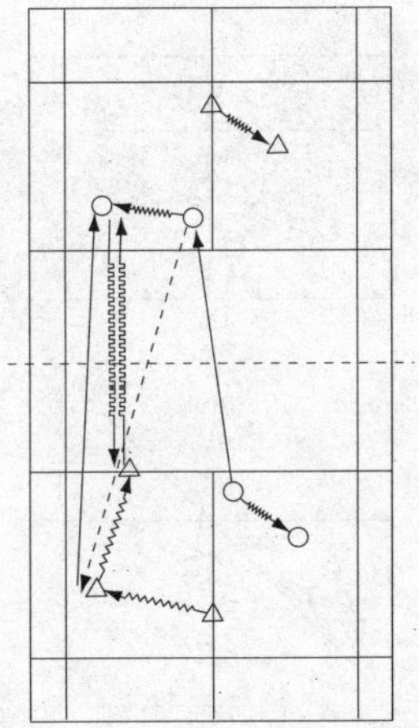

图 335

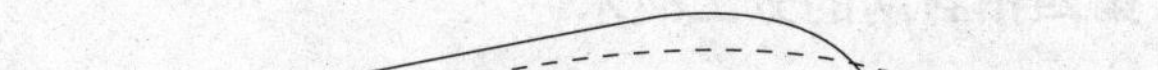

1，表示要求的过网弧度

2，表示翘高的过网弧度，易被封死

3，表示反挡用力过大，球继续上升的弧度

图 336

B. 根据对方两边压网的打法不凶的特点，可以采用勾两边对角线的打法。因为对方压网不凶，势必有一边网前漏洞较大，因此，被动时勾一个对角网前球也可转守为攻。勾对角之后同伴要逼上网前，自己则跟进一步，这样，就可转守为攻，转危为安(图 337)。

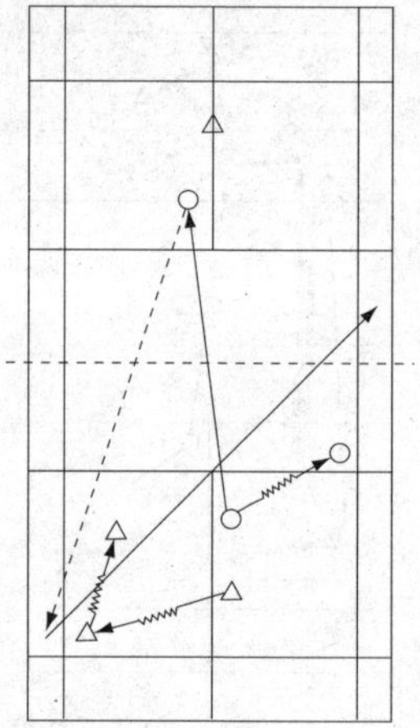

图 337

(4) 第四拍封网的分工战术

第四拍封网的战术，实际上就是两人如何分工封网跑位的问题，分工明确、严密，两人跑位配合默契，就有利于控制主动权；反之，就有可能陷入被动。

A. 如对方发球至 1 号区时，我方从右场区回击中路或右后场区，这时前场接发者封网位置略偏左场区，后场同伴注意头顶后场高球和正手网前球（图 338）。

B. 如对方发球至 1 号区，我方从右场区回击直线半场球时，可按图 338、339 的原则，封网须封直线球，但如遇到对方第三拍习惯以勾对角线为主时，封网者应有意识地改变自己封直线的原则，而改变为封对角，如有漏封则后场同伴要迅速补上，如补得快还可获主动，补得慢就陷入被动，补不上则失误（图340）。

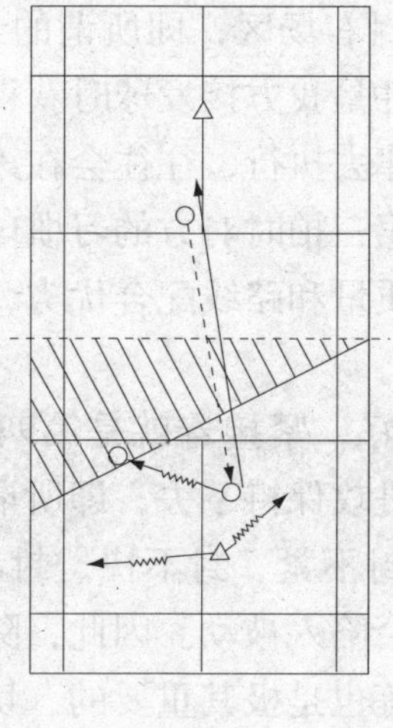

图 338

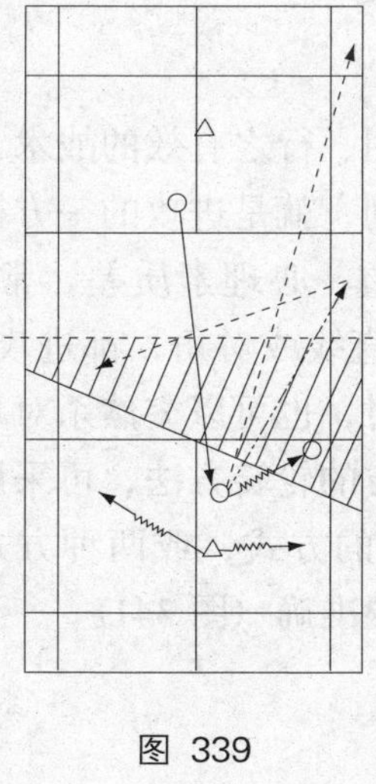

图 339

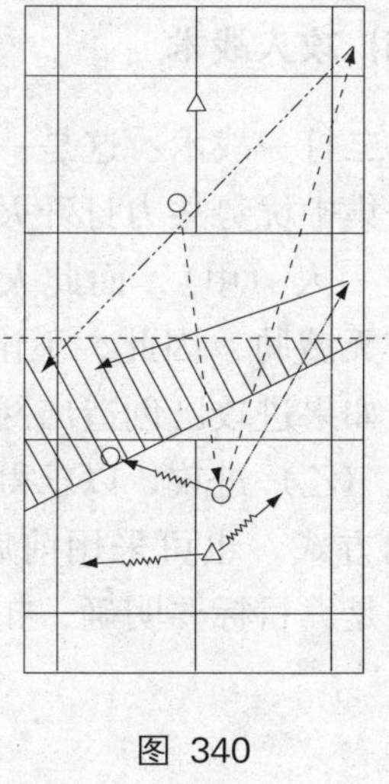

图 340

当对方从右场区发至 2、3、4 号区及从左场区发至 1、2、3、4 号区时的封网规律和以上基本相似。

通过以上分析，我们可以得出第四拍接发球方封网分工的一个普遍的规律：一般是球到对方右场区，就封住自己的左场区；球到对方左场区，就封右场区，即所谓的封住对方的直线球路，而这一规律的特定条件是我方接发球时获得主动。如接发球尚未处于主动时还按此规律去执行，往往会在第三拍时被对方较好的反击破坏掉。当然，第三拍时对方的习惯球路是我方封网分工的依据。因此，接发球质量和路线配合优劣，都会直接影响到全场的主动与否。

如果接发球质量好，紧接着就是第四拍如何封得紧、封得快、封得狠，以便把进攻保持下去，即所谓连得上。若第四拍意识和技术跟不上（即封不紧、封不快、封不狠），则会破坏已形成的进攻局面，甚至会陷入被动。因此，除了发球、接发球、第三拍外，第四拍的训练也是极其重要的，切不可放弃训练，最好是采用二打二的前五拍训练方法。

(5) 攻人战术

①二打一战术：这是一种经常运用、行之有效的战术，它体现了“集中优势兵力打歼灭仗”的原则，就是进攻的一方把球都攻对方一人（甲），而此人防守能力差，心理素质差，常失误，或防守无威胁，因此，不论球和他成直线或对角，都进攻此人。当然，如果进攻已创造出网前半场球时，也可以突然杀对角或向另一人（乙）进攻，以求得分。进攻方的轮转方法，可采用左右移动的方式，也可采用前后分边移动的方式，或两种方式相结合，但是，目标要明确，扣杀的路线要准确（图 341）。

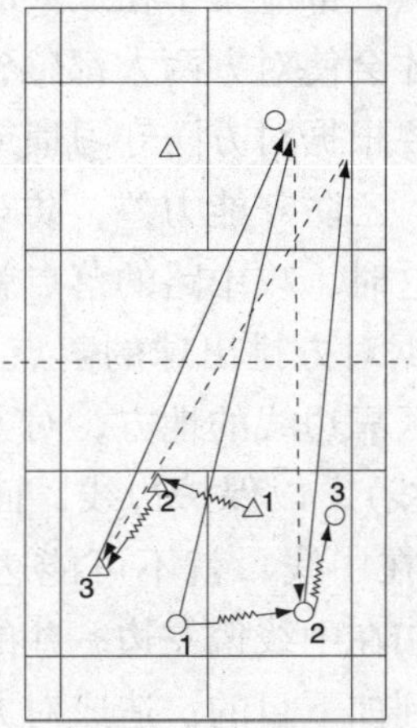

图 341

这种战术可以达到如下的目的：可以多打少，以优势打劣势，造成主动或得分；有利于打乱对方防守的站位，另一个（乙）非被攻者，由于无球可打，他站位会偏向同伴，造成站位上的空当，有利于我方突击另一边线而成功；也可以造成对方思想上的矛盾，互相埋怨。如果对方防守有一定能力，这种战术也可运用，但要能灵活地结合攻击另一人或结合另一种战术才能使进攻战术有效。

②攻右肩战术：此种战术可以攻一人的右肩，也可以攻两人的右肩，但是，目标应该明确，每一击的落点都要准确地攻击其右肩。因为，这一点是防守的弱区。我方不仅容易得分，也容易获得更大的主动权。一般情况下对方不易挑底线球，而只能应付打平球，使得我方同伴可以在网前区封住球而得分。

（6）攻区域战术

①攻中路战术：这种战术就是不论对方把球打到左场区或右

场区，我方进攻的落点，都应集中在二人的中间，或者扣在中线上。当然，怎样扣杀才会使对方两人都感到好接而抢接，或感到难接而都未接，那就要根据对方防守习惯或站位情况来决定。例如对方甲防守能力强，乙防守能力差，防守时甲就会靠近乙，想尽量弥补乙的弱点，这时，攻中路的落点就应该靠近乙的位置。

具体打法还要根据对方挑出球的落点及对方的站位来决定。如对方把球挑到右场区靠边线的地方，对方的站位必定是和扣杀者成直线（站位靠边线），以保护边线，而另一位同伴则逼近中线。因此，我方如扣在中线，就不可能达到攻中路的战术目的了。这时攻中路必须扣在中线偏左边一些的地方。

攻中路战术可达到如下目的：造成对方抢球或放球，可以限制对方挑出大角度的球，有利于我方网前的封网。

②攻直线战术：这是一种最简单的战术，一般初学者均采用此种战术。所谓攻直线就是杀球路线均为直线，没有固定的目标对象。只靠杀球速度或重量来取得得分效果。从这个战术细分出来的一些战术仍属于这一战术范畴，如杀直线小对角、杀边线等。

A. 杀直线小对角（小交叉）战术：当获得进攻时，第一次攻甲的反手边，如甲挑直线高球，第二次攻甲的正手边，球路形成小交叉。如对方把球挑至对角，我方可杀乙的反手边，乙如挑直线，再杀其正手边。当然，在进攻时不一定就是一左一右，也可以是二左一右或二右一左，这就是杀直线小对角的办法（图342）。

这种战术可对付左右两边摆臂较差的防守者，使其来不及调整或者防守失误或者防守质量差，比较有利于我方组织进攻；在配合上比较简单，也易封网，是女队常用的战术。

B. 杀边线战术：它属于杀直线战术的一种，就是在进攻时有目的地把球杀到边线位置上。此种战术是对付对方两边防守较好的队员，而且也有利于同伴网前封直线球。

C. 攻边、攻中路战术：如图 343 所示，这种战术是攻边线战术和攻中路战术的结合。当对方的来球靠边线时，就攻直线，朝双打边线打；如果对方来球在中间时，就朝中路进攻。这是一种比较复杂的进攻战术，不易被对方立即识破，便于我方较长时间地运用。也比较容易记得和贯彻，还便于网前封网者判断封网球路。杀边线球对进攻者要求杀球准确性要高，对防守者防守难度较高，但进攻效果不错，便于进攻方网前的同伴封直线球，对方很难打其他路线。

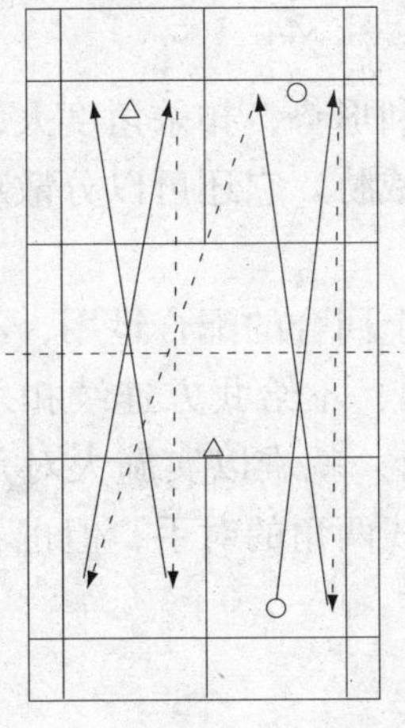

图 342

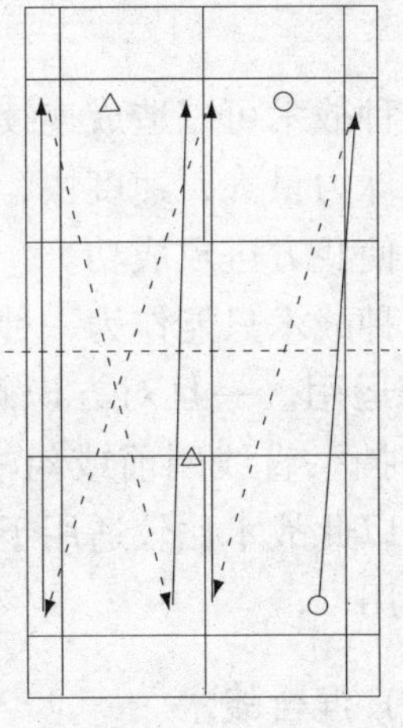

图 343

③攻大对角战术：攻大对角战术即不论球到左区或右区都采用扣杀大对角的路线（图 344）。例如球在右后场区，甲扣大对角（攻至边线那一边），这时对方挑一直线高球，乙立即后退跳起，再扣一个大对角（也是至边线那一边）。

这种战术要有一定条件，那就是进攻方两人都要有一定的扣杀力量和速度。如扣杀力量小，采用这种打法往往不会成功。

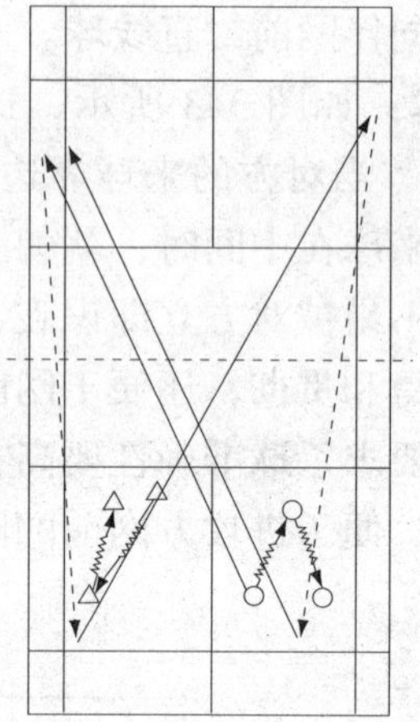

图 344

这种战术可以造成连续扣杀的有利形势，扣杀角度大，轮转快，来球力量大，速度快，因此较有威胁。它还可以分散对方的精力，使我方进攻成功。

这种战术只能作为一种突击打几个回合的配合运用，不能较长时间运用。一旦对方识破我方意图，不给我方连续扣杀的机会，即挡一直线网前或勾一对角网前，就难以实施大对角战术了。所以此战术比较适用于善拉后底线两角的对手，但也不能长时间运用。

(7) 混合战术

①一人攻直线一人攻对角战术：这种战术往往适用于这样的攻方，即有一个人（乙）后场攻击力差而网前好，另一人（甲）是后场攻击好而网前差一些，为了让攻击力差的乙能多时地保持在前场而采用。也就是攻击力好的甲如在后场，则以攻直线为主，并在后场左右移动图 345；如果攻击力差的乙在后场进攻时，则以杀对角线为主，采用前后移动分边队形，这样乙很快就轮到了网前（图 346）。

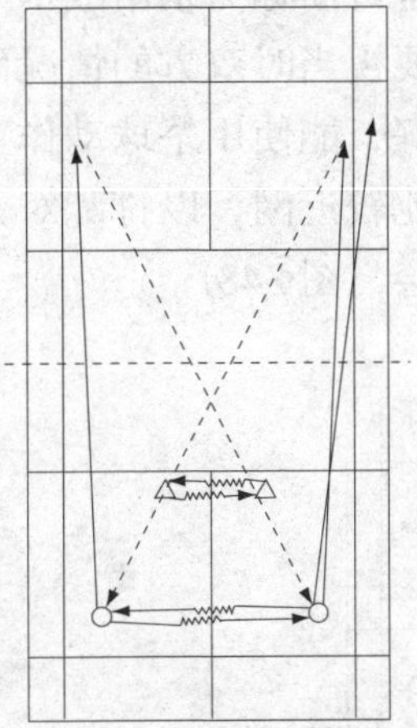

图 345

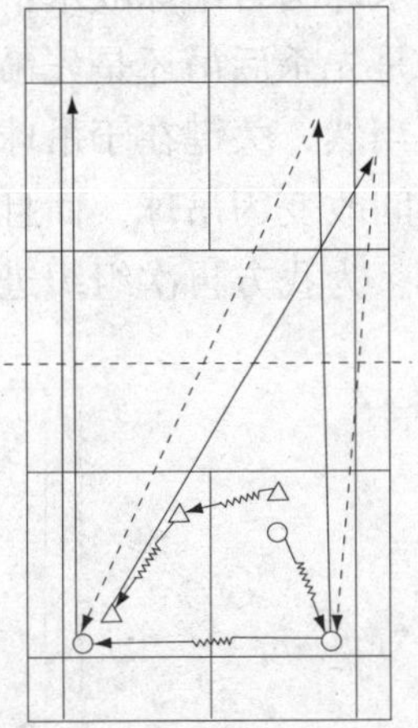

图 346

这种战术有利于发挥我方较强的进攻威力。由于是两种战术的结合，不易被对方发现，故可时间较长、较灵活地运用。

②攻直线结合攻中路战术：这也是两种战术的结合运用，也属于常用的战术，其中包括攻直线小对角结合中路战术和攻右肩结合攻中路战术（图347）。从右场区获得进攻机会时先攻直线小对角再结合杀中路。

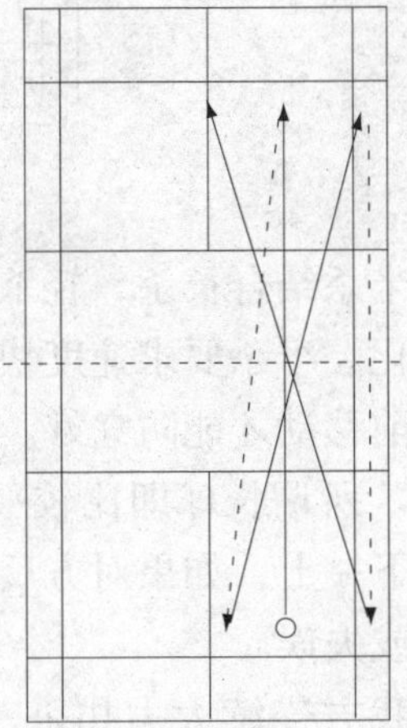

图 347

这种战术基本属于攻直线的范围，有利于网前同伴的封网，容易贯彻执行，也有变化。

③杀球结合吊球战术：此种战术也可简称为杀吊战术或吊杀战术。是先杀后吊还是先吊后杀，都要视当时双方的情况而灵活使用。当然，关键在于吊球的质量要好，能使用杀球动作。但出手一瞬间改变为吊球，而且吊球落点比较近网，以打乱对方的防守阵脚，为我方再次组织进攻创造机会（图 348）。

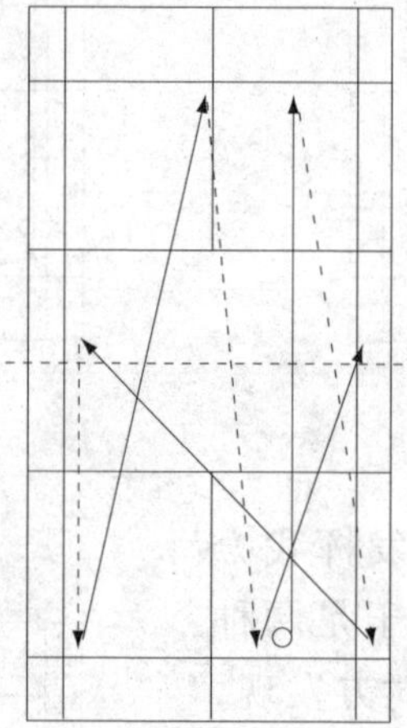

图 348

④半杀结合长杀，轻杀结合重杀战术：这些都是在扣杀技术上的变化。半杀要求速度快，落点在发球线后一些的位置上，对方要向前移动才能防守好。对方移向前挑起之后，我方立即扣一个长球。所谓长球即比较平的扣球，球从肩上过，落在后底线。这样一下一上，如果对方反应慢一些，就会因处理不当而造成防守不好或失误。

当我方连续大力扣杀（重杀）时结合一个轻杀，球速慢而轻，因此到达对方半场的时间也延迟，这时对方防守的动作反应如和前几拍一样，必然会造成出手太快而防守不好或失误。

⑤攻弱点的战术：这种战术应用比较广泛，是针对对方在技

术、思想、心理、配合上的弱点进行攻击的战术，如攻人战术、攻正手右肩上战术、攻胆小者的战术等，均属于这一范围。

2. 几种具体的双打防守战术

双打防守是在我方被动情况下，通过两人的共同努力，为阻碍和干扰对方进攻夺回失去的主动权所进行的有组织、有目的的战术行动。防守是为了转被动为主动，为了最终的进攻。如果对防守意义认识不足，就会陷入单纯防守、被动挨打的被动局面。

我们提倡的防守是“积极防守”“守中反攻”，而不是“消极防守”。在思想上要求做到沉着冷静，分清主动被动。主动时不失时机抢进攻；被动时不盲目反攻，而是大胆转入防守，心不慌，创造机会及时反击转入进攻。在技术上要求做到放得开，手不软，弧度适当，路线好，看准时机反击，速度快，跟进抢位好，平挡、勾对角空当抓得好，守中反攻转换快。

(1) 几种防守技术的要求与作用

①挑高远球（包括后场回击高远球）：这是防守中常出现而且必须运用的技术。网前被动挑出的高远球，要求弧度高，至底线时垂直（图 349）。这种技术的作用是放慢速度，使对方不能很快进攻，而且可以迫使对方到底线去进行攻击，减少对方的攻击力量，有利于我方进行守中反攻。但在整场比赛过程中不能过多地使用，以免放慢整个速度，不利于发挥以快为主的打法。这种技术只能在较被动时运用。一般被动时提倡挑平高球。

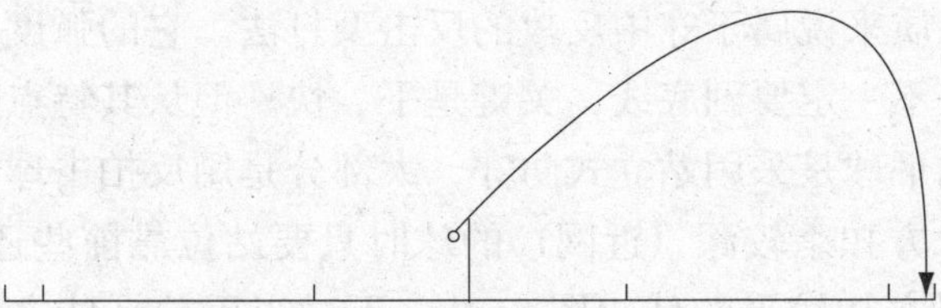

图 349

②挑平高球（包括中后场回击平高球）：要求打出去的球弧度能过对方封网者，因此，弧度的高低就要根据对方封网者的高度、弹跳及反应的能力来决定（图 350、351）。

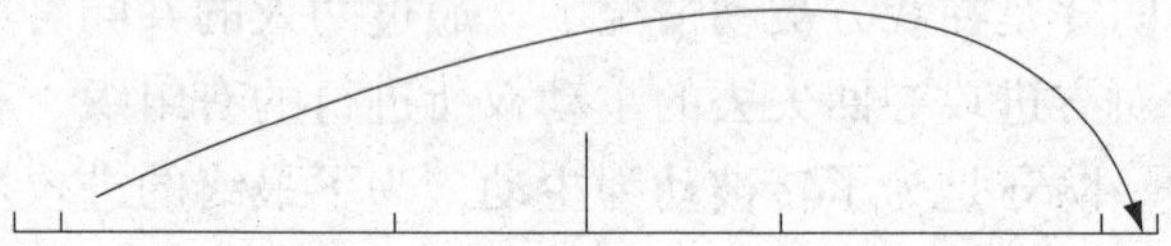

图 350

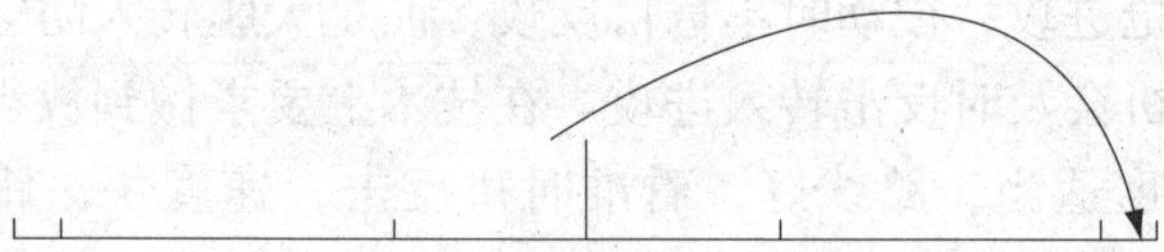

图 351

这种技术的运用比较符合“积极防守”“守中反攻”的原则。因为所挑或打出的球弧度较低，球速必然加快，就迫使对方要迅速移动才能保持连续进攻，不然就不能进攻或只能勉强进攻；路线简单，有利于判断和做好反攻的准备，特别是有利于具有较强的半蹲式防守能力的人防守反击，尽快地进行“守中反攻”。

③反抽平球、半蹲抽挡：这两种打法（图 352、353）从其防守的性质来说属于守中反攻的反击型打法。它的弧度平、速度快，落点不一定要到底线，关键是平、快。但从其特点看又有差异，反抽平球是采用站立式防守，大部分是用反拍击球，防守范围宽，对方扣杀较深（近网）的球时只要站位靠前些还可反击，但较怕对方扣较平的球（图 354）。不过当反抽平球之后立即跟

进抢占有利站位，改用半蹲抽挡就能达到守中反攻。半蹲防守，所采用的是正手身前抽挡，防守范围是由下肢力量大小和反应快慢来决定的，这种防守怕对方扣较深的（近网）左边球（图355），而喜欢对方扣平球。半蹲抽挡比反抽平球反击性更快、更强。因此，要想更快守中反攻就一定要学会并掌握两种反击性很强的防守技术。

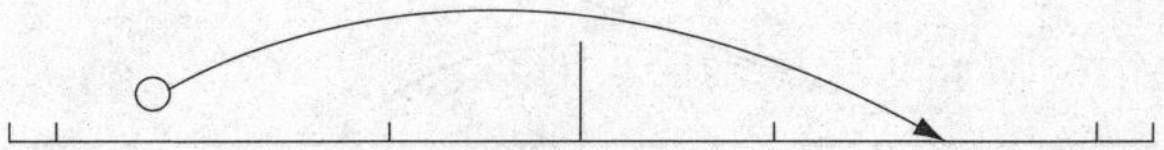

图 352

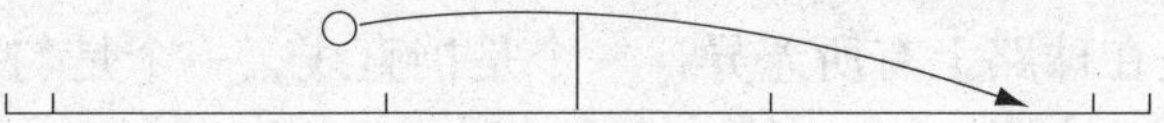

图 353

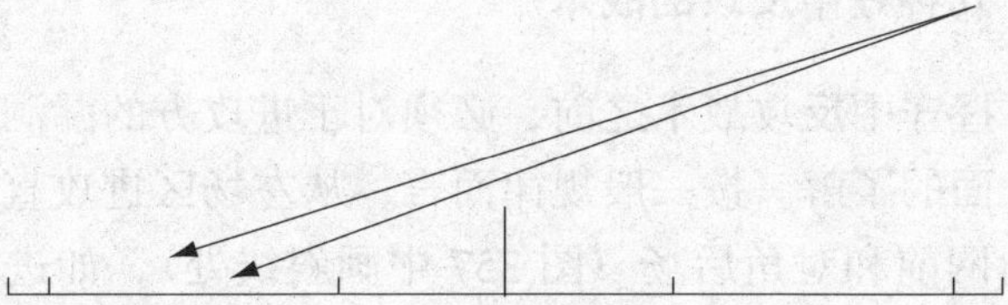

图 354

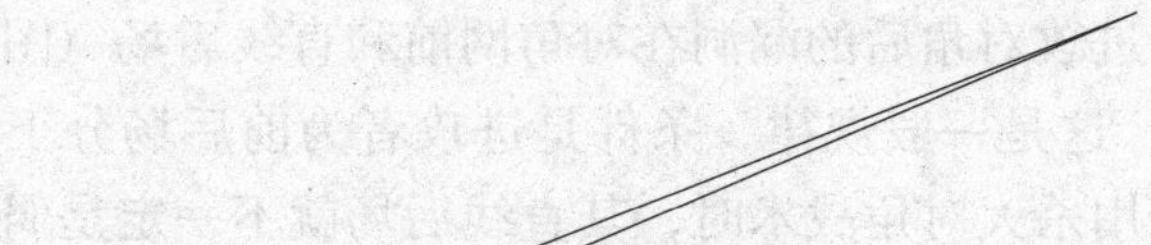

图 355

④挡网前球：这种打法（图 356）是采用站立式或半蹲式均可把球挡到网前，弧度平，要求贴网而过，落点不一定很近网，但要有一定的速度。挡网后跟进动作的快慢是最重要的，跟进快就可转守为攻，跟进慢就还要被动挑球。

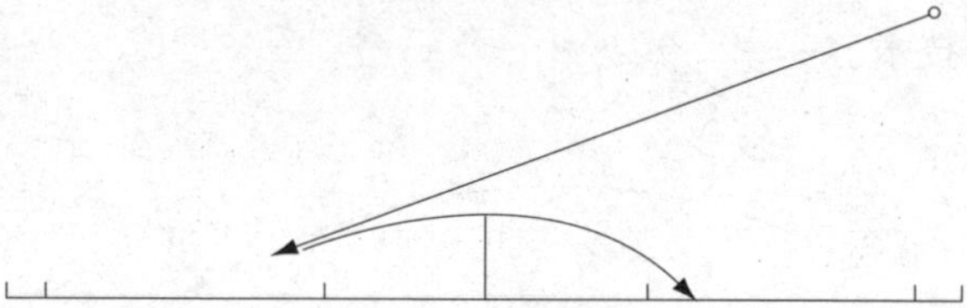

图 356

⑤勾对角网前球：这种技术跟前面所谈的挡网前球基本一致，只是在球路上有所差异，一个是挡直线，一个是勾对角线网前球。要求和作用也一样，也是“守中反攻”不可少的基本技术。

（2）几种守中反攻的战术

在掌握守中反攻战术之前，必须对于进攻方的漏洞规律有一个比较全面的了解。按一般规律而言，从左场区进攻直线后的漏洞在对角网前和对角后场（图 357 中画斜线处），如进攻对角则漏洞在对角网前和直线后场（图 358 中画斜线处），从右后场进攻直线的漏洞在直线网前和对角后场（图 359 中画斜线处），从右后场区进攻对角后的漏洞在对角网前和直线后场（图 360 中画斜线处），这是一般规律，条件是进攻者为前后场分工。但如果对方是采用杀大对角战术时，其直线后场就不一定是弱点，反而是优点了。这时，两边网前反而是其弱点。

总之，一定要全面了解这些一般规律，才能灵活运用防守战术，夺回主动权。

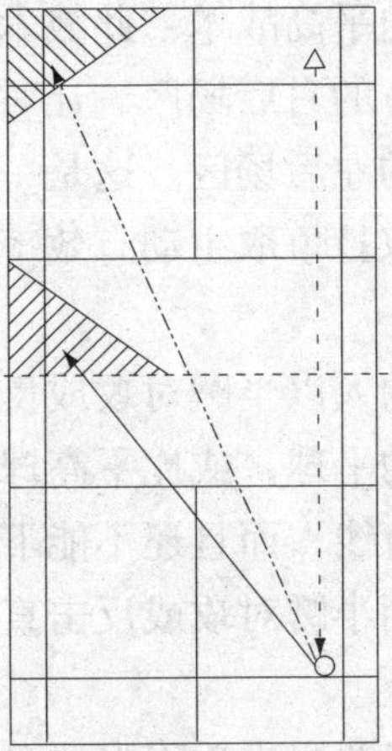

图 357

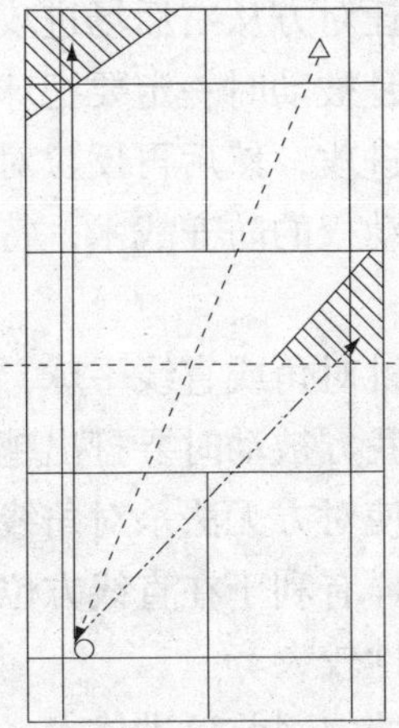

图 358

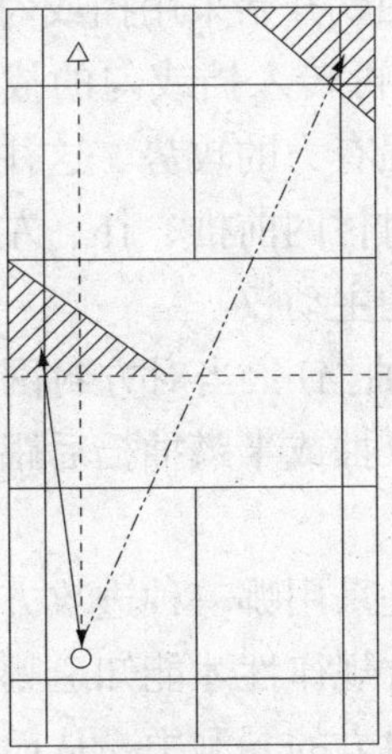

图 359

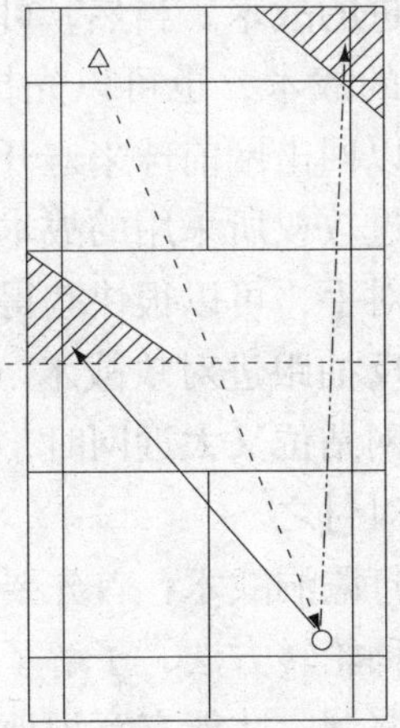

图 360

①挑两底线平高球战术：这是一种比较简单的战术，即对方攻直线，我方挑对角；对方攻对角，我方挑直线，以达到调动对方移动的目的。如对方移动慢就无法进攻，盲目进攻则有利于我方反攻。

②让对方从右后场进攻再反拉对角平高战术：此战术的一个特点就是被动时一定要把球先打到对方的右后场区，让对方从右后场区进攻，然后再反拉对角到对方的左后场区。这是一种容易争得主动权的防守战术，特别是女子双打争取主动有效率较高的战术。

③挑对角或直线平球、直线方位的人以半蹲对攻或反击直线战术：我方被动时要打出越过封网者的平球，或比平高球低一些的球，使对方无法杀对角线，只能杀直线，而且还不能下压得太多，这样有利于在直线方位的同伴采用半蹲对攻或反击直线，而且威胁性较大。

④挡勾网前逼进战术：如遇到后场两边进攻很强的对手拉两边底线球我方无法获得主动机会时，就应积极采用挡直线勾对角网前逼进的战术。当然，可以从第一拍就开始采用挡或勾网前逼进对攻的战术，也可以先拉开一两拍再转入挡或勾的战术。总之，要以回击网前球来避开对方后场强有力的攻势。这往往是为了争夺进攻权所采用的战术，特别是对付网前推、扑、左右转体不灵的对手，可以很快获得转守为攻的主动权。

⑤反抽跟进对攻战术（包括半蹲抽挡）：当对方封网水平较弱、封网站位又太近网时，可以采用反抽或半蹲抽挡后跟进对攻的战术对付之。

⑥打漏洞战术：首先要了解对方是采用哪一种进攻方式，采用哪一种轮转方法，了解了对方的进攻规律性才能知道哪里有空隙、有漏洞，才能有意识地把球打到对方的漏洞中，从而争得主动权。

如对方采用攻直线战术，在轮转上采用头顶进攻前后站法（左右移动法），正手进攻时采用分边轮转上的战术，那么对方的漏洞也就清楚了：头顶进攻时漏洞在正手后场和正手网前区，正手进攻时漏洞在对角（左边）网前，或是在直线网前和反手后场处。这都是一般规律，球场上千变万化的球路全靠临场的应变能力，源于分析判断。

3. 根据对手情况制定的双打战术

(1) 对一强一弱的配对

所谓“强”，就是技术、思想、心理、身体素质等主要因素均较好，反之是“弱”；或是有等级差别的选手，如一名是运动健将或国家队队员，另一名是省队队员；或是同级别，但在防守上一好一差。遇到这种配对，必须坚决采用攻人战术，采取集中优势兵力二打一可取得较好效果。

(2) 对单打技术好，而双打技术和能力差的配对

遇到这样的配对，首先在发球、接发球上要争取主动，战术上要采用猛抽快打的打法，在前半场要采用并排对攻快打、硬推、硬压的战术。如仍占不了优势，也不能着急，要把球拉到底线，不要去和对方打软打半场的球，然后从防守中找机会，进行平抽两边封网再对攻。总之，要快、要硬、要狠，如果慢了、软了，对方就可发挥优势，对我方很不利。

(3) 对一左一右的配对

和这种配对的对手比赛，一定要冷静沉着地分清这一左一右是如何站的，从接发球就要分清谁在前，谁在后；当对方防守时，要分清谁在左，谁在右，要根据对方的站位来决定我方采用的战术路线。如果未弄清楚，可以采用打中路球攻中路的战术。如对方处于防守，我方杀中路，落点较好就有可能造成对方抢球或让球。不论对方站位如何，他们必然是两种情况，一是都可用正手击球，二是都要用反拍击球，所以中路就是对方的弱区。总

之，采用攻中路战术是最有效的战术。

(4) 对思想配合上有弱点的配对

思想上的配合是双打成败的关键环节之一。当发现对方在思想配合上存在问题时，一定要抓住时机。如对方的甲爱埋怨同伴，特别是在不利或失误情况下，此时要从能激发对方互相埋怨这一点去找窍门。例如我方获得进攻时可向甲杀去，等到甲防守不好、我方在网前封网可杀死对方时，不要杀向甲而应杀向乙，此时乙一定是守不起来而失误。其实，根源是因甲未守好才造成乙防守失误的。如果出现这种情况的次数多了，甲就会怪乙为什么总是失误。由于甲爱埋怨，他根本不会认为问题出在自己身上，而只去怪乙，可是乙心中是清楚的：正因为你未防好才造成我失误，怎么还怪我呢！这样，乙心里也不痛快，精力也就不能高度集中，就会出现混乱，导致泄气。

又如我们常发现比赛中一方斗志昂扬，每一球后都会以积极态度与同伴商量、鼓劲，很有生气。可是另一方却死气沉沉，打了好几个回合都不“哼”一声，自管自的。比赛时，如果遇到后一种配队，就要抓紧把比分拉开，对方也就可能很快泄了气。总之，要充分利用对方在思想配合上的弱点。

(5) 对善打平抽快挡的配对

如果两人均属善打平抽快挡的选手，一般都爱采用并排对攻的站位法。这时，如果平抽快挡也是我方的特长，而且可以战胜对方，那么可采用平抽快挡、以攻对攻的战术，短兵相接，拼个“刺刀见红”。但是，如果我方感到以攻对攻处于下风，就要采用拉两边底线的战术，避开对方的特长，这样不利于对手的进攻，却有利于我方反攻。

(6) 对爱采用半蹲防守的对手

遇到这种对手千万不要杀长球，以免正中其下怀，而应采用半杀战术与半杀左下方的战术与其周旋，伺机而变。

(7) 对拉两边底线较好的防守型配对

遇到这种配对，思想上要做好艰苦奋战的准备。因对方防守好，又以拉两边底线为主，来回次数必然较多。同时要有耐心，不要想一杀就得分，而且更要重视互相的配合，多采用吊杀结合的战术，不要盲目乱杀，以免消耗体力过多而收效甚微，应该稳扎稳打，不利情况下先吊后杀，吊一吊再杀，保持体力，找准时机进行重杀。也可采用杀大对角轮攻战术。总之，只要体力好，坚持到最后，胜利的希望就较大。

4. 双打比赛中的思想配合问题

要想成为一对优秀的双打选手，除了要熟练地掌握各种进攻和防守的技术与战术外，更为重要的是还要在思想上能互相信任；在技术上能互相补缺，补漏；在战术上能互相了解；比赛中互相鼓励。有了互相信任与鼓励，那么，配合问题就能很好地解决。

5. 双打配合中的几个主要问题

(1) 共同的目标是双打配合的思想基础

首先要增强为国争光的事业心，明确大家都是为了一个共同的目标来攀登羽毛球技术高峰。有了这个思想基础，思想上的配合问题就能迎刃而解。反之，只考虑个人私利，骄傲自大，只看到自己的长处，看不到自己的短处，就会出现不协调，闹矛盾。如果为了满足其个人主义的要求而拆对又配新同伴，过一段时间新的问题又会出现，配合问题总是得不到解决。因此，只有从根本上克服个人主义思想，提高对打球的目的性的认识和树立事业心，才可能解决双打配合中的其他更细致、更复杂的问题。

(2) 思想上要做到互相信任

比赛中如果双方互相不信任，必然会造成在球场上表现失常。例如发球队员对同伴第三拍的技术不放心，总担心他守不住，这样就必然会影响到自己的发球质量；反之，在后面的同伴对发球同伴不信任，怕他发球太高，导致自己处理不好第三拍，结果，由于思想不集中或过度紧张反而造成第三拍失误。这都是由于互相不信任造成的。我们提倡在思想上互相信任，如发现同伴某一项技术或战术比较差，就应该帮助他迅速提高，帮助同伴提高的同时也提高了自己。而存在问题的一方也要考虑到如不迅速提高将会对配合产生不利影响，因此，应该更刻苦地训练，尽快掌握、改进技术和战术，以适应战术上的需要。

(3) 碰到困难时要互相鼓励、互相补缺

往往有这种情况，同伴由于种种原因未发挥出应有的水平，这时，就会出现两种情况：一种是热情鼓励，并以很大的努力来弥补同伴的弱点，使其能在鼓励和帮助之下转变情况而发挥得比较正常；另一种情况是当同伴发挥不正常时，就埋怨，态度很生硬，很冷淡，总认为球打不好都是同伴的原因，这样，不只是同伴改变不了情况，埋怨人的本人也会因此而没劲，所以往往是以埋怨开始而以泄气告终。因此，碰到此情况无一不是失败的。

弥补同伴弱点的办法有两种：一是加强攻势，以减轻防守压力；二是在不得不防守时，尽量把球送到和同伴成对角的落点上，以减少对方进攻同伴的机会和降低威胁，使同伴也能守得住，从而增强信心。若同伴的体力较差，又常被对方逼到底线，造成很大困难，这时，作为体力较好的一方应主动提出要求同伴进攻对角线，后上网，自己退后进行左右移动进攻，让同伴回到网前，以调整和恢复体力。

以上类似的情况有时会在一场比赛中都出现，也可能出现某一种情况，这时若不能很好处理，势必造成失败。因此，提倡在碰到困难时要做到互相鼓励、互相弥补缺点，不埋怨、不泄气。

(4) 在战术上要做到互相了解

在一场比赛中两个人要配合得默契，除了以上 3 点之外，在战术上应该互相了解，特别是在前场封网者一定要能做到了解后场同伴这时会打出什么路线的球，是扣杀还是打吊球，是攻直线还是攻对角，打完球之后是能够左右移动还是不能，后场是否要网前的人去补，如此等等都要在一瞬间作出准确的判断。如果说这种判断是正确的话，那么，配合就算默契。总之，要两人的想法一致才能打好双打，才能解决好双打的配合问题。

6. 双打进攻与防守应注意的几个问题

(1) 在获得主动进攻时注意以下几个问题

①不要一味地杀球，忘记了结合吊劈球。

②不要只用力杀球，忘记了点杀和轻杀。

③不要只杀一条路线的球，忘记了杀小对角、大对角和边线球。

④不要只盲目地杀一个落点的球，忘记了长杀、杀右肩和半杀球。

⑤杀完球之后不要忘了立即左右移动和前后移动。

(2) 防守时应注意的问题

①不要只挑后场球，忘记了抽挡勾结合。

②不要只挑一个点或打一个球路，忘记了挑直线、挑对角以拉开对方。

③反抽时，弧度要平，不平不高的球最容易被对方封网。

④过渡防守时，一定要从边线走，不要过中路，以免被对方封死。

⑤挑对角高球时，弧度一定要高过封网者。

⑥一定要克服打习惯球路的毛病。

⑦反抽之后要跟进，挡勾之后要逼网。

（三）混合双打战术

1. 混合双打进攻战术

混合双打是由男女配对进行比赛，必然存在一强一弱的情况，在战术上要强调以攻击女队员为主来制订战术。

（1）发球战术

混合双打发球是一项战术意识很强的技术，发球质量高低直接影响能否取得主动和得分。混合双打发球和男双、女双发球有一定的共同点，但也有很大的差别。当女队员发球时，对方如是女队员接发球，发球就比女双容易得多，因为在发球女队员后场有一男队员在接第三拍。可是，当女队员发球男队员接时，就比女双困难多了。因为男队员上网接发能力和第四拍封网能力都比女队员强，这就给发球的女队员增加了难度。反之，如男队员发球时，由于他不能像男双一样，发球后可以立即上网封网，而要兼顾控制后场，站位就要比较靠后，发球过网的飞行时间较长，有利于对方接发球者有时间回击来球。可见，男队员的发球比男双困难得多，必须经过专门训练。

混双发球时，“以我为主”“发球时间的变化战术”“发球路线的配合战术”“软硬结合、长短结合、直线对角结合”等战术均可使用。在此着重介绍如何根据男女队员交替这一特定条件来考虑站位与战术。

①女队员的发球战术

A. 对方女队员接发球时的发球战术：对方女队员接发球时，她不可能站位太前，因为她要考虑如我方发 3、4 号区球对她的威胁。因此，要把握住这一发球关，增强发好球的信心，再根据对方接发球的优缺点考虑发球战术。如对方后场攻击能力差，我方可发 3、4 号区的球，逼对方后退进攻，我方前排压网，以争得主动权。特别是发 4 号区球更有利于我方组织反攻，并逼使对方女队员到后场击球。如我方女队员防守能力强，也可考虑发 3 号区球，因为发往该区时球可较平，速度快，对付反应慢、摆速慢的对方女队员效果更佳，而且对方回击的球大部分可由我方女队员回击，但条件是我方女队员防守技术和意识较好。这样，对方只能采用扣杀的球路或回击高球，如扣杀，我方女队员就应回击至对方的弱区（交叉线区域）；如回击高球，则我方发球已达目的。如图 361 所示。

当我方从右场区发至 1、2 号区时，对方站位和我方站位均平等，就由发球质量、对方接发质量和第三拍我方回球质量来决定了。此时，我方可采用抓对方习惯球路的弱点来发球。如对方在处理 2 号区球时均打直线半场或扑直线，而我方在后场的同伴正好在左场区的控球能力和球路较好（如左手握拍），对方打直线正碰上左手握拍的男队员，我方就占了优势，加上男队员这个区手法和球路好，就能让对方处于被动地位。因此，我方应以发 2 号区为主，让对方打一习惯球路，以便我方控制（图 362）。由于我方男队员手法好，对方的斜线区就成了弱区，易被我方反击。

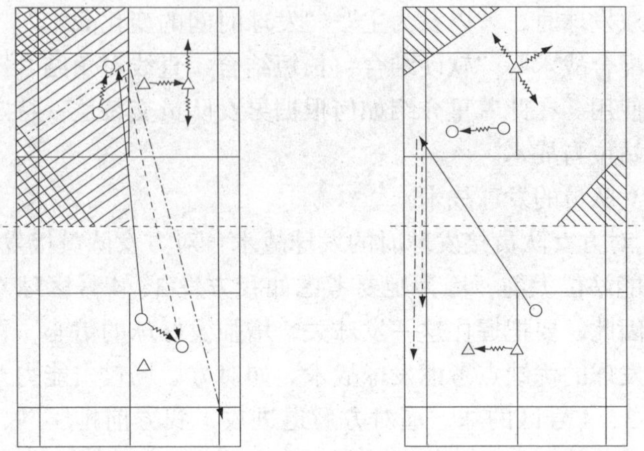

图 361　　　　图 362

当我方从左场区发球时，也可采用同样战术，造成对我方有利的局面，在此不再列举。

B. 对方男队员接发球时的发球战术：这时，女队员一定要排除恐惧心理，增强自己的发球信心，在此基础上采用以我为主的发球战术，结合假动作（时间差）发后场 4 号区球，可打乱接发球者要组织的进攻。

一般情况下，这时发球以发自己特长的发球区域为主，并封住前场球，而中场球和扑球均由后场的男队员去处理。对男队员来说，切忌没有战术意识地发习惯球，即使是发特长球时，也要在发球时间上有所变化，使接发者不易判断而大胆起动。

男队员的发球是困难最大的发球。一定要加强平时技术和心理的训练，只有这样才有可能获得主动和胜利。

②男队员的发球战术

A. 对方女队员接发球时的发球战术：这时发球方占一些有利条件，因为男队员对发球时间差的控制、发出球的速度，甚至弧度对女队员都有一定威胁。上面谈到的女队员的发球战术也适用于男队员，差别在于女队员发球站位靠前一些，过网时间短，而男队员发球站位靠后一些，过网时间长一些，有利于对方女队员采取行动。因此，如发1、2号区，则球过网后要有向下的线路，如果向上飞行，就易被对方扑死。

如从右场区发4号区，我方的女队员站在对角区为有利位置；如从左场区发4号区，我方女队员站在对角区也为有利位置。

B. 对方男队员接发球时的发球战术：在一般情况下以发自己特长的发球区为主，即采用以我为主的发球战术。最重要的是发球弧度要平，过网之后要向下走，这样才有利于第三拍时我方的反击。

③发球站位与分工

A. 女队员发球时的站位与分工：与女子双打发球时的站位与分工无大的差别，如图363—366所示。在右场区发球时，男队员一般站在后场，负责中后场两边的来球，偶尔还要弥补一下女队员漏击的前半场球。如在左场区发球，分工区倒过来即可。

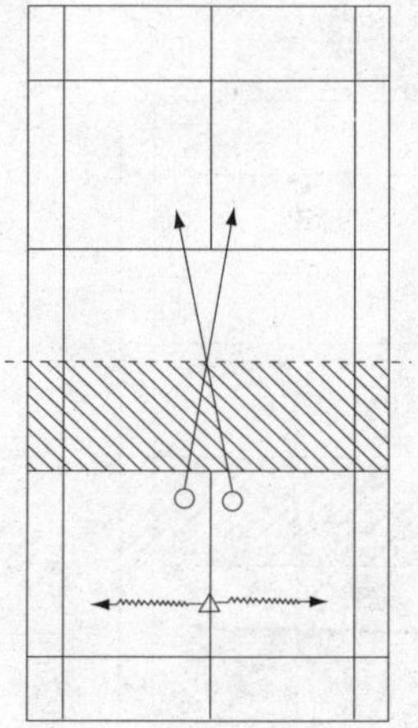

图 363

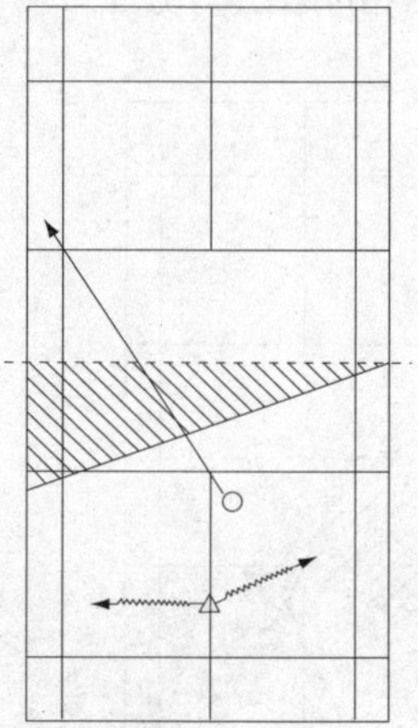

图 364

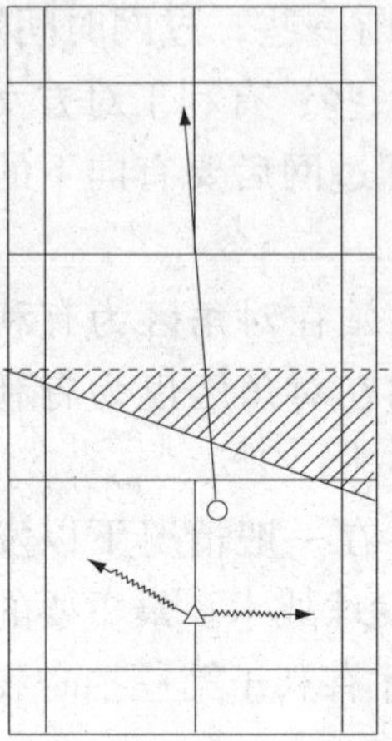

图 365

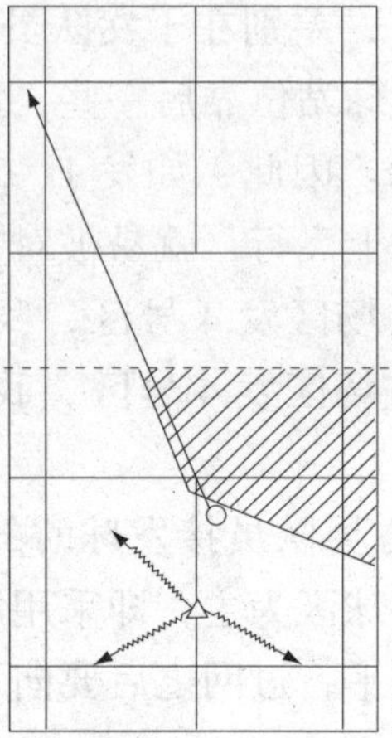

图 366

B. 男队员发球时的站位与分工：男队员发球时均站在后场，而女队员均站在前场区的右区，发右区时站得离中线远一些，发左区时站得离中线近一些，目的是让同伴可以发到 2 号区，而不至于阻碍其发球的路线（图 367—370）。当然，女队员如何站位也并非一定按此模式，也可以根据男队员的需要而定。以上只是一般规律的站法与分工。

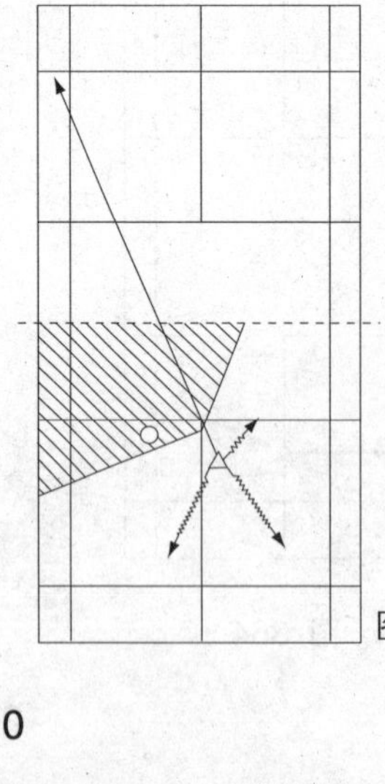

图 367

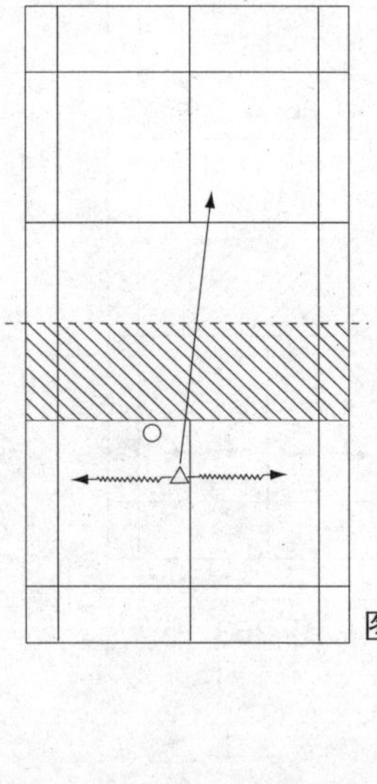

图 368

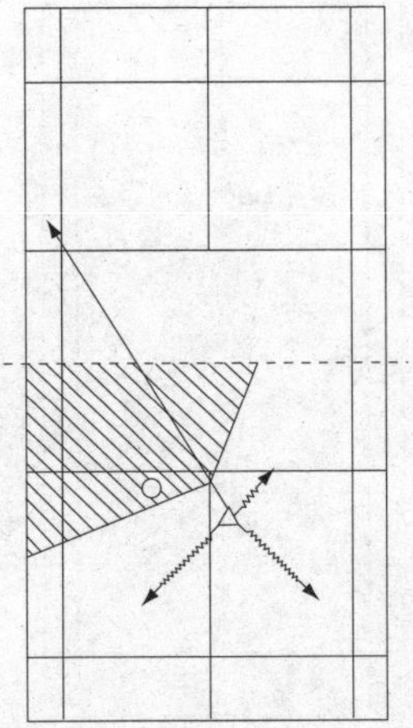

图 369

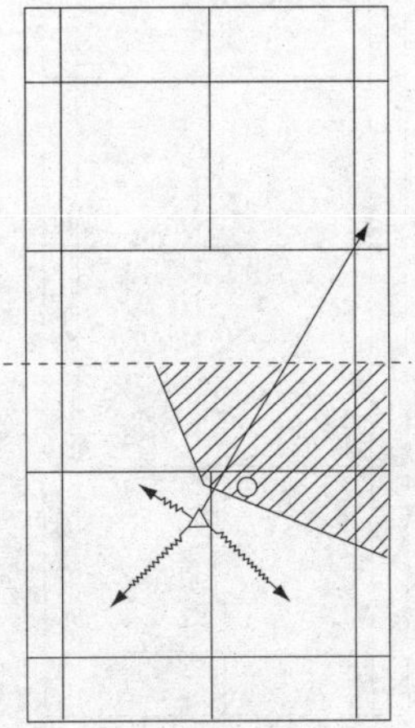

图 370

(2) 接发球战术

①混双接发球战术与双打接发球战术的相同之处：二者相同之处都是既要根据对方发球质量，又要根据对方的优缺点来处理，以便采用以我为主的接发球战术。

②混双接发球战术与双打接发球战术不同之处：混双接发球在球路上不论男女队员，大都以拨对角半场、直线半场、勾对角前场以及放网为主，推、扑后场球只在对方发球质量很差时才使用。而拨半场球及勾放前场球的目的，是针对女队员这一相对较弱的目标而制定的战术（图 371）。

以上所说的是对方发 1、2 号区的球处理球路的方法。如果对方发 3、4 号区时，则有两种发球情况：一种是女队员发球，然后分边防守。这时，我方应集中攻击吊杀对方女队员防区（图 372）。另一种情况是对方男队员发球，且女队员只防守一角（图 373），这时应吊对方右前场，杀对方的两边线球。因为对方基本上是前后站位，其边线防守难度加大。

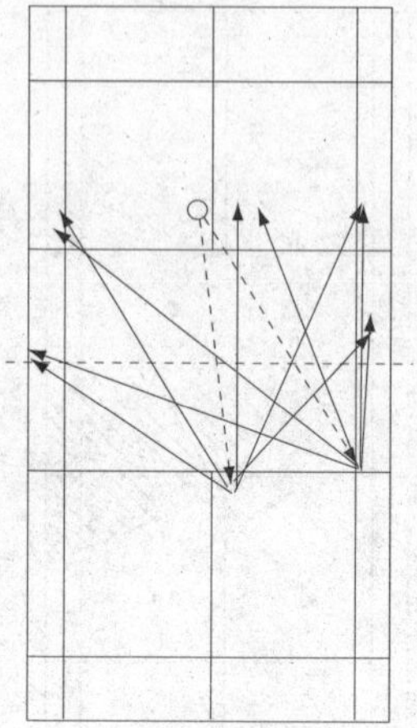

图 371

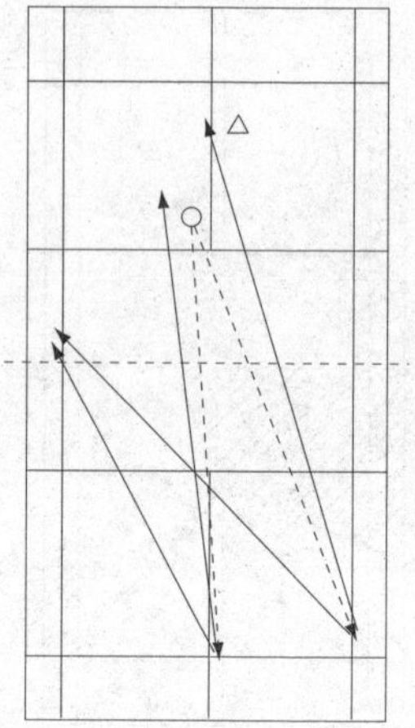

图 372

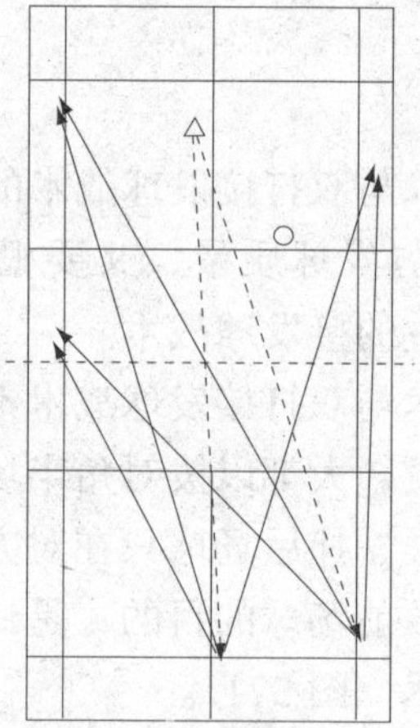

图 373

反之，如对方是从左场区发球，那么，道理也一样，但换击另一边。

接发球后男队员要保持在后场，女队员则在前场。因此，接发球后，男队员必须迅速退到后场，以控制底线区，这也造成男队员接发球不能太凶的缘故。

当然，也有的男队员接发球后就在网前封网，但为数不多，其条件是对方发球质量差，或第三拍无法挑到我方后场。

③接发球的主导思想：混双接发球的主导思想是“快字当头、以稳为主、狠变结合、抓住女队员”。“快字当头”，体现了我国羽毛球运动的风格，如没有“快”，很难在前几拍就争得主动权。“以稳为主”，强调接发球要稳，以免一失误就丢失 1 分。“狠变结合”，即对方发球质量不好时，我方处理球可以狠一些；当对方发球好些时，要灵活多变，不要打太多的习惯球路。对方女队员是相对的弱者，我方在接发球时，必须以她为目标去处理球。总之，把球打到女队员的防区，争取主动，逼她打出高球或后场球，以利我方男队员控制。

(3) 第三拍的回击战术

混双和双打的第三拍居同样重要的地位，即主动时可保持进攻，一般情况时进行反攻，被动时尽快摆脱被动。

①主动时第三拍保持进攻的战术

当我方发球质量较好时，有两种情况：第一种情况是女队员发球，可直接封住前半场区，因为发球好，对方回球必然有些向上，所以只要能举拍封住前半场，对我方就有利（图 374）。当女队员封左边时，右边网前的漏洞（画斜线处）要由男队员负责；而当女队员封右边时，左边网前的漏洞（画斜线处）要由男队员负责（图 375）。可以说，女队员以封对方直线球为主。如能判断到对方打对角网前，也可封网，特别是在对方手法不好、出球质量较差时，可由女队员自己封网，一般情况下，女队员能封死对方的直线来球就很好了。第二种情况是男队员发球，还是由女队员去封网，但由于发球时女队员的站位有变化而形成了右边和左边发球不同的防守区，如图 376 和 377 中的画斜线处。

从右场区发球，由于女队员的站位是在左前场区（见图376），因此，当男队员发1、2号区球时，女队员要专心封好左前场区和中路网前。此时，对方如回击，右前场区是弱区，要由男队员去补救。

从左场区发球时，情况就不一样了，因为女队员的站位可靠近中线，当发1号区时，她可封斜线区；当发2号区时，她可重点封住斜线、斜格区（见图377）。

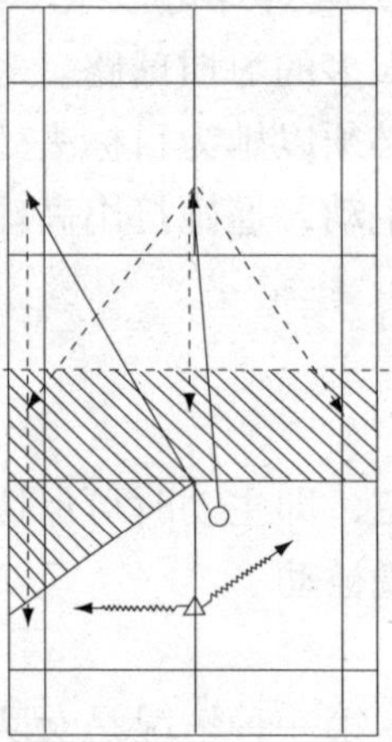
图 374

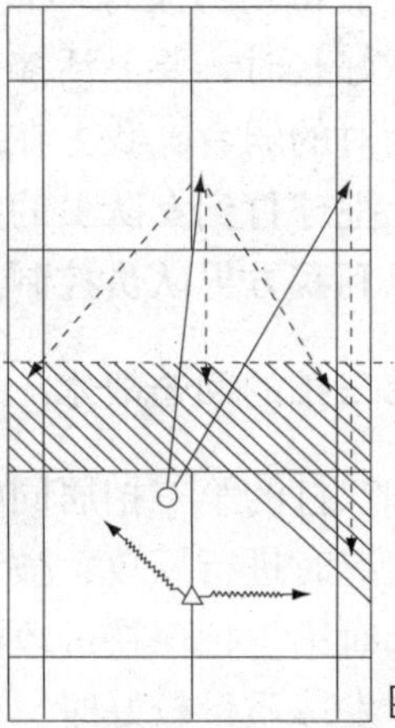
图 375

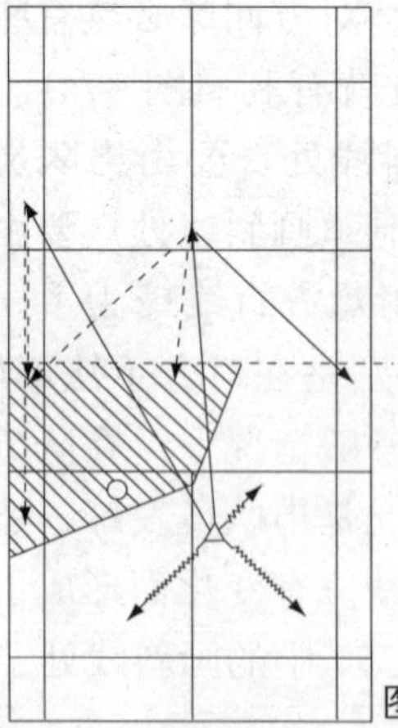
图 376

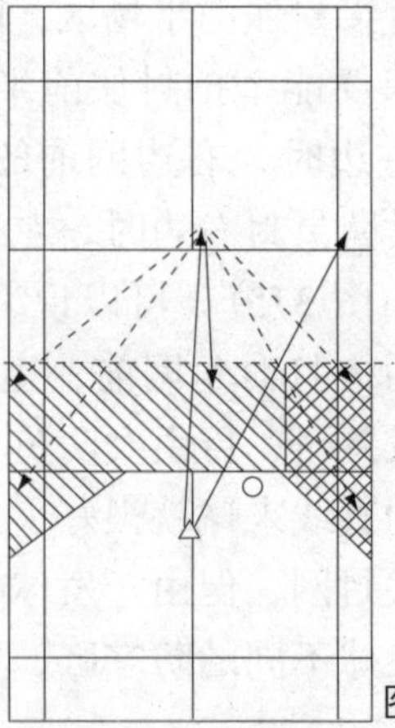
图 377

当然，由于配对的站法不同，也可按自己的特点分工封网。

②一般情况时，第三拍进行反攻的战术

所谓一般情况，就是对方接过来的球对我方形成一种既不主动也被动的形势时。我方只要处理得好，即可获得主动权，处理不好就会变成被动。因此，出手和球路是关键。

首先要根据所判断的对方接发球后的站位及分工情况来考虑我方应打哪种球路才有利于获得主动，然后出手要快、要有变、要平，在尚未真正获得主动时不要打太靠后的球给男队员。

如图 378 所示，当我方女队员发 2 号区球时，对方女队员回击直线半场球，我方女队员未主动封住，而由后场男队员回击。此时要争取在高点回击，回击时要先判断好对方的封网区和女队员的封网方向，如对方女队员是封右前场区，我方最好能迅速回击一对角网前球，过网如能快而平，就可争取主动权。反之，如处理不好，如回击路线不对或回击直线半场，被对方女队员封住，就可能造成被动；或虽打对角网前，但过网质量差，过网球慢而高，角度也不好，也容易被封住而造成被动。

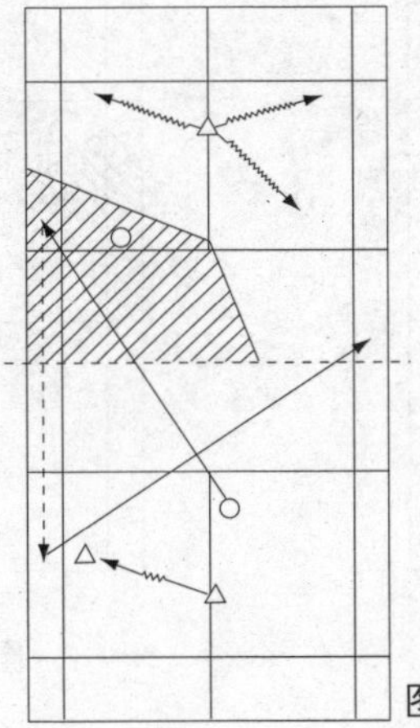

图 378

③被动时尽早摆脱的战术

A. 对方接发球后两人的位置均较偏前，如男队员接发后的位置偏前，或者女队员接发球主动之后男队员也逼网了，那么此时网前两边都很难打。最好的办法是把球挑到后场两底线过渡一下，让对方从底线进攻，我方再开始组织反攻。特别是当我方女队员有一定防守能力时，一定要把球拉到后底线，再由女队员防守转进攻（图 379），此时，最怕拉球高度不够，打不到底线，被对方拦击。

总之，当对方控制网前较紧时，就必须想尽办法先把球打到底线，打守中反攻战术。

B. 对方接发球后，网前区有一个漏洞（图 380 中的斜线区），如男队员接发后急于回动，照顾后场，形成网前漏洞时，我方如能迅速回击这一漏洞区，就有可能转被动为主动，但前提是要有较好的回击质量，否则摆脱不了被动。

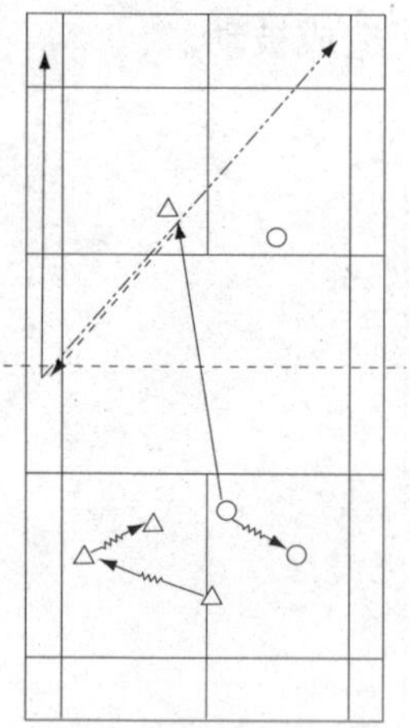

图 379

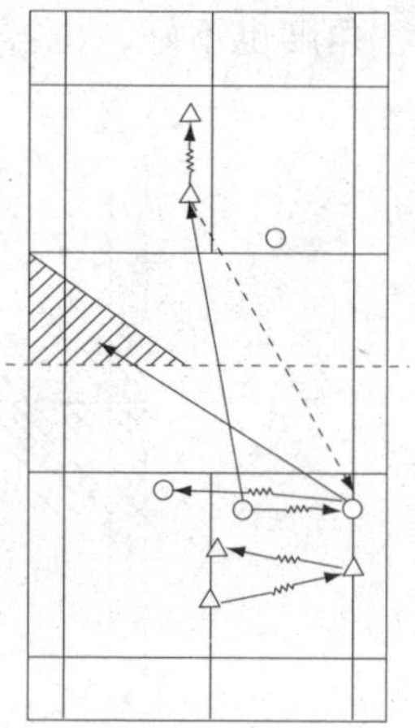

图 380

总之，在被动时一定要冷静分析对方的弱区，把球打到该区。当然，这里包括对方技术上的弱区。可是如果我方女队员防守能力差，经不起对方的攻击，情况就更困难了。

（4）第四拍封网战术

第四拍封网战术主要体现在两人如何分工封网上。有一个普遍规律，即女队员接发 1、2 号区球能主动回击时，就由她封住对方的直线球路，而男队员则负责其他的区域。如她接 3、4 号区球能主动回击时，她就可回动封直线前场区，而男队员则负责其他 3 个方向的球。如她不能主动回击，只能防守在后场一个区过渡一下，此时，男队员则要负责前场两边和后场的另一边。

当男队员接发 1、2 号区球时，如能主动回击，则应由女队员封住对方的直线球路。她除了要控制网前球之外，还要和男队员保持错位，以封住对方反抽对角平球，让男队员能调整一下，这一点也是混双不同于男双的另一个特点。特别是在进行中场抽、推球时，女队员负责封紧对角平球，事关紧要，而男队员则负责其他的中后场区球。如不能主动回击，情况就比较复杂了，此时由于男队员的站位已被引到前场，因此另半边的后底线就成为漏洞。如对方回击高球至底线时，女队员可后退，代替男队员一两个回合。

当接发 3、4 号区球时，如能主动回击，则女队员除负责前场区外，还要负责封对方抽对角的平球，以使男队员选位更主动；如不能主动回击，就必须根据我方男队员位置能否回动来决定，情况就比较复杂。

（5）攻女队员战术

这是混双战术的核心战术，获得主动进攻后在寻找进攻机会时，如何熟练地使用攻女队员战术是很重要的。以下介绍如何运用这一战术。

①获主动进攻时运用攻女队员的战术：当获得主动进攻时，如果对方已形成男女两边防守的阵势，就要抓住这一有利时机，集中力量使用攻女队员的战术，例如进攻女队员右肩战术、杀吊女队员的结合战术、杀女队员小交叉战术、杀中路靠女队员一边的战术等。当然，这一般是指女队员的防守能力比男队员差的情况而言，如果在比赛过程中发现对方男队员防守能力下降，就不一定要坚持打这一战术。

②两边中场控球时运用攻女队员的战术：所谓中场控球，就是对方打过来的球，我方既不很主动也不被动。首先在控制阶段中不要把球击向对方男队员，而应击向女队员的防守区域，以便获得主动权。

如图 381 所示，我方女队员发 1 号区球，对方女队员接发推半场球。我方男队员处于控制阶段，此时，要分析对方女队员的位置及封网特点，如她封直线的意识较差，而且位置较靠近中线 1 号区处，我方就可回击一直线半场球。球的落点要使对方女队员去回击，由于她判断封网差，站位又靠中线，必然不能主动回击，她就有可能回击出高球，以便我方主动进攻。假设对方女队员站在偏边线 2 号区的位置，准备封我方的直线半场，我方可回击对角网前，迫使对方被动起高球。

又如图 382 所示，对方接发放网，我方也可回击两条路线，但一定要注意是要运用攻女队员的战术。因此，球一定要打到女队员的防区，让她去处理，不要用力把球打到中场让男队员处理。

以上两例情况复杂，但道理是一样的，坚持让女队员被动处理球，又不让她主动处理，然后是我方女队员要封紧网前，让对方的女队员打出高球，这样战术的运用就成功了。反之，如被对方女队员封住，那就被动了。

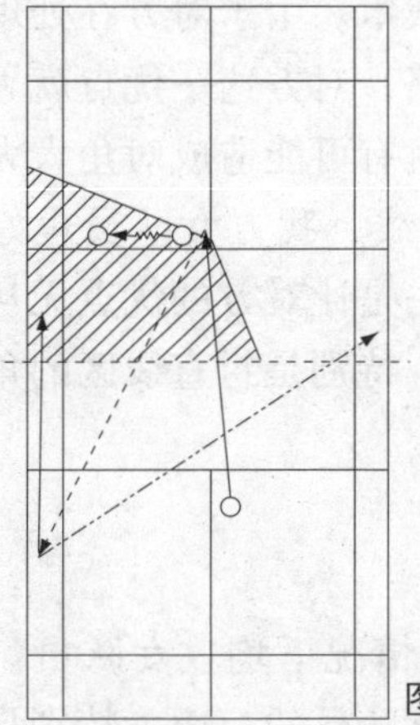

图 381

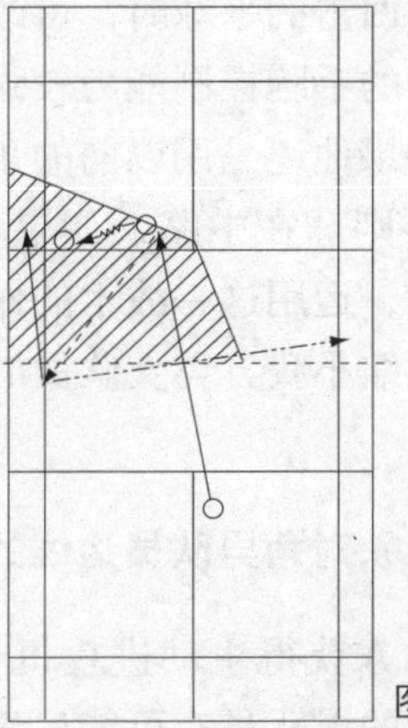

图 382

在处理这种球时，要注意的是“巧打”而不是“硬打”，要特别注意分析判断对方女队员的封网意图。最重要的是有高质量的回击球路，一是球路要出乎对方女队员之判断，二是要有高质量的过网弧度，弧度要平，这样不易被女队员扑死，她只能推，这就有利于我方控制，找到逼对方回击出高球的机会。

③接发球时运用攻女队员的战术：当我方接发球时，可直接运用攻女队员的战术。总的要求就是把球回击到前场，如放网、放对角网前、轻推直线半场或轻拨对角网前，这些战术都会促使对方女队员去回击，运用得好，可获主动进攻权。

对方男队员水平较高而女队员相对差一些时，采用这种战术很有效果。反之，如对方男队员水平一般（特别是后场攻击水平一般）而女队员网前封网水平很高，我方就不一定要坚持采用这种战术了，应过渡到后场区，再找机会反攻。

(6) 攻中路战术

对方男队员对两边中场控制能力都很强，威胁很大，直线结合对角处理得很好，使我队防守的区域扩大，特别是女队员不易封到对方回击的平球时，可改用攻中路战术。由于对方在处理两边线球时的手腕控制能力较强，如打中路，对方这一优点就无法发挥，如果他还是用以前的角度出球，就有可能造成对角太大而出界；再则球在中路，如果对方回击直线，我方女队员也好封网。总之，运用这一战术的作用有二：一是让对方的优点无从发挥，二是缩小我方男女队员的防守范围，特别是封直线区的角度小得多。

(7) 杀对角男队员边线的战术

当我方获得主动进攻机会时，一般情况下均攻女队员。此时，对方的男队员有可能尽量站在靠近女队员的一边，特别是在和女队员成直线进攻时，男队员另一侧会形成空当。在这种情况下就可使用杀大对角男队员边线的战术，但这种情况比较少见。

(8) 杀吊结合战术

有时对方男队员要照顾 3 个区域，让女队员只防守 1 个区域，因此，可以考虑以杀吊结合战术，打乱对方的防守阵脚。又如女队员挑出不太后的球后她必然迅速后退，这时采用杀吊结合战术很具威胁性。

(9) 半杀结合长杀、重杀结合轻杀的战术

这些都是主动进攻中应该熟练掌握的技巧和战术。一味地重杀一个角度，对方容易适应；一味地长杀，易被对方发现。所以在进攻中除了要结合高吊之外，还要注意角度的变化（即落点长短之变化）和力量的变化（即轻杀和重杀）的结合。

(10) 针对思想配合上的弱点而制定的战术

思想配合上的弱点主要是指互相埋怨、互不服气、互不理睬、各打各的球、对胜负无所谓等，我方注意发现并针对对方这些弱点制定的战术，往往是最有效、最高明的战术。

（11）进攻中封网分工方法

我方主动进攻时，由于封网分工不明确，可能失去主动权。因此，明确封网分工职责能使我方主动进攻达到致对方于死地的目的。

①从右后场区进攻的封网分工：如图 383 所示，当我方男队员在右后场区主动进攻时，由于女队员和男队员成直线，故杀直线，女队员要封住右斜线区的平球，但左斜线区是弱点和漏洞。

又如图 384 所示，当我方男队员在右后场区主动进攻时，对方女队员退到对角区，此时我方女队员要封住左斜线区的平球，右斜线处就是弱点和漏洞。

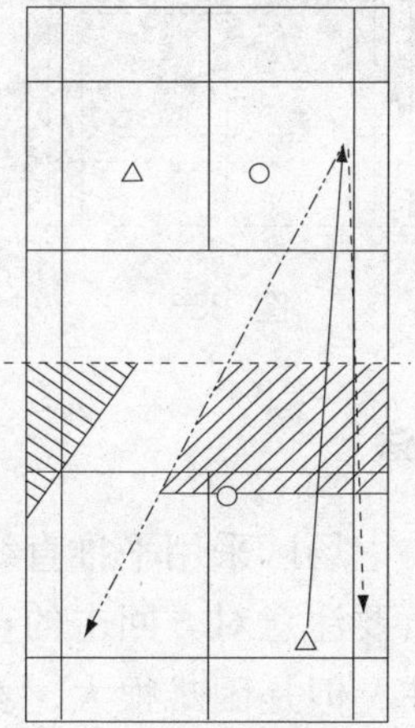

图 383

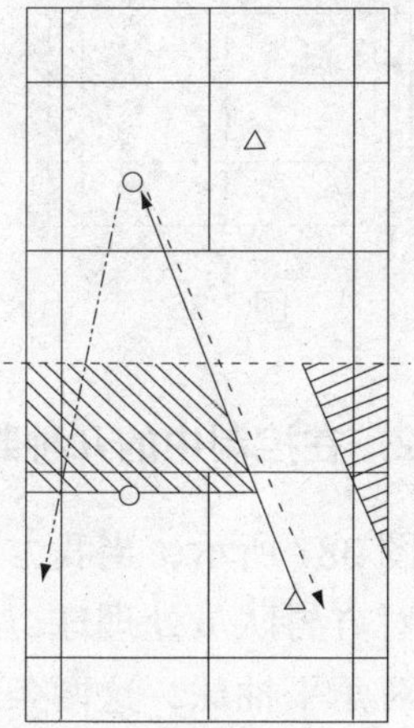

图 384

②从左场区进攻的封网分工：如图 385 所示，当我方男队员在左后场区主动进攻时，由于对方女队员和我方男队员成直线，

我方杀直线，我方女队员则要封住左斜线处的平球，特别要注意对方平抽对角线平球时一定要能封住，以便减轻对男队员的压力。此时对角网前右斜线区是弱点和漏洞。

又如图 386 所示，当对方女队员和我方男队员成对角时，我方杀对角，我方女队员要封住右斜线处。此时，对角斜线处（左斜线区）是弱点和漏洞。

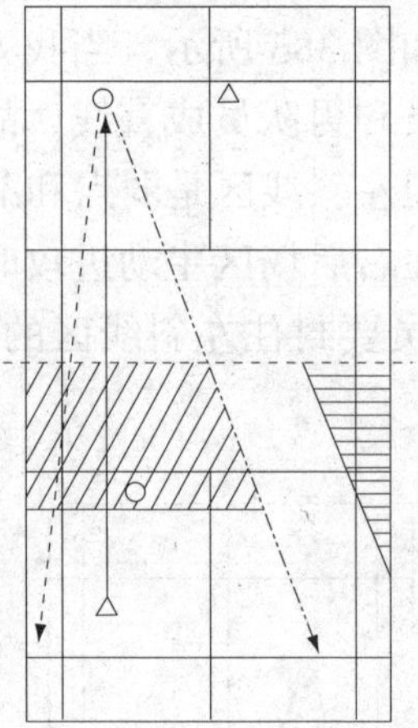

图 385

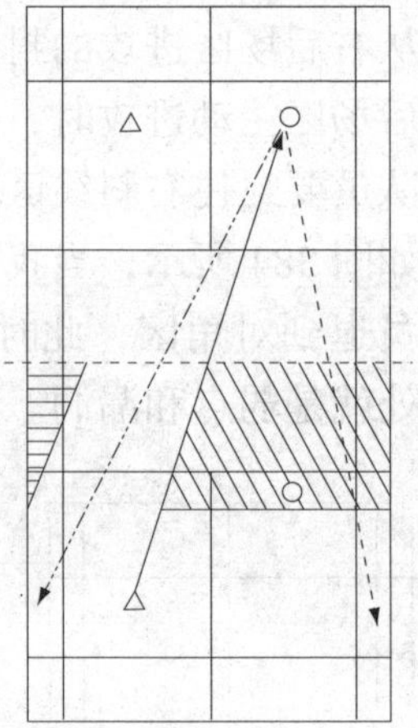

图 386

(12) 在控制中的几种封网分工方法

如图 387 所示，当我方男队员从右中场区采用平推直线半场球时，对方男队员处理球，此时女队员要注意对方回击的直线半场球和对角平抽球，这两条球路要封住，但是困难很大，女队员如判断能力较好，这种困难就会小。假设对方习惯打对角线球，就要重点封对角；假设对方只会打直线球，当然重点在直线。但是，如判断不准，就不要勉强去抢球，可让后场男队员处理。

又如图 388 所示，我方男队员从左中场区采用平推直线半场球时，对方男队员处理球，此时女队员要注意封对方回击的直线半场球和对角平抽球。

再如图 389 所示，当我方从右中场采用勾对角网前球时，对方女队员上网处理球，但并不主动，对方所处理出的推球至左半场、中路半场或右前场，均属我方女队员应该封的球路，能否封到就要看判断能力及对方出手能力了。如判断不到，则不要勉强封网，可让男队员处理，但如果在前场区就要由女队员处理了。

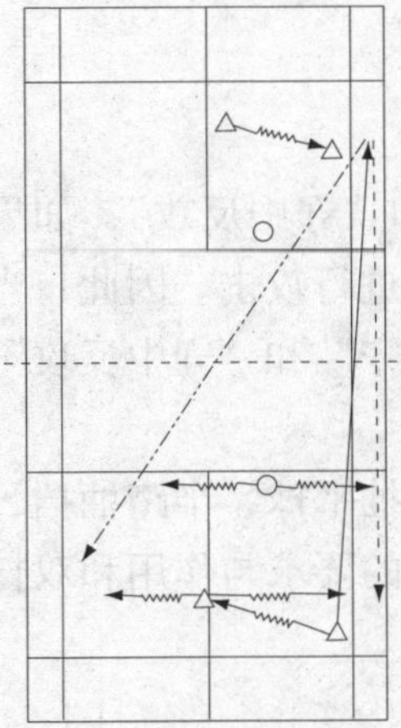

图 387

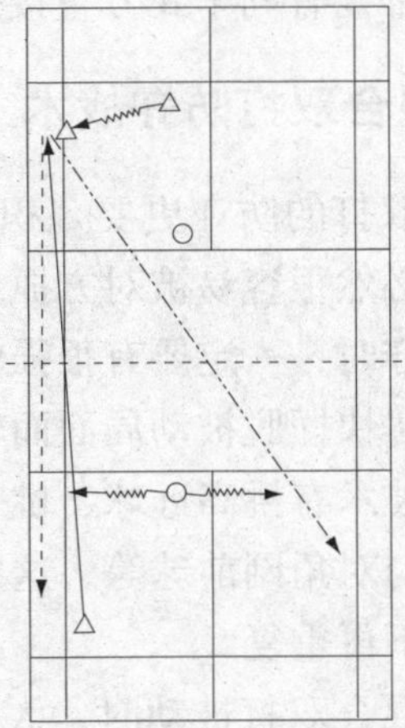

图 388

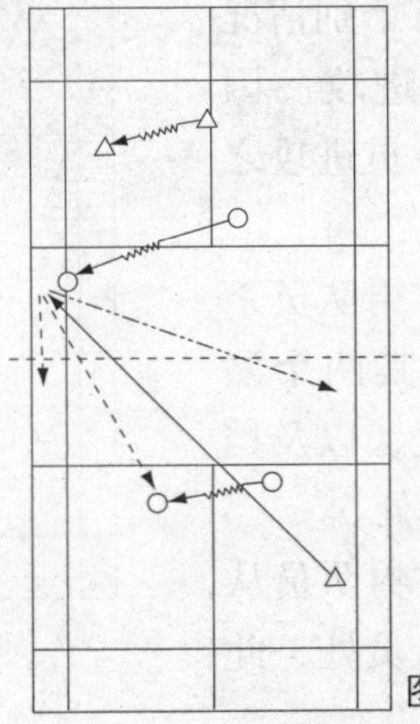

图 389

总之，女队员主要封直线球及过中路的对角球，如对方打出高质量的对角网前球，当然也要由女队员去处理，那就比较被动了。

可见，在混双比赛中，女队员的水平高低直接影响整个混双水平，因为双方都想从女队员身上找到主动权，在控制中大部分是打前半场球。此时女队员如封网能力（判断、反应、出手、突变能力）强，则可减少我方男队员失去重心的可能，增加对方男队员的困难，有利于我方直接获得主动权。

2. 混合双打防守战术

混合双打的防守更要“积极防守”和“守中反攻”，如果消极防守，必然很容易被对方抓住薄弱环节进行攻击。因此，当处于被动防守时，一定要有很强的“积极防守”和“守中反攻”的意识才能尽快摆脱被动局面而转入反攻。

防守技术有挑高远球、挑平高球、反抽平球、半蹲抽挡、挡网前球和勾对角网前球等，这些防守技术的要求与作用和双打相同，这里不再重复。

当在混合双打被动时，大部分是对方男队员进攻，只有个别情况是对方的女队员在后场进攻。因此，主要研究在对方男队员进攻之下守中反攻的防守战术。

如图390所示，对方男队员杀直线，我方女队员可打其两个漏洞，即左边上下两斜线处，以及挡一直线网前，即右边斜线处。

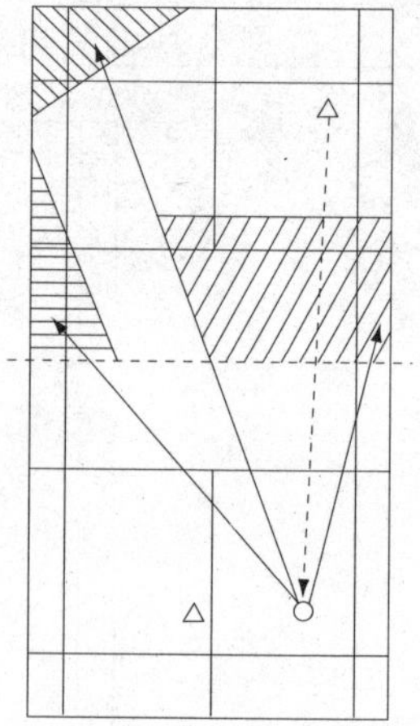

图 390

如图391所示，对方男队员从头顶区杀对角的我方女队员处，此时对方封网的漏洞与弱区在左上和右下两斜线区。也可挡在一直线网前（左下斜线区）。

如图 392 所示，对方男队员从正手区杀直线我方女队员，此时对方封网的漏洞与弱区是在右边上下两斜线处，但也可挡一直线（左斜线区）。

如图 393 所示，对方男队员正手杀对角我方女队员，此时对方封网的漏洞与弱区是在左下和右上两斜线处，但也可挡一直线（右下斜线区）。

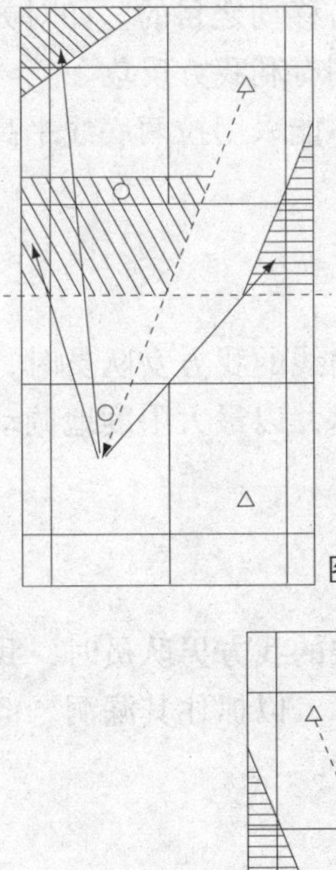

图 391

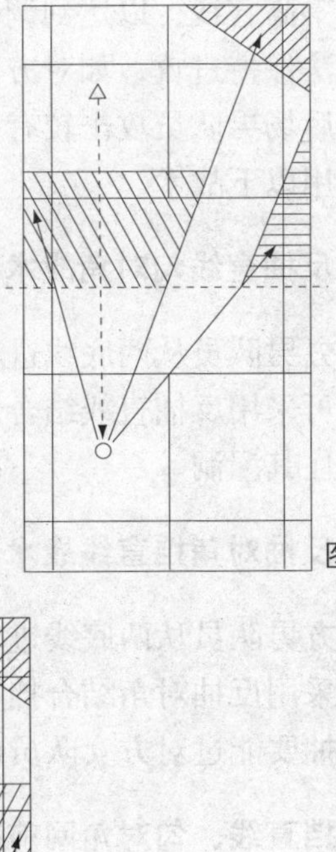

图 392

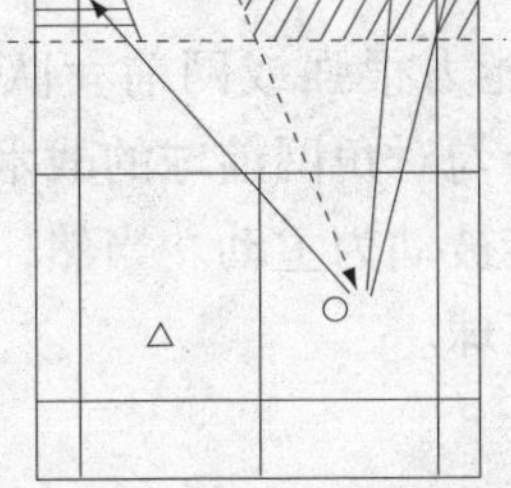

图 393

从以上4图中可以看出，后场和前场都各有一个漏洞，但是打到上述漏洞是否就可达到守中反攻的目的，还要看对方移动和我方回击的质量。

(1) 挑两底线平高球

遇到那些前场女队员封网很紧很凶而后场男队员进攻威胁不大的配对时，可采用这种战术，以避开其优点而抓住其弱点，从守中反攻，这样既简单又有效。即所谓杀直线、挑平高对角，杀对角，挑平高直线，以达到调动对方左右移动之目的。如对方移动慢就无法保持进攻，如对方盲目进攻则有利我方反攻。

遇到后场男队员攻击较有力时，就不能采用拉两底线平高战术，而改用以下战术。

(2) 反抽直线勾对角战术

当对方男队员从两底线进攻站在对角线的我方女队员时，我方女队员可采用反抽直线结合勾对角战术，以最大限度地调动对方，并抓住其漏洞。

(3) 反抽对角挡直线战术

当对方男队员从两底线进攻站在直线的我方男队员时，我方男队员可采用反抽对角结合挡直线的战术，以抓住其漏洞。但应注意，反抽要能过对方女队员的封网高度。

(4) 挡直线、勾对角网前战术

碰到对方男队员进攻能力很强或网前女队员封网能力较弱时，我方可采用挡直线结合勾对角网前球的战术对付。只要挡和勾的质量有保证，就容易转被动为主动。当然，女队员要逼进封住其直线区，逼对方打出高球。

3. 混合双打中应注意的几个问题

(1) 一些规律性的问题

①从发球路线看，主要是以发 1 号区为主，其次是 2 号区和 4 号区，很少发 3 号区球。

②从接发球的球路看，主要以接发对角线为主，特别是从 1 号区接发两边中场球较多，而且落点都在两边中场处。其次是后场球，放网前球极少。

③在行进间球路的规律是以直线球路为主。

根据以上规律，应该注意以下几个问题：

第一，注意处理好 1 号区的接发球。

第二，第三拍要注意处理好和控制好两边中场球。

第三，在行进间女队员要注意封直线球，兼顾对角球。

(2) 技术上应注意的问题

①在手法上要注意掌握变线能力及控制能力。盲目地用力击球往往会造成控制不住球和变线能力也不够的后果。

②击球点要高，这样有利于平推、平抽和下压球。

③不要只知打快，而缺少快慢结合，要注意运用假动作。

④女队员在封网击球时，要注意能向下扑的球才用力扑压。如只能推的球，则不要太用力，以免让对方后场的男队员较易控制。以轻推半场球为佳。

⑤女队员的网前站位不要太近网，以利增强封网能力。

⑥封网时，拍子要举得高些，以便直接向前或向下封压。要减少向后引拍的时间，提高封网的威胁性。

⑦封网时，封到球后不要急于向中场回动，而应该迅速调整好，做好再封直线的准备。

⑧当双方男队员在进行直接控制时，女队员如无把握则不要冒险抢球，倒是要注意万一对方变线抽对角，女队员要能封得住，以减少男队员的压力，以利于男队员调整到有利位置。

⑨当我方获得主动进攻，但对方女队员已退至较好的对角防守位置时，不要勉强地攻击她，而应采用过渡进攻的办法，使自己获得更有利的进攻位置，再进行第二次进攻。

六、身体训练方法

（一）身体训练的意义与作用

身体训练是指运用各种身体练习的方法与手段，全面提高与改善运动员的形态、机能、健康和素质水平等4个方面因素的训练过程。

身体训练可分为全面身体训练和专项身体训练。

全面身体训练是指在训练中，采用多种多样的非专项的身体练习手段和方法，改善运动员的身体形态，增进运动员的健康，提高运动员各器官系统的机能和全面发展各种运动素质。

专项身体训练是指在训练中，采用与专项有紧密联系的专门性动作的身体练习手段和方法，发展、改善与专项运动成绩有直接关系的专项运动素质和专项所必需的身体形态、机能和素质。

全面身体训练水平是专项身体训练水平提高的基础。因此，全面身体训练与专项身体训练有密切的联系，在具体安排时应根据全队总体的身体素质水平和技术水平，确定技术训练与身体训练的比例，使身体训练中全面与专项的比例合理而科学。

身体训练的意义与作用主要表现在以下几个方面：

第一，良好的身体训练水平是提高技、战术水平和运动成绩的基础。

进行全面身体训练，能全面提高机体各器官、系统的机能，并能全面地培养发展运动员的力量、速度、耐力、灵敏及柔韧等运动素质，使身体获得健康和协调发展，具有完备的从事专项运动的工作能力。

羽毛球运动要求运动员必须具备速度、力量、耐力和灵敏等素质，但又不是周期性的运动素质，而且对技、战术的要求甚高，故只靠技术、战术训练不可能达到对所需要的身体素质的要求，只有通过加强全面身体训练，才能达到身体训练水平的提高，从而满足技、战术的需要。

第二，身体训练水平高是运动员承担大负荷训练和激烈比赛的基础和需要。

由于当前世界羽毛球运动竞争相当激烈，技术也达到相当高的水平，为了在国际大赛中取得较好的成绩，必须在平时训练中采用大负荷或超负荷训练，才能使机体适应大负荷或超负荷训练要求，从而提高机体适应大强度比赛的激烈竞争的能力，并取得好成绩。

据资料统计，当前世界高水平羽毛球比赛的强度越来越大，运动员在场上反复快速移动（起动、移动、起跳、急停、回动）的次数达500次左右。而在完成各种起动、急停、起跳、回动的动作中，均以快速爆发式完成。因此，运动员需要具备相当好的身体训练水平。从某种意义上讲，高水平的羽毛球比赛不仅是技术、战术、心理的交锋，也是身体训练水平的交锋。

第三，良好的身体训练水平有助于培养运动员良好的意志品质，并在比赛中能保持稳定、良好的心理状态。

当今世界羽毛球比赛竞争越来越激烈，对运动员的意志品质、心理素质要求也越来越高。而心理素质的培养，特别是意志品质的培养是建立在良好的发展身体训练的基础上。提高身体训练水平的过程，也是运动员适应自身身体变化的一个极其艰苦的过程，这个过程对人的意志品质的影响也是极为深刻的。我们通常在身体训练的过程中采用竞赛手段和达标或超标减次数的手段，培养运动员强烈的取胜欲望及完成指标的动力；采用运动员最怕的项目作为意志品质的训练项目来提高意志品质。运动员经过艰苦的训练提高了身体训练水平，心理因素也得到了提高，对于进行快攻打法也感到心中有数，有足够的速度耐力作后盾，当然心理也就比较稳定。

第四，良好的身体训练可防止受伤，延长运动寿命。

运动员受伤一般发生在机体疲劳之后，此时，肌肉能力下降，如果突然做了一个不正确的动作，就容易出现关节扭伤，或是由于反复进行某一关节的大幅度运动（如大力杀球、反复上网或肩关节和膝关节周围的肌肉力量不足）也容易引起肌肉拉伤。因此，要特别以注意加强肩、肘、腕、髋、膝、踝关节周围大肌肉群的训练，对关节周围的小肌肉的训练也不能忽视。总之，加强身体训练，从而提高机体的机能水平，也同样增强了抗疲劳的能力，从而达到防止肌肉受伤的目的，或在外伤不可避免的情况下减轻其严重程度。

在现代训练中运用加强全面身体训练来延长运动寿命的意识已越来越被人们所重视。通过身体训练所获得的身体素质水平越高，机能水平也就越高，相应地保持高水平的竞技状态的时间也就越长。

（二）身体训练的基本要求

第一，身体训练在多年训练过程中要有计划地、全面地、合理地、按比例地进行安排。

身体训练是训练计划的一个重要的、必不可少的组成部分，而且还应该同步进行技术训练、战术训练、心理训练和智力训练。身体训练计划必须包括长期计划和短期安排。

全面地安排身体训练是指身体训练内容的选择与确定要做到全面，不要顾此失彼，过分单一。但是“全面”也并非等于不论什么人、什么时候什么都练、什么都发展，而且应该分清在什么阶段以发展什么为主。总体上，要抓住运动素质的“敏感期”重点训练。具体在某一堂课中也要分清以抓什么素质为主，最终实现身体素质的全面提高。

合理地安排身体训练，是指根据不同的训练对象、训练时期和项目有针对性地安排身体训练内容。

第二，身体训练应紧密结合羽毛球运动专项特点，抓住重点提高身体训练水平，促进技术水平的提高。

身体训练的安排应围绕羽毛球运动专项的特点来安排。力量素质是运动素质的基础，必须重视。但羽毛球运动需要的不是发展如举重运动需要的绝对力量，而是应该在具有一定的绝对力量的基础上发展速度力量（爆发力）和力量耐力，以适应在比赛场上的奔跑、蹬、跳、跨以及上肢的连续击球所需的速度力量及力量耐力。

发展速度素质是羽毛球运动训练的核心，应加强反应速度、动作速度（动作频率）和移动速度，提高灵敏性，以适应羽毛球运动的反应起动的需要，短距离移动和急停、回动与变向变速移动及击球的需要。

发展耐力素质也是羽毛球运动训练的另一个重要课题。研究证实，羽毛球运动需要的供能是混合供能形式，一定要有较好的有氧代谢能力，在此基础上发展速度耐力。一定要有较好的有氧代谢能力，特别是ATP-CP的供能能力要大大提高，以保证比赛所需的速度耐力。

在抓主要身体训练素质提高的同时，不应忽视其他身体素质的训练，尤其是柔韧性素质必须从少年儿童时期就抓起，发展羽毛球项目所需要的肩、腕、腰、髋、踝关节的柔韧素质。否则，随着年龄增大，柔韧素质“敏感期”过了，要想再提高就比较困难，从而造成完成动作的幅度不大，韧带僵硬，影响技、战术水平的进一步提高。

应该充分认识到羽毛球运动对身体素质的要求是相当高的。可以说必须具备“十项全能”运动员的素质，而且还要在非周期性的跑动中去回击每一个球，其难度是很大的，要求也是很高的。因此，必须以发展全面的身体素质为基础。这个基础水平高，必然就为更高地发展专项素质及专项运动水平打下更好的提高基础。

第三，身体训练要与技术训练、战术训练相结合。

身体训练水平是提高技术、战术能力，实施战术配合的重要先决条件。同时，掌握了先进的技术、战术又相应地促进了身体训练水平的更快发展，以适应先进技术的需要。例如要形成变速突击打法，则后退加速起跳突击是最关键的技术动作，这就对运动素质提出了更高的要求：必须有快速侧身后退突然后蹬起跳的能力、前臂和手腕快速闪腕发力的能力和腰腹肌强有力的收腹能力等，具有这一整套的身体素质的能力，才能满足先进技术的需要。

当身体训练达到一定水平之后，必须紧密地结合专项技术动作进行训练，以便更快提高专项身体训练水平，以促进运动成绩的提高。

第四，身体训练安排要因时、因项、因人而异，从实际情况出发。

身体训练要因时而异，指的是在不同大周期和不同阶段，都要根据训练任务和要求安排不同项目、比例、负荷和强度，赛前阶段就有明显的不同。例如在冬训阶段安排大负荷、大强度的身体训练，使运动员产生一些不适应的反应，如酸痛、抽筋、头昏、呕吐等并可能影响到第二天的技术训练，从长远计划来看这都是正确的安排。如果把这种训练安排在赛前训练阶段就是一种错误，会造成不良的后果，对提高运动成绩和培养良好竞技状态不利。

身体训练要因项而异，必须根据运动员从事的比赛主项是单打还是双打、混双来考虑和安排。单打移动范围要比双打、混双大，所需的速度耐力水平要高；双打要求的动作速度、爆发力比单打强，而且更需具备连续强攻的能力，所需的力量耐力比单打高。因此，必须根据个人所承担的主项的不同特点来安排身体训练内容，不能千篇一律。

身体训练要因人而异，要根据每个运动员的实际情况而区别对待。

（三）身体训练的依据、内容与方法

羽毛球运动员的身体训练应根据羽毛球运动项目的特点和“快、狠、准、活”的技术风格的需要来安排训练内容和方法。

1. 身体训练的依据

制订羽毛球运动员身体训练计划时，必须考虑和依据以下特点：

(1) 羽毛球运动的特点。羽毛球运动是一项隔网对抗性强的比赛项目，表现为进攻与防守的统一性，具有高重心、低重心、向前、向后、向左、向右移动以及在不同高度、角度击球的要求，在击球的时间与空间方面充分反映了速度的对抗和准确性、控制能力对抗的项目特点。

(2) 运动量大的特点。因比赛不受时间限制又不得借故暂停进行指导和休息，故没有喘息机会。因此，比赛中心率180次/分钟以上的情况占总时间的80%以上，故要求运动员必须具有极好的心血管机能和充沛体力。从羽毛球比赛的时间结构看，1~10秒的对抗占80%~90%，也有20~40秒的拉锯式的争夺，因而决定了羽毛球运动能量代谢的特点是混合供能，但以无氧代谢为主，特别是以 ATP-CP 供能为主。

(3) 场地移动范围不大，但移动速度必须极快，并要求步法到位。因此，要求运动员必须具备良好的起动、回动、急停、急动、变向加速移动的能力。灵活性、协调性要很好，要具有合理的步法结构。因此，进行步法的专项身体素质训练具有十分重要的意义。

(4) 手法和步法的协调配合要好。因此，要求运动员必须具备较好的协调和柔韧素质。

(5) 比赛中攻守的转换非常快，战术要求具有突变性、灵活性。因此，要求运动员具有较好的心理素质和智力水平。

由此可见，羽毛球运动员的身体训练内容和方法，必须抓好如下几点：

第一，抓好力量素质训练，这是身体素质的基本素质，缺少了力量素质，其他素质的提高和发展都要受到限制和影响。在提高力量素质中，主要是提高速度力量（爆发力）和力量耐力。

第二，狠抓速度素质这项核心素质，发展反应速度、动作速度（动作频率）和移动速度，提高运动员的灵敏性。

第三，抓住耐力素质这重要环节，主要提高速度耐力素质，以保证比赛时所需的体力要求。

第四，抓好柔韧素质的训练。

总之，在进行各种身体素质训练时，一般以发展速度和灵敏的训练手段为主。

2. 身体训练的内容与方法

(1) 力量素质的训练

力量是指人体肌肉收缩时克服外界阻力和反作用于外界阻力

的能力。力量素质是人体的基本素质，它对其他素质的发展起着积极的作用，更是掌握和提高技术、战术的基础，也是取得优异成绩的基础。总而言之，一切体育活动离不开力量素质，故发展力量素质是运动员训练的重要任务之一。

①力量素质分类

力量素质分最大力量、快速力量、力量耐力 3 种。

最大力量：最大力量（也称绝对力量）指运动员以最大限度收缩对抗一种恰恰还能克服的阻力时所发出的最高力值。

快速力量：快速力量是力量与速度综合在一起的一种特殊的力量素质。其表现形式有起动力、爆发力、反应力等。

$$爆发力指数\ I=\frac{尽可能达到的力量}{达到上述力量所花的时间}$$

力量耐力：力量耐力是力量和耐力的综合素质。主要指运动员在克服一定外部阻力时，能坚持尽可能长的时间或重复尽可能多的次数的能力。

力量耐力分为动力性耐力和静力性耐力。

动力性耐力又分最大力量耐力（重复发挥最大力量的能力）和快速力量耐力（重复快速发挥力量的能力）。

力量素质包括的这 3 种力量之间，有着密切的关系，最大力量是快速力量的基础，快速力量与力量耐力也有很密切的关系。这 3 种力量素质在训练中是互相影响、互相促进同时又是互相制约的。羽毛球运动需要的是快速力量和快速力量耐力。

②力量素质训练内容和方法

根据羽毛球运动的特点，要着重发展快速力量和动力性的力量耐力。应该看到，提高和发展以上两种力量素质必定要基于最大力量水平。因此，提高上下肢大肌肉群的绝对力量是很必要的，但这并不是最终目的。力量训练最终应围绕提高动作速度，增强连续、反复的跑动、跳蹬、跳跨和击球的能力来进行。

全面力量训练可采用辅助器材。发展比赛中承受主要负荷的肌肉群的练习属于专项力量练习。

A. 上肢力量练习

可采用杠铃、橡皮筋、哑铃、壶铃、实心球、双人、肋木、双杠、拉力器、垒球等进行练习。

(A) 杠铃练习

a. 推举

颈后推举：两脚开立，肩负杠杆，屈肘，两手紧握杠铃横杠（图 394），做颈后向上推举练习。反复进行。

胸前推举：两脚左右开立，两手紧握杠铃横杠置于锁骨前，做胸前向上推举练习（图 395、396）。反复练习。

图 394

图 395

图 396

仰卧推举：仰卧在卧推架长凳上，取下杠铃做向上卧推动作(图 397、398)。反复练习。

图 397

图 398

杠铃架上推举：两脚左右开立，屈肘，紧握杠铃横杠，向上推举（图 399)。

图 399

b. 颈后举：两脚左右开立，两手正握杠铃横杠，两臂上举后屈肘将杠铃置于肩后，做向前上伸臂动作（类似挥拍动作，图400、401）。反复练习。

图 400

图 401

c. 正屈伸：两脚左右开立，两手正握杠铃横杠提至腹前，以肘关节为轴，做两臂屈伸动作（图 402、403）。

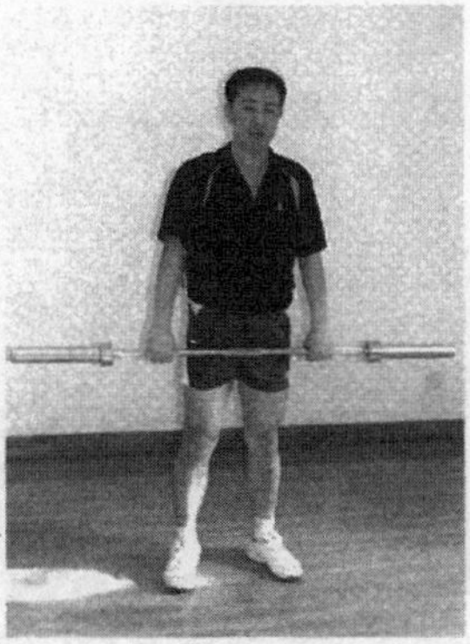
图 402

图 403

反屈伸：两脚左右开蹲立，上体稍前倾，两手反握杠铃横杠提至膝前，以抵在膝上的肘关节为轴向胸前做向上提铃的反屈伸练习（图 404、405）。反复练习。

图 404

图 405

腕屈伸：坐在长凳上，上体前倾，屈肘，两手反握杠铃横杠，反复进行腕关节屈伸练习（图 406、407）。也可做两手正握杠铃横杠，反复进行腕关节屈伸练习。

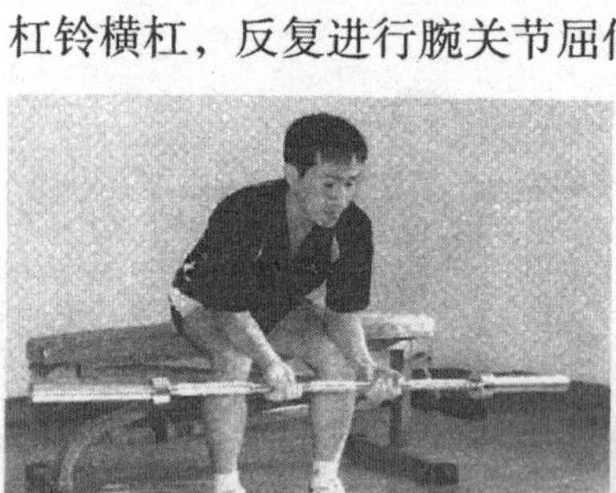
图 406

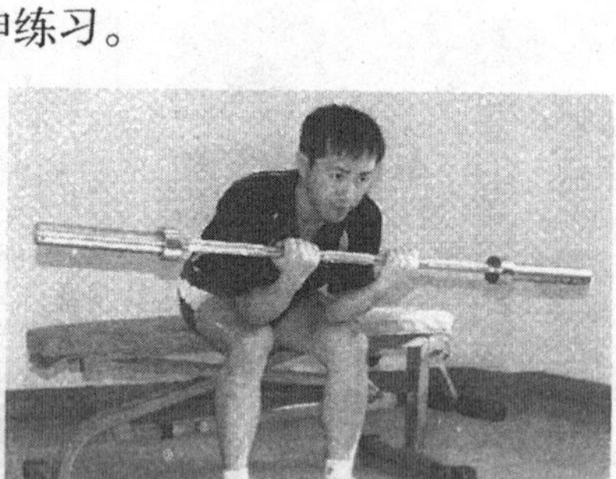
图 407

d. 屈前臂：两脚左右开立，上体前屈，两手提杠铃横杠于膝前，以肘关节为轴做屈前臂动作（图 408、409）。反复练习。

图 408

图 409

e. 仰卧直臂前举：仰卧在长凳上，两手持杠铃横杠于头后，然后直臂前举至胸前成卧推姿势（图 410、411）。反复练习。

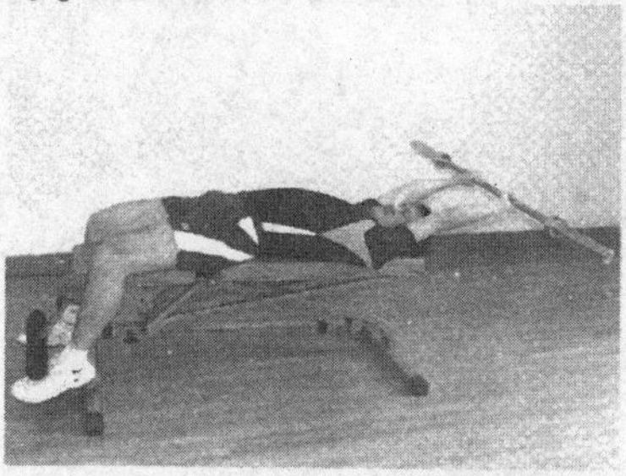

图 410

图 411

（B）橡皮筋练习

a. 颈后拉力：两脚前后站立（左前右后），右臂屈肘，前臂置于颈后，右手握固定的橡皮筋的一端，做向前挥拍动作（图412、413）。反复拉动。

图 412

图 413

b. 双臂前摆：两脚左右开立，两手握橡皮筋，从肩后向前做摆臂动作（图 414、415）。反复练习。

图 414

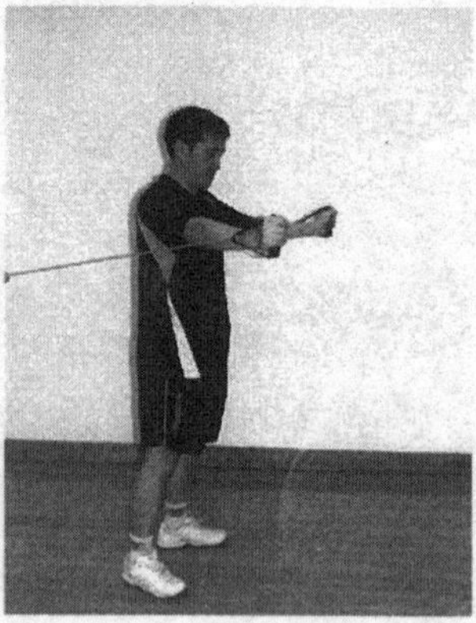

图 415

c. 前臂屈伸：两脚左右开立，脚踩橡皮筋，两手握橡皮筋，两臂屈肘置于体侧，做前臂屈伸动作（图 416、417）。反复练习。

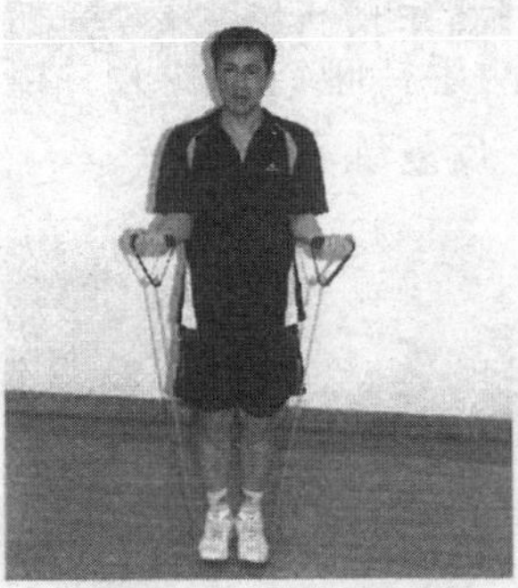

图 416

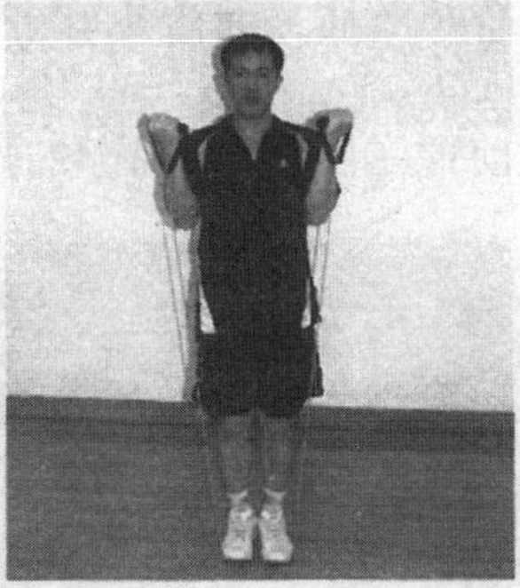

图 417

（C）哑铃练习

a. 颈后举：两脚自然开立，屈肘，上举哑铃于头后（图 418），做挥拍的颈后举动作。反复练习。

b. 胸前大回转：两脚左右稍开立，两手持哑铃置体侧，两臂依次做胸前大回转动作（图 419）。反复练习。

图 418

图 419

c. 前后摆臂大回转：两脚稍开立，两手持哑铃，做前后摆臂向前大回转动作（图420、421）。反复练习。

d. 前臂屈伸：两脚稍开立，两手持哑铃置腿旁，以肘关节为轴，做前臂屈伸动作（图422）。反复练习。

图 420

图 421

图 422

e. 仰卧扩胸：仰卧在长凳上，两手持哑铃，做扩胸动作（图423、424）。反复练习。

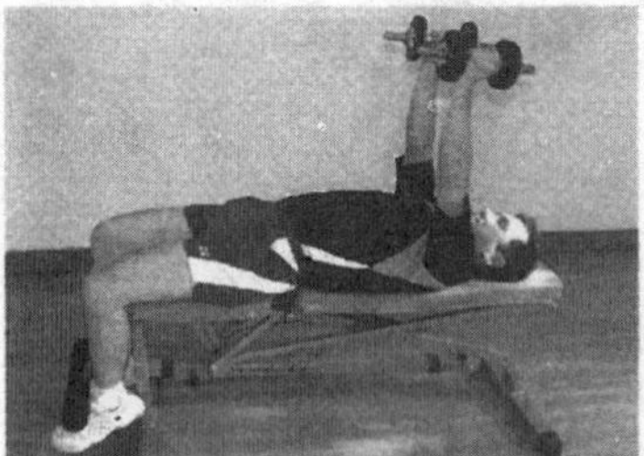

图 423

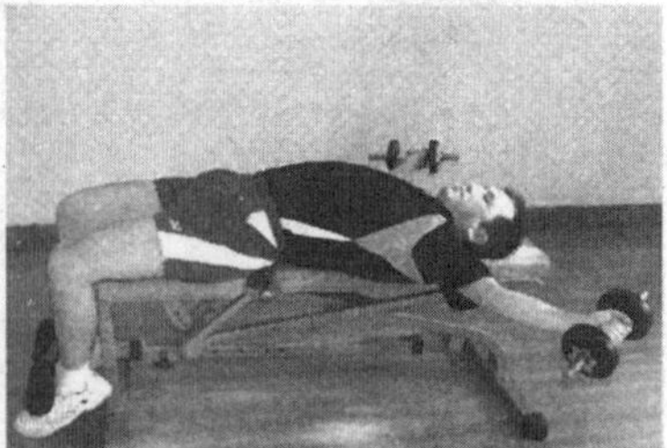

图 424

f. 手腕屈伸：右手持哑铃，前臂置于凳子上，做手腕屈伸动作（图425）。反复练习。

g. 屈前臂：坐凳子上，两手持哑铃，以肘关节为轴，做屈前臂动作（图426），两臂交替。反复练习。

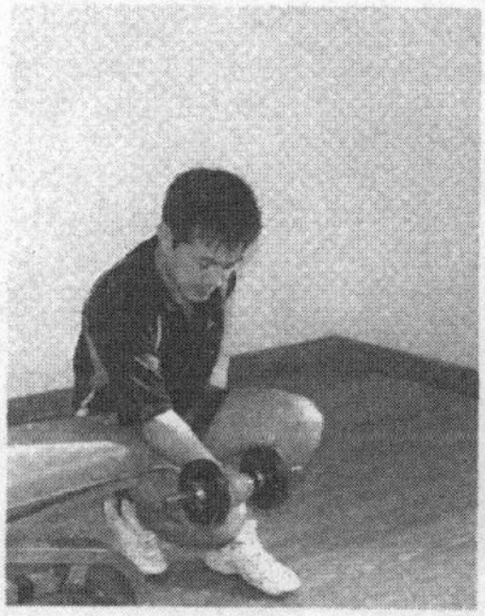

图 425

图 426

h. 上体前屈两臂前后举：两脚左右开立，上体前屈，两手持哑铃，做两臂前后举动作（图427）。反复练习。

图 427

i. 直臂上举：两脚自然站立，两手握哑铃置于体侧，两臂直臂交替上举（图 428）。反复练习。

图 428

j. 直臂举：仰卧在凳子上，两脚并拢，两手紧握哑铃置于头后（图 429），做直臂举哑铃至胸前动作。反复练习。

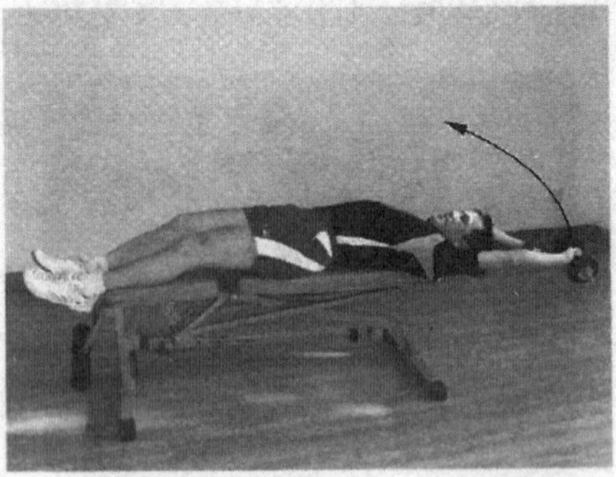

图 429

k. 侧平举：两脚左右开立，两手握哑铃置于体侧，两臂直臂缓慢侧平举（图 430），然后缓慢回至膝旁。反复练习。

l. 屈肘上提：两脚左右开立，两手持哑铃，置于腿旁，做屈肘上提动作（图 431）。反复练习。

图 430

图 431

m. 仰卧扩胸：仰卧在长凳上，两手侧平举各持哑铃，两臂向上直臂举起哑铃，然后做扩胸动作（图 432）。反复练习。

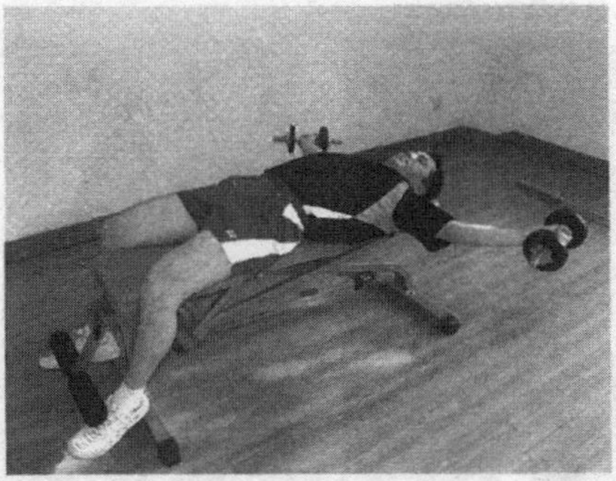

图 432

(D) 壶铃练习

转腕：用一根绳把壶铃悬挂在铁棍上，铁棍两端架在架子上，两手正握铁棍（图 433），向前或向后交替扭转铁棍，直至把壶铃转至铁棍上。反复练习。

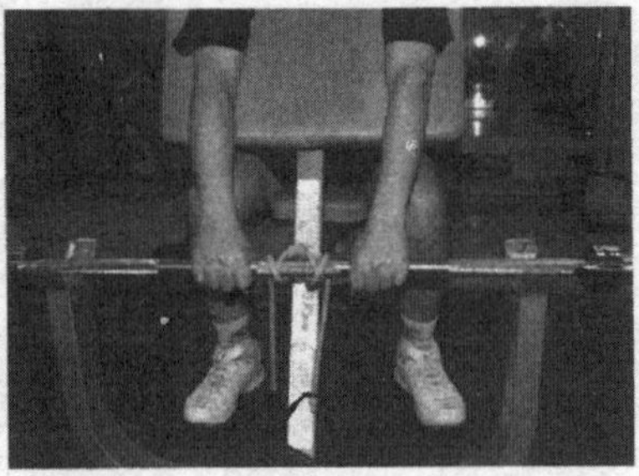

图 433

(E) 实心球练习

a. 伸臂：左脚在前，右脚在后，双手持球上举（图 434），接着屈肘，两手持球置于头后（图 435），做向上伸臂动作。反复练习。

图 434

图 435

b. 臂上举：双脚左右开立，两手持球，伸臂上举，抬头挺胸（图 436），然后双手持球置于胸前。反复练习。

图 436

c. 双手向前掷球：两脚前后开立，左腿在前稍屈膝，上体稍后仰，两手持球于头后上方（图 437），做向前送髋、挺胸、振臂向前掷球的动作。反复练习。

d. 单手投掷球：两脚左右开立，右手持球于肩后上方，右腿稍后撤并屈膝，向右转体成左侧对投掷方向（图 438），然后向前做投掷动作。

图 437

图 438

(F) 双人练习

a. 支撑爬行：练习者的两腿由同伴抬起，成两臂支撑姿势(图 439)，做向前爬行的动作。两人交换反复练习。

b.俯卧撑：练习者的两腿由同伴抬着做俯卧撑（图 440)。两人交换进行练习。

图 439

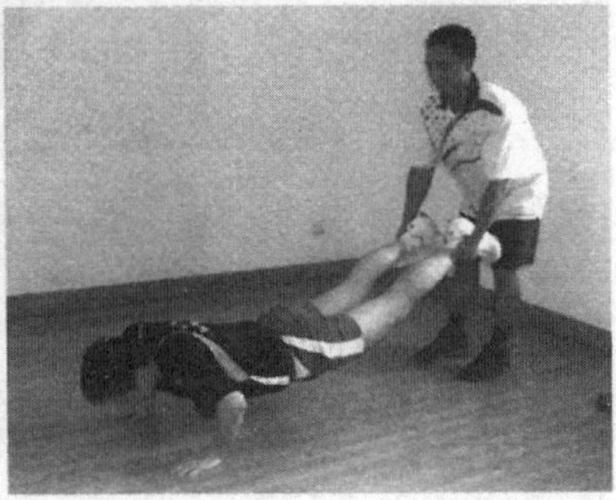

图 440

c. 两人拉肩：两人背靠背站立，两臂上举，互握手，各自向前迈一步，挺胸成背弓（图 441)，复原姿势后反复练习。

图 441

(G) 肋木练习

a. 肋木引体向上：面对肋木，两手正握肋木悬垂，连续做引体向上动作（图 442)。

图 442

b. 俯卧撑：两脚放在肋木或类似的横木上连续做俯卧撑动作（图 443)。

图 443

（H）双杠练习

双杠臂屈伸：杠内两臂支撑（图444），做两臂屈伸动作（或脚负沙袋加重负荷）。反复练习。

图 444

（I）拉力器练习

直臂前拉：背对拉力器，一臂后伸，握住拉力器把手（图445），做直臂向前拉引动作。两臂交换，反复练习。

图 445

(J) 垒球练习

a. 垒球掷远：练习者分站在两边（图 446），对掷垒球。反复练习。

图 446

b. 对墙掷球：练习者将球向墙掷去，反弹回来时接住再掷（图 447、448）。反复练习。

图 447

图 448

B. 腰腹力量练习

可采用杠铃、实心球、杠铃片、哑铃或徒手进行练习。

(A) 杠铃练习

a. 体侧屈：两脚左右开立，肩负杠铃，两臂侧举，手扶杠铃横杠，向左右侧做屈体动作（图 449）。反复练习。

图 449

b. 两侧转体：两脚左右开立，肩负杠铃，两臂侧举，手扶杠铃横杠，向左右侧转体（图 450）。反复练习。

图 450

c. 体前屈：两脚左右开立，肩负杠铃，两手握杠铃横杠，做体前屈动作（图 451）。反复练习。

图 451

d. 提杠练习：两脚左右开立，上体前屈，两臂伸直，正握杠铃横杠，然后上体迅速抬起成直立姿势（图 452、453）。反复练习。

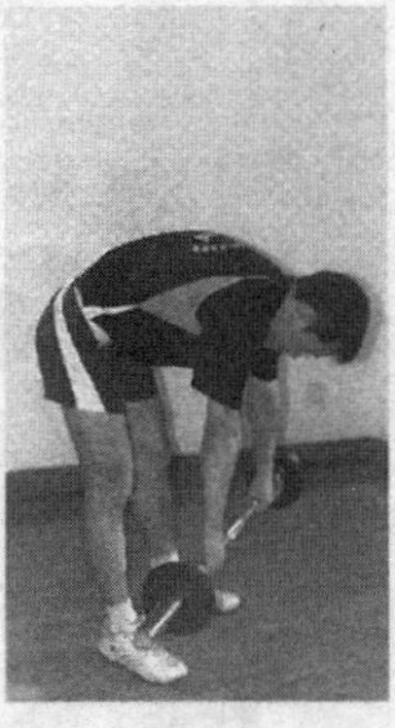

图 452

图 453

(B) 实心球练习

a. 夹球举腿向头后伸：仰卧，两臂伸直贴近体侧，两脚夹紧实心球向上举腿，并向头后伸（图 454—456），使球触地后还原。反复练习。

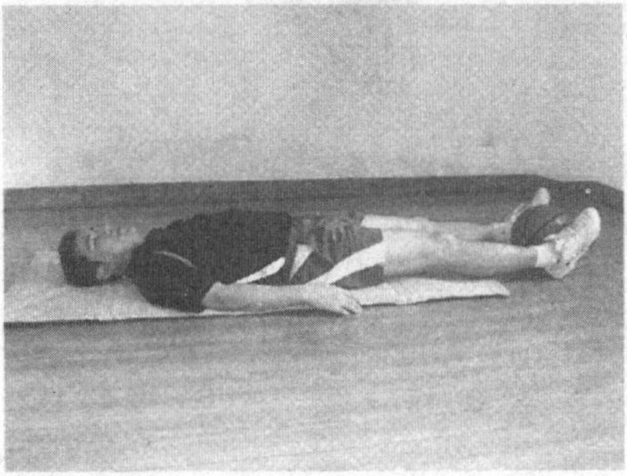

图 454

图 455

图 456

b. 双人转体传球：两人背靠背站立，相距适当距离，一人手持实心球，接着两人同时向左、向右转体传递实心球（图457、458）。两侧交替进行。反复练习。

图 457

图 458

c. 双人胯下传球成上举传球：两人背靠背站立，两腿开立，两臂上举，两人同持一球（图459），然后由一人持球，两人同时体前屈，持球人把球经胯下向后伸传给另一人（图460），交替进行，反复练习。

图 459

图 460

d. 持球大绕环：两脚左右开立大于肩宽，上体微前屈，两手持球，两臂伸直前举，做腰部大绕环动作（图 461）。向左右两侧交替进行，反复练习。

图 461

（C）杠铃片练习

a. 负杠铃片仰卧起坐：坐在垫子上，两腿并拢伸直，两手持杠铃片置于颈后（图 462），做仰卧起坐。反复练习。

b. 左右转体：坐在垫子上，两腿并拢伸直，两手持杠铃片置于颈后，上体向左右转动（图 463）。反复练习。

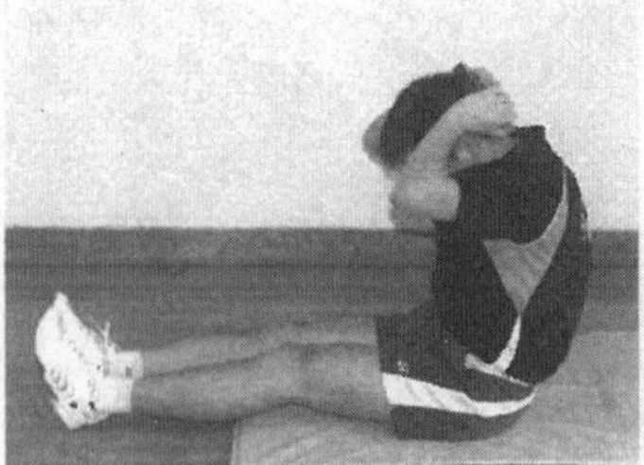

图 462

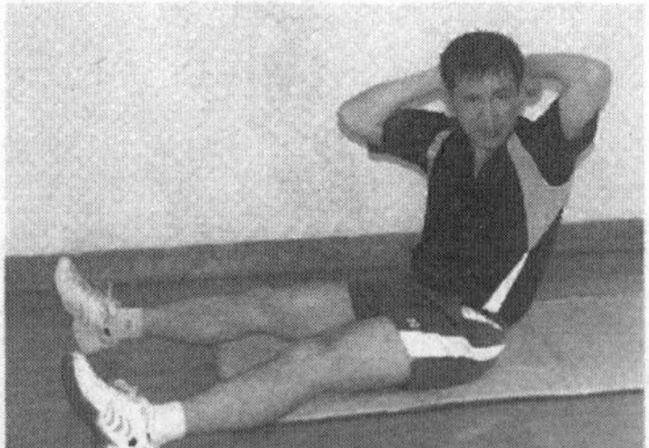

图 463

c. 高台仰卧起坐：仰卧在高台上，头在台外，两脚由同伴压住，两手持杠铃片放在颈后，做仰卧起坐动作（图 464、465）。反复练习。

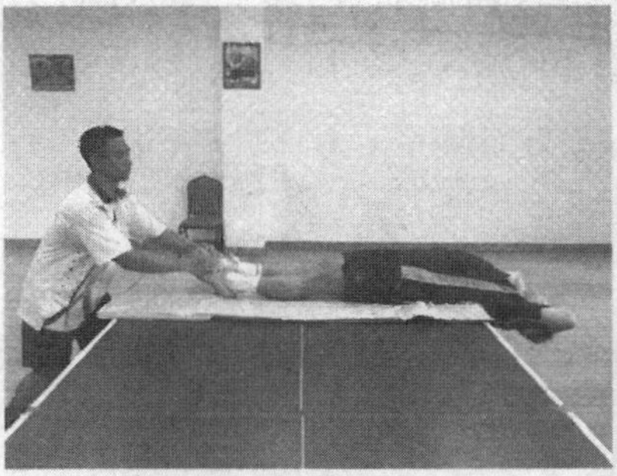

图 464

图 465

d. 体后屈：俯卧在器械上，脚跟紧紧抵贴器械，两手持杠铃片于颈后（图 466），做大幅度体后屈的动作。反复练习。

图 466

（D）哑铃练习

a. 腰部大绕环：两脚左右开立（大于肩宽），两手各握一哑铃，体前屈（图 467），接着做腰部大绕环动作。反复练习。

b. 仰卧起坐：仰卧在垫上，两臂向肩后伸，两手持哑铃，做仰卧起坐练习，并向前伸臂（图 468）。反复进行。

图 467

图 468

c. 举腿：坐靠在器械上，两手握住器械，两脚抵住器械，做举腿动作（图 469、470）。反复练习。

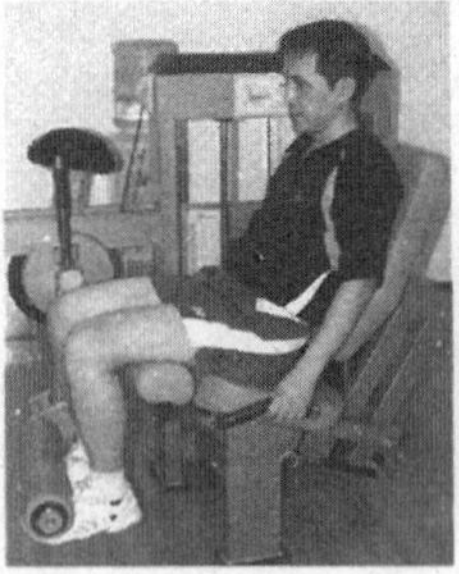

图 469

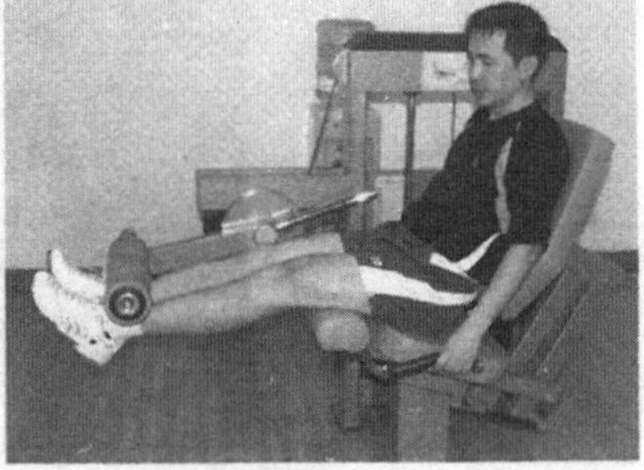

图 470

d. 上体屈伸：俯卧在器械上，两手持哑铃，上体伸展（图471），然后上体前屈。反复练习。

图 471

（E）徒手练习

a. 仰卧蹬“车轮”：仰卧于垫上，两手撑腰部，双腿上举，做蹬“车轮”动作（图472）。反复练习。

b. “V”姿势：仰卧于垫上，两臂侧平举，然后收腹，两腿、上体成“V”字形姿势，两手抱腿（图473），还原后反复练习。

图 472

图 473

c. 举腿后伸：仰卧于垫上，两腿伸直，两臂向肩后伸，做举腿后伸至头后动作，使脚尖触地（图474）。反复练习。

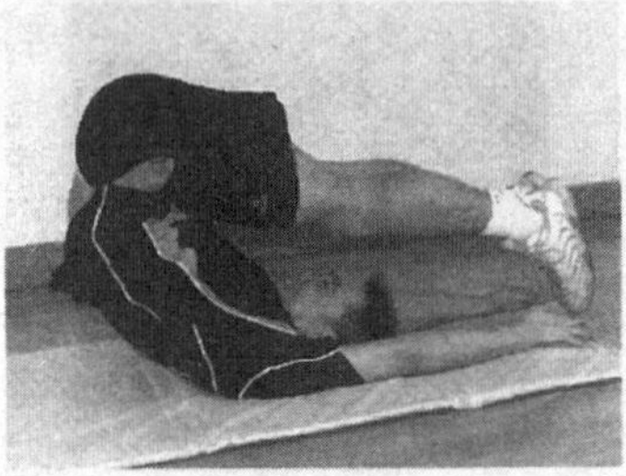

图 474

d. 左右摆腿：仰卧于垫上，两臂侧平举放于垫上，右腿伸直向左摆（图475），上体不动，腰及髋部扭转。两腿交替进行，反复练习。

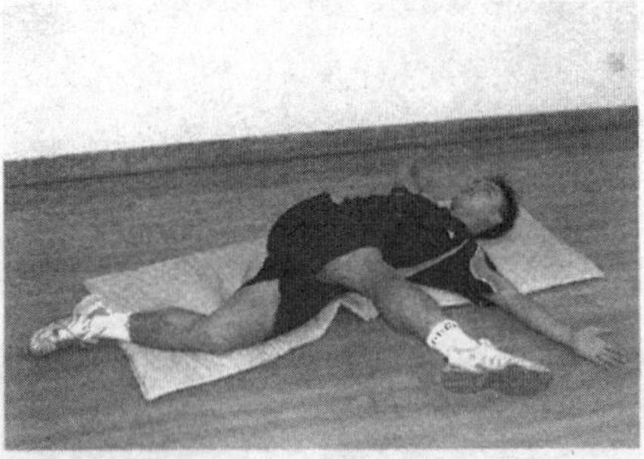

图 475

e. 左右转体：坐在垫上，上体稍后仰，两手置于头后，向左（图 476）右侧转体，臀部尽量不离开垫子。反复练习。

图 476

f. 双人体前屈与后倒：两人对坐，两腿伸直侧分，两人相对的脚互相抵住，两人对拉手，一人体前屈，另一人体后倒（图 477）。两人交替进行，反复练习。

图 477

g. 体绕环：两人对面坐，相对的手互拉，两腿伸直侧分，相对的脚抵住，做体绕环动作（图 478）。反复练习。

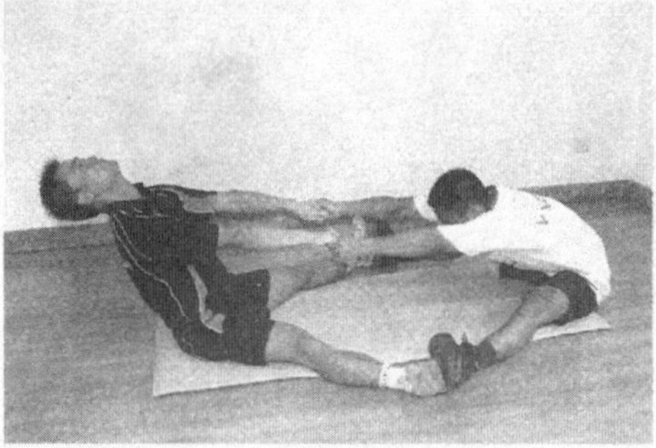

图 478

h. 左右侧摆腿：仰卧于垫上，两腿并拢伸直，在同伴帮助下，收腹举腿向左右侧摆腿（图 479），脚跟着地。反复练习。

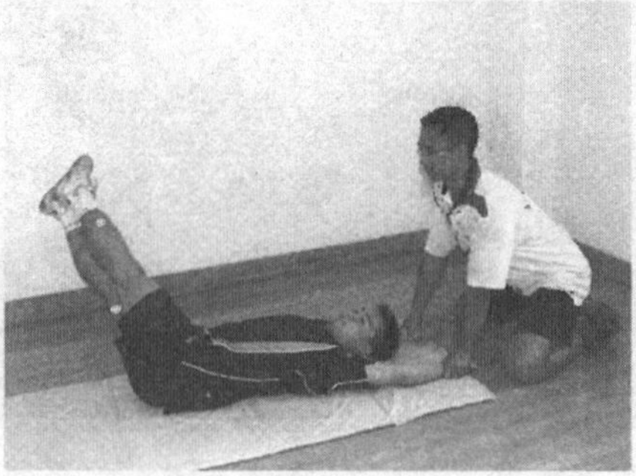

图 479

i. 直腿上举：仰卧在垫上，两臂侧举放在垫上，直腿上举，同时，同伴给予一些阻力（图 480），反复练习。

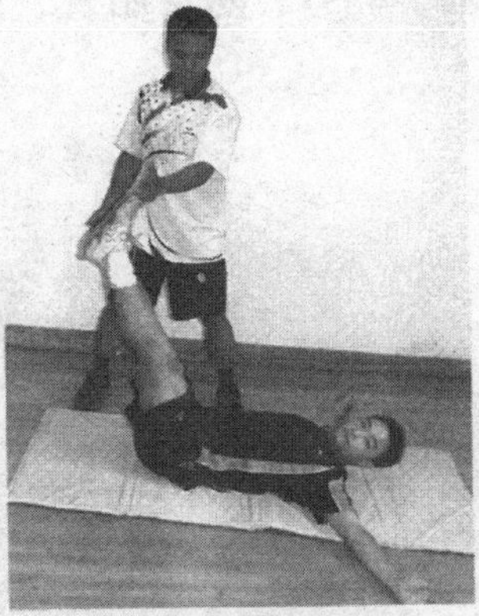

图 480

C. 下肢力量练习

可采用杠铃、哑铃、锯末跑道、台阶、跳绳、徒手、斜坡跑道、爬山、跳箱、沙包、沙衣、沙坑等进行练习。

（A）杠铃练习

a. 深蹲起：肩负杠铃，进行深蹲起（图 481）。反复练习。

图 481

b. 抓举：两脚开立，两手正握，抓举起杠铃成左（右）脚在前的弓箭步（图 482、483），然后站直，两脚左右开立，反复练习。

图 482

图 483

c. 负重弓箭步走：肩负杠铃进行弓箭步走（图 484、485），反复练习。

图 484

图 485

d. 负重深蹲后跳起：肩负杠铃深蹲后向上跳起（图 486、487），反复练习。

图 486

图 487

e. 负重登凳：肩负杠铃，左脚踏在 0.5 米左右高的凳子上（图 488），接着迅速蹬直左腿，并随即将右腿抬起站立在木凳上。两腿交替进行，反复练习。

图 488

f. 负重行进间高抬腿：肩负杠铃，做行进间高抬腿练习（图489、490）。反复进行。

g. 负重跳：肩负杠铃，稍屈膝（图491），做原地向上跳跃（做前后左右分腿、并腿等跳跃）练习。反复做。

图 489

图 490

图 491

h. 负重半蹲起：肩负杠铃下蹲，当臀部触及凳子时，立即蹬直两腿（图492、493）。反复练习。

图 492

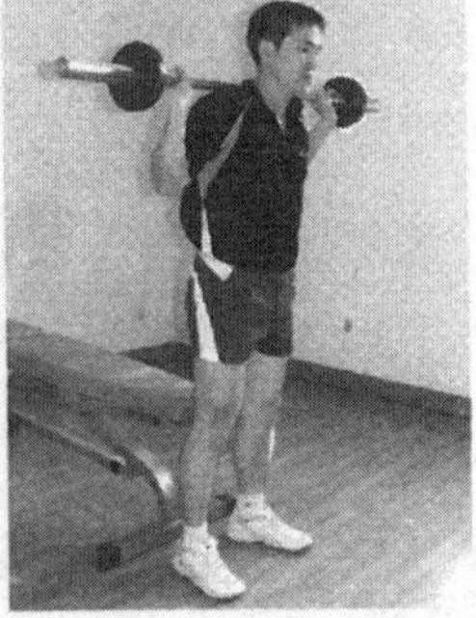
图 493

i. 负重弓箭步下压：肩负杠铃成弓箭步后（图 494），用力下压重心。两腿前后交替进行，反复练习。

图 494

j. 负重提铃：两脚开立，从深蹲提铃开始，做伸腿提铃置膝上动作（图 495），停留 4~6 秒，反复练习。

图 495

(B) 哑铃练习

a. 提铃后抛：上体前屈，双手紧握哑铃一端，稍蹲，向后做抛哑铃动作（图 496、497）。恢复原姿势，反复练习。

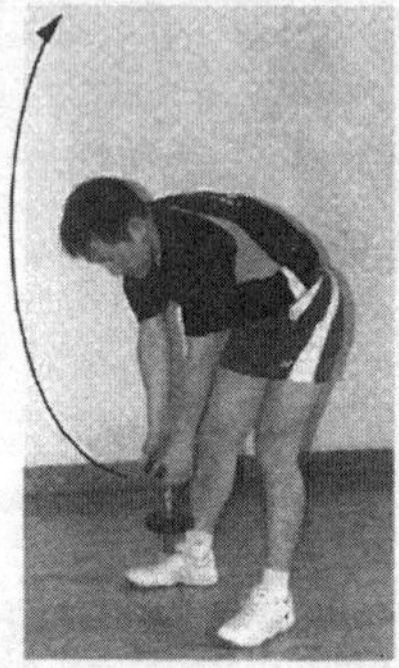
图 496

图 497

b. 蹲跳：两手持哑铃，两脚左右分开，深蹲在两个垫子间，做蹲跳动作（图 498、499）。反复练习。

图 498

图 499

（C）锯末跑道练习

a. 跨步跳：在锯末跑道上进行 30~60 米跨步跳。反复练习。

b. 三级或五级跳：在锯末跑道上连续进行三级或五级跳。反复练习。

c. 兔子跳（小步蹲跳）：在锯末跑道上深蹲，进行 30~60 米小步蹲跳。反复练习。

d. 单足跳：在锯末跑道上进行 30~60 米的连续单脚跳。反复练习。

（D）台阶练习

a. 快速跑台阶。

b. 双脚连续跳 2~3 个台阶。

（E）跳绳练习

a. 快速单跳：从前向后快速摇绳跳，或从后向前快速摇绳跳。

b. 快速交叉跳：两臂交叉从前向后摇绳跳，或从后向前摇绳跳。反复练习。

c. 半蹲“扫堂”跳：一手握绳做半蹲“扫堂”跳跃。反复练习。

d. 快速双摇跳：跳起后，从前向后快速摇绳两次跳一次。反复练习。

（F）徒手练习

a. 徒手连续跳起摸拍：同伴站在适当的高台上，手持球拍前举，练习者连续跳起触摸球拍。反复练习。

b. 纵跳转体 360°。

c. 跳起在空中，两腿前后分。反复练习。

d. 跳起在空中，两腿侧分，上体稍前倾。反复练习。

（G）采用斜坡跑道练习

a. 上坡跑 60 米×若干组。

b. 下坡跑 60 米×若干组。

c. 上坡跨步跳 60 米加下坡放松跑 60 米练习×若干组。

d. 上坡深蹲跳 30 米×若干组。

(H) 爬山练习

(I) 跳箱练习

摆放多个跳箱，其高度由低至高，先跳上再跳下。箱与箱之间可不连续跳，这样难度大；也可调整一步，再跳下一个跳箱。一组 3~4 人，轮流连续跳，一组跳 12 次×若干组。

(J) 沙包练习

a. 肩负沙包弓箭步。

b. 肩负沙包下蹲向上跳。

c. 肩负沙包向前深蹲跳。

(K) 穿沙衣练习

a. 穿沙衣进行三级、五级跳。

b. 穿沙衣进行双脚深蹲跳，几步后跳过栏架。

c. 穿沙衣进行跨栏架连续跳。

d. 穿沙衣连续摸高。

(L) 沙坑练习

a. 沙坑四方步法练习：根据教练员指挥的方向进行步法练习。

b. 沙坑接球四方步法练习：根据教练员送出球的方向接球再传给教练员。反复练习。

c. 沙坑反复转身快跑练习：(20 米×若干次) 做若干组。

d. 沙坑半蹲移动：(30 秒钟~2 分钟) 做若干组。

e. 沙坑轻跳练习：15~20 分钟×2 组。可安排在清晨进行。

f. 沙坑收腹跳。

g. 沙坑五级或十级深蹲跳。

h. 沙坑立定跳远并丈量。

(M) 各种游戏练习 (略)

D. 力量耐力练习

（A）分成4~8站（即4或8个训练项目），分成下肢练习与上肢练习交替进行，即先练下肢力量，后到第2站练上肢力量（无间隙），第3站练下肢，直至第8站练完为一组，安排若干组。整个练习以中、中下重量为主，每一组以中、中上次数为主。

（B）采用小力量练至极限次数为止，如：卧推20~25千克推至推不起为止；哑铃颈后举、杠铃颈后举，举至不能举起为止，这样的练习安排1~2组。

③力量训练应注意的问题

A. 关于阻力大小与重复次数问题。在发展力量素质时，选择运动负荷量是训练中首先应注意的环节。教练员应首先了解每位运动员的最大负荷量，再根据所需要提高的素质来确定负荷量及重复次数，力争使每组的训练都达到最高指标。

例如采用次极限重量，重复1~3次，占用极限用力的85%以上的训练，可以发挥肌肉的协调能力；采用大重量，重复4~8次，占用极限用力的60%~85%的训练，可促使肌肉功能性肥大（增大肌肉横断面）；采用中等大重量，重复9~12次，占用极限用力的40%~60%的训练，可发展速度性力量；采用中等以下重量，重复13次以上，占用极限用力的40%以下的训练，可发展力量耐力素质。

总之，每一种力量训练方法都有一定的特点与作用，如何选择，采用多大重量及重复多少次数，都取决于训练的目的要求以及羽毛球运动的实际需要。

B. 力量训练的手段应力求与专项动作紧密结合。因为发展力量素质要与技、战术相结合，所以，所采用的力量训练手段必须力求与羽毛球运动的动作结构、用力方向、参与肌肉及其工作方式、关节角度等一致。例如羽毛球上肢力量训练，除了发展一般肩带部位的肌肉力量以外，主要应考虑提高与挥拍有关的动作的爆发力，并研究动作的用力方向而采取相应的训练手段。如在采用哑铃、杠铃、拉力器、杠铃片做颈后举时，应特别注意后举的动作应与挥拍动作相似，这样对提高突击杀球、大力杀球才有用。又如在进行下肢力量训练时，除了以一般力量训练提高股四头肌群的力量外，主要应考虑提高蹬、跳、跨的能力，要根据羽毛球运动技术中移动的特点而采取相应手段，使之有利于发展下肢专项力量。因此，沙坑、锯末跑道上的步法及弹跳练习和穿沙衣、缚沙带的步法训练，甚至技术训练，都是很有效的训练方法。

C. 全年系统全面地安排力量训练。研究表明，力量增长是很容易获得的，但停止训练后消退得也很快，特别是通过大力量训练所获得的肌肉力量见效快，但如不练很快也就消退了，通过弹跳练习所获得的力量保持的时间较长。因此，训练中要注意，在进行大肌肉群力量训练的同时，还应该注意结合弹跳力量训练以获得较长时间的力量素质。每周最少要进行两次力量训练，最好是 4 次。这 4 次身体训练应做到大力量与小力量结合、一般力量与专项力量结合、动力性力量与静力性力量结合，这样才能使力量素质充分发挥其基础素质的作用。

D. 力量训练应注意使身体各部位力量得到均衡的发展。在一次训练课中，如以发展上肢力量为主，则应安排 5~6 种上肢力量训练项目，1~2 种躯干力量训练项目，1~2 种下肢力量训练项目；当以发展下肢力量为主时，应安排 4~5 种下肢力量训练项目，1~2 种上肢力量训练项目，1~2 种躯干力量训练项目；当以发展全身爆发力为主时，应安排 3~4 种全身爆发力训练项目，并结合其他部位的力量训练项目。

总之，使全身各部位获得均衡发展，这对提高羽毛球专项水平具有重要的作用。

E. 进行力量训练，应在注意提高主动肌力量训练的同时也加强对抗肌的力量训练，以提高其协调性。如在进行提高股四头肌的力量训练时，也要发展后群对抗肌的力量训练，不然股四头肌力量太大会造成不协调，影响动作的协调性。

F. 在进行强度大、重量较重的力量训练时，要注意做好准备活动，特别要安排些腰、膝、踝的准备活动，并在大力量训练时，要特别注意对腰部的保护，最好有人保护，以防发生意外伤害事故。训练后要注意肌肉的放松与调整，以提高肌肉的弹性和更快消除肌肉疲劳。

G. 羽毛球力量训练要以速度性力量训练为主，结合动力性力量耐力训练，以适应专项技、战术之需要。

H. 训练方式方法不能固定不变。如果在较长一段时间内，训练的项目和顺序及互相配合的方法不变，那么，会使运动员产生一种厌倦的情绪，从而影响训练的效果。因此，力量训练 2~6 周就必须在手段上或负重重量大小或次数上有所变化，才能让运动员在新的刺激条件下产生应激状态去适应新的刺激。

(2) 速度素质的训练

速度素质是人体快速完成动作的能力和动作反应时间的总称，也可理解为人体或身体的某部分进行快速运动的能力。它是羽毛球运动重要素质之一。

① 速度素质分类

速度素质可分为反应速度、动作速度和移动速度 3 个方面。

A. 反应速度。是指人体对各种刺激发生反应的快慢，如羽毛球运动员在对方击球瞬间对来球的判断，以及如何选择回击球方式和路线，都是以神经过程的反应时为基础，反应时短，反应速度就快；反应时长，反应速度就慢。

B. 动作速度。是指人体或人体某部分完成单个动作时间的长短。完成动作时间短，动作速度快；完成动作时间长，动作速度慢。当然，完成动作时间长短与准备状态、动作熟练程度、灵巧性、协调性及速度力量、速度耐力的水平有关。

C. 移动速度。是指完成一定移动距离所花的时间长短。时间短，移动速度快；时间长，移动速度慢。当然，移动速度快慢与步幅、步频以及肌肉放松能力和协调能力及运动技能水平都有关。

羽毛球运动对反应速度、动作速度及移动速度均有较高的要求。离开了速度，羽毛球“快、狠、准、活”的技术风格就难以体现，故提高速度素质是很重要的训练任务。快速的速度训练必须贯彻到各种素质的训练中去，如提高快速力量、速度耐力等。

②速度素质的训练内容和方法

A. 反应速度的练习

(A) 看教练员指挥6个方向的起动练习。

(B) 采用多球做快速反应击球练习。例如进行两边防守或上网练习：20~30个×4~8组。

(C) 看信号灯做四方步法练习。

(D) 听教练员给出的信号做反应动作的游戏练习。

(E) 在跑动中听信号做变向跑练习。

B. 动作速度的练习

(A) 负重做专门性的动作速度的练习

a. 负重沙衣做各种步法练习：与下肢力量沙衣、沙袋练习同。

b. 负重沙衣、沙袋进行弹跳力的练习。

(B) 加重球拍进行专门性挥拍练习

a. 加重球拍进行杀球练习。

b. 加重球拍进行两边防守击球练习。

c. 加重球拍进行两边抽球练习。

这种训练适用于目前省队一线队员使用，省二队或业余队尽量少使用这种训练手段。

（C）采用哑铃进行快速颈后举练习

a. 采用哑铃进行快速颈后举练习：力量大的队员须取重一些的哑铃做练习，力量小的队员取轻些的哑铃进行练习，做4~8组，但重量不要超过2.5千克。

b. 采用哑铃进行杀球挥拍练习：同a。

c. 采用哑铃进行左右两边防守及抽球的练习：同a。

（D）采用垒球进行提高上肢动作速度练习

a. 对墙掷垒球练习：100~150次×4~6组。

b. 对墙垒球掷准练习：20~40次×6~8组，掷不准的不算。

c. 垒球掷远练习：分两边对掷，以最大力量掷20~30次。

（E）采用跳绳进行提高动作速度的练习

a. 采用单摇跳1分钟计数练习：1分钟×4~6组，记录每个人完成的次数，作为以后制订训练指标及提高的依据。

b. 采用双摇跳30秒~1分钟计数练习：跳30秒~1分钟×4~6组，同a。

（F）采用快速分解步法的练习

a. 快速交叉跳练习：20~30秒×6~8组。

b. 快速转髋跳练习：20~30秒×6~8组。

c. 快速小步跑（原地）练习：20~30秒×6~8组。

d. 快速开腿并腿练习：20~30秒×6~8组。

e. 快速半蹲移动练习：30秒~1分钟×6~8组。

f. 快速双腿跳十字练习：20~30次×6~8组。

C. 移动速度练习

（A）15米往返跑：8~10次×4~6组。

（B）30米行进间跑：15~20次。

（C）30米速度跑：8~10次。

（D）60 米速度跑：8~10 次。

（E）100 米速度跑：1~10 次。

（F）150 米速度跑：1~10 次。

（G）200 米速度跑：1~10 次。

（H）30 米接力跑：每人 4 次×4~6 组。

（I）60 米下坡跑：10 次。

（J）游戏性质的追逐、变速跑。

（K）150 米专项分解步法的往返跑

a. 快速前交叉侧身跑。

b. 快速后交叉侧身跑。

c. 快速半蹲向前并步跑。

d. 快速半蹲左右侧身跑。

e. 快速后退侧身跑。

以上 5 种分解步法编成一组，如快速前交叉侧身跑 15 米，返回来采用快速后交叉侧身跑 15 米，接着半蹲向前并步跑 15 米，返回来后退侧身跑 15 米，最后进行半蹲左右侧身跑 15 米×2，一组结束休息 3~5 分钟，再练习 6~8 组。如还需要加大强度，则可把向前垫步跑、跨步跑和向前高抬腿跑增加到训练内容中。

③速度训练中应注意的问题

A. 速度训练的方法、手段应适应发展趋势的需要

羽毛球训练原则是以快为核心，世界羽毛球运动发展趋势也是在快速能力上找出路。因此，在速度训练问题上要采用各种方法和手段，以适应世界发展形势的需要。

在基础训练和全面提高的前期阶段，要重视速度的一般训练，打好速度素质基础。在全面提高后期和突尖阶段，应围绕打法特点和技、战术需要强调训练方法、手段的个别对待及有针对性的速度素质训练。训练尽可能采用多样化的手段，而且必须与

专项特点及比赛要求紧密结合。

B. 合理安排速度素质训练

要处理好速度素质同其他素质及能力的关系，合理安排练习的顺序和时间，以产生与各素质能力之间的正迁移。

一般说，速度素质应在力量素质训练之前进行。发展快速能力所进行的力量训练应主要采用动力性练习，并在练习中穿插一些轻快的快速跑跳练习。

在大周期训练中，速度素质训练主要安排在准备阶段的中后期和比赛前期，在训练课中最好安排在运动员体力好、精力最充沛的时间进行，多安排在课的前部和中部。

C. 合理安排速度训练的负荷

提高快速能力与练习强度、持续时间与间歇时间、重复次数有密切关系。速度练习是一种强度类负荷项目，因此，必须用最高或接近最高（95%~100%）的强度进行，中低强度的速度训练效果不佳。

速度练习的持续时间在 1~35 秒之间。从跑动距离来说，从 1 米的反应起动到 2~3 米的步法练习，从 15~20 米的行进间跑到 30 米、60 米、100 米、150 米、200 米的反复跑，间歇时间应以使运动员工作能力得到恢复为准。

力量和速度训练的特点

以上介绍的力量和速度训练的内容和方法及其举例，在组合上有以下特点：

第一，在手段组合上，以上下肢力量、速度和弹跳训练为主。

上下肢力量：以下肢力量训练为主。

速度：以 30~300 米或 400 米的反复跑为主，通过 300 米或 400 米反复跑提高速度耐力。

弹跳：其实也是属于提高下肢力量爆发力的训练。弹跳训练的力量较具爆发力与协调性，对羽毛球运动员的下肢步法移动较有利，并且弹跳力量获得后不易消退。

总之，要按照以力量与速度为主体的组合原则结合其他素质穿插安排。

第二，上下肢力量训练中，以轻力量的快速反复为主，但每堂课都要大、中、小负荷相结合，即大负荷课时，上下肢总负荷在 8000~10000 千克以上；中负荷课时，上下肢总负荷在 5000~8000 千克；小负荷课时，上下肢总负荷在 5000 千克以下。在组合上，力量负荷大部分又以中小负荷为主，结合弹跳力量；专门的大负荷力量训练课的安排较少。

第三，速度训练中，以 30~400 米之间的反复跑为主的训练来提高速度耐力，促进一般耐力的提高。冬训期间一般耐力一周安排 1 次，但速度耐力一周安排 3 次左右。可以说，身体训练的安排是以提高速度、速度耐力为核心，从而提高其他各项素质。上下肢力量的提高也是为提高速度和速度耐力作保证。当速度和速度耐力提高之后，又促进了下肢力量的提高，故在训练中对速度素质训练要求比较严格，一般都有指标要求，达不到指标的须重跑，超额完成的可减少次数。在训练掌握上以注意速度的强度及质量为主。一般 60~150 米之内按 95%的负荷强度要求跑 6~10 组，200~400 米按 90%~85%的负荷强度要求跑 5~8 组。间歇时间按 60~150 米间歇 2~3 分钟，200 米 3~4 分钟，300~400 米间歇 5 分钟左右。对于个别恢复太慢的运动员可适当延长。

第四，弹跳训练应贯彻于身体训练课的各种训练期。每周均安排 4 次，即每堂课均有弹跳训练。弹跳训练比重这么大的意义在于它是比较灵活的下肢力量训练，除提高下肢弹跳爆发力和力量耐力外，它还具有较强的协调性。通过弹跳训练所获得的下肢力量消退较慢，而且对提高羽毛球突击进攻的蹬跳步法很重要。

(3) 灵敏素质的训练

灵敏素质是指运动员迅速改变体位、转换动作和随机应变的能力。它是运动技能和各种素质在运动活动中的综合表现，也是一种复杂的素质。一般认为，力量素质好、速度素质好而且协调能力强的运动员，其灵敏素质一定比较好。对羽毛球项目而言，灵敏是重要的素质之一，因为灵敏素质包括协调性、灵活性和准确性 3 大基本能力，因而它是对协调、灵活、准确和应变能力有很高要求的运动项目的最重要的素质，所以是羽毛球运动的重要素质。

①灵敏素质的训练内容和方法

A. 各种游戏性质的训练：游戏方法不一一介绍，只要有利于提高灵敏素质及兴奋性的练习均可采用。

B. 球类活动：篮球、足球、手球活动练习，时间控制在 30~60 分钟。

C. 在跑、跳中迅速、准确、协调地做出各种躲闪、急停、变向跑、蛇形跑等。

②灵敏素质训练应注意的问题

A. 注意全面提高与灵敏素质有关的其他一些素质，以便为整体灵敏素质的提高打好基础。

B. 根据不同训练阶段的特点安排灵敏素质的训练。例如随比赛、技术训练比重的增加，协调能力的训练应相应加强，准备期以一般灵敏素质训练为主，比赛期以专项所需灵敏的训练为主。一次训练课中，灵敏素质训练应安排在课的前半部体力较好的时间段。

(4) 耐力素质的训练

耐力素质是指有机体在长时间地从事运动活动中克服疲劳、

坚持活动的能力。从事任何体育运动的运动员都应具备相应的耐力素质。

①耐力素质的分类

按器官系统的机能分类可分为肌肉耐力和心血管耐力。

肌肉耐力是指肌肉长时间收缩用力的能力。

心血管耐力又分为有氧耐力、无氧耐力、有氧无氧混合耐力和缺氧耐力。

有氧耐力是指在氧供应充足的情况下的耐力。

无氧耐力是指在氧供应不足有氧债的情况下的耐力。

有氧无氧混合耐力是指具有有氧和无氧的双重供能情况下的耐力。

缺氧耐力是在严重缺氧或处于憋气状态下的耐力。

按专项分类可分为一般耐力和专项耐力。

一般耐力以有氧耐力为基础。

专项耐力以无氧耐力为主。

羽毛球运动需要的供能形式是混合供能形式，即有氧无氧混合耐力，并以有氧代谢为基础，发展和提高无氧代谢能力，特别是发展 ATP-CP 的供能能力。

②耐力素质训练的内容和方法

A. 发展一般耐力练习

(A) 1500 米反复跑：2~3 组，间歇脉搏恢复至 100 次/分以下即可再进行下一组练习。

(B) 3000~10000 米跑：1 组

(C) （100 米快跑+100 米慢跑）×20~30 次，强度 60%~70%。

(D) （200 米快跑+200 米慢跑）×10~15 次，强度 50%~60%。

B. 发展专项耐力练习

(A) 采用连续有间歇长时间的多球练习：一组 10~30 个球不等，间歇时间根据每一组的强度而定，一般间歇 10~20 秒，接着再发，模拟比赛时间与间歇连续 30~40 秒的多球练习。

(B) 采用连续有间歇长时间的步法练习：方法如上。

(C) 定拍数、组数要求的二对一式对攻练习：两名队员安排此练习，加上一位教练员陪练，双方进行二对一式对攻练习，共进行 20~30 组，每组 5~10 拍。要求在 40~50 分钟之内完成。每组一人者为主练者，每一组他必须完成 5~10 拍的要求。如规定此练习为 8 拍×25 组练习，那么发球后必须打到 8 拍为一组；如在 8 拍前两人的这一方失误了，则继续算下去直到一人者失误算组数；如一开始就打了 25 拍，则计算 3 组。累加至 25 组算一人结束练习，换另一人练习，教练员转至另一方陪练。这种方法有利于提高强度和稳定性。

(D) 进行连续大强度的比赛练习：如安排二单二双比赛或三单一双比赛，提高比赛耐力。

(E) 进行综合分解步法练习：每做一个动作后采用放松调整步法 20 秒再做另一种动作。每个动作如按次数则计每次 20~30 次，如按时间则计 30 秒~1 分钟。

C. 发展无氧耐力练习

(A) 发展非乳酸盐无氧耐力练习

a. 20 米行进间跑测最快速度：10~20 次，根据个人速度定指标。

b. 30 米反复跑练习：8~12 次，根据个人速度定指标。

c. 60 米反复跑练习：6~8 次，根据个人速度定指标。

d. 100 米反复跑练习：4~6 次，根据个人速度定指标。

(B) 发展乳酸盐无氧耐力练习

a. 150 米反复跑间歇训练法：4~6 次，根据个人速度定指标

(70%~80%强度)。

b. 200 米反复跑间歇训练法：同 a。

c. 300 米反复跑间歇训练法：同 a。

d. 400 米反复跑间歇训练法：同 a。

③发展耐力素质应注意的问题

A. 只有提高运动员的意志品质，才能更好地发展耐力素质

耐力素质训练是一项很艰苦的训练，意志品质在耐力训练中具有很重要的作用。因此，在进行耐力训练时，要提高运动员的认识，从而提高他们投入训练的积极性，自觉刻苦地进行训练。

B. 根据羽毛球项目的特点发展耐力素质

根据对羽毛球运动员所做的生理机能测定看，一场羽毛球赛后血乳酸和氧债不高。从氧债情况来看，羽毛球运动员要低于成绩在 12 秒以下的 100 米跑的运动员。而且，羽毛球比赛后氧债恢复曲线开始下降部分较陡，说明这个项目的非乳酸氧债占主要比重。由于当前世界羽毛球技、战术水平的提高，比赛时间在逐渐增长，必须迅速消除无氧代谢过程中所产生的氧债和保持连续作战的能力。因此，羽毛球运动员的耐力训练要提高的主要是速度耐力。从供能形式看，必须以发展有氧代谢能力为基础，主要提高有氧无氧混合代谢能力，特别是提高 ATP-CP 的代谢能力。

C. 耐力训练应注意全年系统地安排

在准备期应以一般基础耐力训练为主，赛前阶段应以比赛性的专项耐力训练为主。

D. 耐力训练应注意针对性

要对运动员的耐力素质状况进行分析，要有针对性地对某些运动员进行他最需要的耐力素质训练。同时注意观察运动员在训练课中、课后的反应，如出现不良反应应注意找出原因，进行必

要的调整。而且，训练中应加强医务监督，并采取各种积极的恢复措施。

(5) 柔韧素质的训练

柔韧素质是指人的各个部位关节的活动幅度和肌肉与韧带的伸展能力，它在羽毛球运动中有着重要意义。

一名优秀羽毛球运动员的肩关节、髋关节、腰部这 3 大部位柔韧性的好坏，直接影响到技术的发挥。肩关节柔韧性差，必然造成挥拍的摆臂幅度不大；髋关节的柔韧性差，必然造成完成低重心的跨步动作时伸展面受影响；腰部的柔韧性差，必然造成后仰突击进攻能力受影响，鞭打发力过程的传递受影响，出现发力不充分等问题。

①柔韧素质的训练内容和方法

发展柔韧素质一般在早操时间进行。

A. 主动的动力性练习

(A) 徒手前后绕环练习。

(B) 持哑铃前后绕环练习。

(C) 持球拍或木棍的转肩练习。

(D) 行进间踢腿练习，例如前踢、后踢练习。

(E) 握肋木的后踢腿练习。

(F) 肋木上的拉肩练习。

B. 主动的静力性练习

(A) 肋木上拉肩至最大限度静止 3~5 秒的练习。

(B) 正劈腿、前后劈腿练习。

(C) 拉足背肌及股四头肌的跪坐练习。

(D) 拉小腿的静力练习。

C. 被动的动力性练习

(A) 肋木拉肩，教练员在背至肩部施外力的练习。

(B) 施加外力的正劈腿练习。

(C) 施加外力的前后劈腿练习。

(D) 施加外力的拉足背肌及股四头肌的跪坐练习。

D. 被动的静力性练习

(A) 施加外力的拉肩至最大限度静止 5~10 秒的练习。

(B) 施加外力的正劈腿、前后劈腿至最大限度静止 5~10 秒的练习。

②柔韧素质训练应注意的问题

A. 柔韧素质要从小培养并经常保持，持之以恒

根据人体机能发育的特点，儿童时期是发展柔韧素质的“敏感期”，抓住这时期训练柔韧素质会得到巩固和保持并不易消退。必须注意，通过训练而获得的柔韧素质进步很快，但如停止训练则消退得也快。因此，要经常保持训练。一般可安排在早操时间、准备活动及课后结束部分，进行柔韧训练对机体的恢复也很有好处。

B. 在进行柔韧训练时要注意气温

天气太冷不利于进行柔韧训练，只有在适当的气温中训练才会有较好的效果。

C. 柔韧素质的发展要适度

发展柔韧素质以有利于最大限度发挥专项能力为前提。一般来讲，没有必要使柔韧素质的发展水平达到最大限度，控制在不影响专项技术所需的伸展度上即可。因为，如超过这个限度，会导致关节和韧带的变形，影响关节结构和牢固性，且易造成伤害事故。

D. 柔韧素质训练前要做好充分的准备活动

肌肉伸展性和肌肉的温度有关，通过准备活动，提高肌肉的温度，降低肌肉的黏滞性，有利于柔韧性的发展。在训练中不应

急于求成，在加大外部压力时，一定要控制好，不然会造成肌肉、韧带拉伤。

以上介绍了羽毛球运动员身体素质的训练内容、方法和手段及要注意的问题。如何在实际的教学训练中合理安排和组合，如何掌握各时期的训练重点，并对提高运动成绩取得良好效果，是教练员必须掌握和提高的一门教学艺术。身体素质水平对羽毛球运动技术水平的提高有着极其重要的作用。因此，更快、更有效地提高身体素质是当务之急。

七、羽毛球运动战术意识

（一）战术意识概述

战术意识是指运动员在千变万化的比赛过程中，准确地判断比赛场上的情况，并根据实际情况随机应变地、准确地决定自己应如何行动的能力。

从心理学的角度看，战术意识是运动员头脑中的“战术思维”如何适应千变万化情况的能力的表现。

为了更好地完成羽毛球单打、双打、混双的各种战术，在平时训练和比赛中培养每名运动员的战术意识有着极其重大的意义。

（二）战术意识内容

根据羽毛球运动的特点与规律，战术意识包括以下几个方面的内容：

1. 运用技术的目的性

当我们在运用某种技术时，必须有明确的战术目的，并明确各种技术用于战术时所起作用的性能。例如当我方在后场获得主动权后想组织一次进攻，就应该打平高球，而不能打高远球，因为平高球才能达到进攻之目的，而高远球是作为防守技术来使用的；又如当对方被逼失去中心位置之时，就应该采用劈球加快速度使对方来不及救起；再如当对方已封住直线区时，我方就要用勾对角球的技术避开对方封直线。这些都是属于战术意识的一个方面，就是使用各项技术都要有战术目的性。

2. 行动的预见性

在开始行动之前，一是要充分地预见到可能发生的情况，并想好应付的办法，这也是战术意识内容的一部分。例如我方从正手后场开始打出一个进攻性平高球，球一出手就要根据出球的质量——速度、弧度及落点，以及对方移动的情况，预见到对方会回击什么球。尽管你击出的这个平高球质量好，但是对方移动得比较快，我方想达到逼他回击直线高球的目的就不一定能达到。此时，一定要预见到对方有可能转入反攻，因此要注意他吊对角或反拉我方后场。这种预见性是战术意识中很重要的组成部分。所说的某运动员战术意识强，在很大程度上是指他在行动前的预见性强，比较容易控制整场球的主动权。

3. 判断的准确性

判断的准确性是正确地发挥技、战术的前提，比赛场上正确无误的行动均来源于正确的判断。

预见与判断，两者既有联系，又有区别，预见是估计可能发生的情况，判断是根据发生的情况而采取相应的动作。

当我方从正手区采用直线平高球攻击对方头顶而获得主动进攻权之后劈对角经常成功，如果再采用这一战术时，一定要能预见到对方可能会有所准备，并采取拦吊战术对付我方。此时，我方就更应该注意出球质量与对方的移动情况。当对方移动快，控制住了我方的直线平高球，并出手拦吊时，我方要能及时判断并正确地行动，上网去控制球。

以上 3 点是战术意识带有普遍性的要素，不论我们使用哪一种技术，采用哪一种战术，都必须具备这3个主要的因素。

例如一场混双比赛，我方女队员发球，在发球前，首先要观察对方如何站位，是男队员还是女队员接发，站位是否适当，有无漏洞可抓。然后决定采用什么技术，发什么球。如图500中的对方女队员站位，其头顶3号区就有明显漏洞。此时，我方可采用发3号区平射球进行攻击。当球发出后，我方要根据发出球的质量——速度、弧度、路线、落点预见到对方会进行勉强的扣杀，并准确地判断对方只会杀到我方的右场区，我方发球后立即准备防守正手区球，并根据对方击球后的站位发现其正手前场区是一个明显漏洞（这就是预见到的问题），迅速采用勾对角网前球到对方漏洞方位上。如此，战术的目的性明确，必然获得成功。

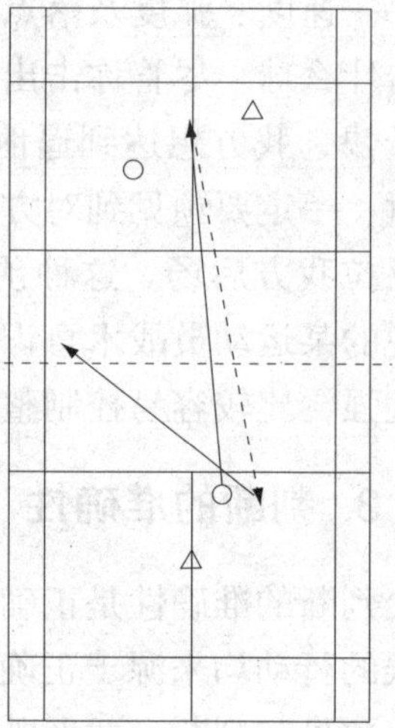

图 500

我们常常会看到这样的运动员：比赛时对方的球到哪里，他早就出现在哪里，并常常处于控制主动的位置，显得轻松自如，体力消耗也少，最后取胜机会很大。相反，有些运动员在比赛场上乱冲、乱跑，虽然他很卖劲，到处抢救险球，拼劲十足，但显得非常吃力，最后消耗体力过大，往往是以失败而告终。

以上两种情况足以说明战术意识的重要性，可以看出：

第一种运动员每使用一种技术时目的性都比较明确，该攻的攻，该守的守，该过渡的过渡，球出手后他又能根据球击出的质量迅速地预见对方可能打什么球，当对方回击时他能准确地判断来球的方向和落点。因此，就会出现球到哪里他就已出现在哪里的主动控制局面。

第二种运动员在这3个环节上总有一两个环节出差错，因此，难以取得主动权。只能凭拼劲来打球了，也就显得相当吃力。

4. 出手动作的隐蔽性

做到了以上3点可以不受骗，能及时赶到球的落点。可是，为了取得比赛的主动与胜利，还必须在出手动作上做文章。出手一瞬间要有变化，力求动作更隐蔽些，打法更多变些，虚虚实实、真真假假，干扰对方的判断，造成对方的判断错误，使其防不胜防。如在网前获得主动之后可做一个搓球动作，等对方要起动或已起动之后突然改为推球或勾对角球。这一招就会造成对方判断错误，甚至起动停止，致对方于死地。

5. 进攻的主动性

为了获得比赛的最后胜利，一定要尽量多地创造进攻机会，并主动出击，使进攻具有强烈的攻击性和突击性。所谓攻击性，就是要形成一种压倒对方的气势，给对方心理上以一种大的压力。所谓突击性，就是要出其不意，攻其不备，想方设法使对方措手不及。

6. 防守的积极性

在羽毛球运动中，攻与守是经常转换的，防守是进攻的开始，当处于被动防守时，我们提倡积极的防守意识，而不是消极防守。二者之间的区别在于是否贯穿了积极取胜的思想。一切防守技、战术都必须带有强烈的反攻意识和防守的目的性。如当对方从正手后场杀我反手区时，我方迅速反勾一对角球。这一勾就具有强烈的反攻意识，也可能直接得分。

双打中对方在后场进攻，我方防守时是采用一般向后挑球的消极防守，还是有意识地挑一正手后场让对方杀后反拉平高球到对方头顶区，后者虽是防守技术，但它是积极的，甚至是进攻性的。所有一切打漏洞的防守技术均是积极的防守行动。

7. 战术运用的灵活性

比赛过程中，任何战术的运用都不应该一成不变，而应根据当时的实际情况灵活地运用。这也是战术意识强的表现。

双打比赛中我方制定了边攻边、中攻中的进攻战术，在执行过程中开始很成功，可是对方经过几个回合的失利后，发现了我方的战术。当对方把球打到我方正手边线时，我方按原定战术是杀直线边线球，可是，由于对方发现了我方前几个回合的杀球落点，这次把位置移向边线以便把边线球守好。在这种情况下，我方应从对方的站位有所改变发现其意图，从而改变战术方案不杀边线而改杀中路球或大对角球，这就是战术灵活性的表现。

8. 配合的默契性

在双打、混双比赛中能否做到配合默契是战术能否协同一致和战术意识强弱的表现。

如混双比赛中，当我方获得主动进攻权时，对方已退成男女并列防守的位置，此时我方如执行攻女队员战术，那么，站在网前的我方女队员，就要把位置移至对方女队员的直线位置上封住从对方女队员防守出来的直线网前球或平球，这种合作是默契的一种表现。

又如双打比赛中，我方获得主动进攻权并计划执行攻中路战术，可是后场队员未执行此战术方案，而改用杀大对角战术，这样，就造成前场封网队员在封网问题上的漏洞及困难，这就是配合不默契的表现。

以上战术意识所包含的 8 个因素是密切联系、互有区别而又缺一不可的。各项技、战术的运用对战术意识有不同的要求，作为一名优秀运动员，一定是在这 8 个战术意识因素中具有良好的能力，而作为一名年轻的选手要想达到优秀选手的水平必须在这几个方面下工夫，使能在比赛中少“受骗”，多获得主动权，最后战胜对手。

（三）培养与提高运动员的战术意识

1. 要意识到战术意识的重要性

首先要使运动员意识到战术意识的重要性，并把羽毛球的专项战术理论知识与战术意识 8 大因素的内容和要求列入训练计划之中，有意识、有目的、有系统地进行教育，使运动员的头脑中储存有较丰富的专项战术及战术意识，以便更快地提高。

2. 了解自己和对手

要充分了解自己和对手攻防技、战术的优缺点，做到知己知彼，才能使自己的行动符合客观实际。教练员要建立对手情况技、战术优缺点登记卡，比赛前让队员进一步了解对方，比赛后及时总结，以提高战术意识。

3. 培养敏锐的判断能力

要培养运动员对比赛场上的客观情况具有敏锐的观察分析判

断能力，如是顺风还是逆风、侧风，哪一点有反光现象，场地是滑些还是不滑，球是重了还是轻了。对方在比赛中的表情也是我方观察分析的内容，对方眉头一皱、头一摇、双手撑着腰等都能说明哪些问题，如果这些问题都能在比赛中清醒地去观察并分析判断准确，那么就会提高战术意识。

4. 善于思考

善于开动脑筋多思考可以出战术，这样产生的战术再付诸实践和总结，经过几次反复就会获得一种适合自己的新战术。在训练中要提倡手脑并用，想练结合。

5. 战术意识要贯穿到平时训练中

要在平时训练基本技术中贯穿战术意识，把技术训练与培养战术意识有机地结合起来。如在安排高吊练习中就要提出平高直线吊对角这一战术思想，在练双打防守中练挑球就要强调攻直线挑对角、攻对角挑直线。这样，既练了挑的基本技术又练了拉开战术。

6. 让运动员多参加各种形式的国内外比赛，以丰富比赛经验

如不能参赛，也可多参观比赛，或看录像，从而通过分析比赛情况，总结成功和失败的经验教训，以便提高战术意识。

7. 智力训练

通过多方面的智力训练，提高运动员的分析判断能力、逻辑推理能力，从而提高战术意识。

8. 提高教练员的战术水平

一切安排和训练都取决于教练员对战术意识的重视程度和业务水平，他在训练比赛中应具有敏锐的观察能力，并能及时地给运动员以明确的临场指导，这是一个很关键的环节。打铁必须本身硬，教练员一定要注意自身的学习与提高。

八、羽毛球比赛现场指导的原则与要求

（一）战术指导概述

1. 战术指导在比赛中的地位

现代羽毛球比赛胜负之事，可以说是实力与谋略之事。因此，以实力为前提的战术指导在胜负结局中具有非常重要的作用，特别是在团体赛中，这种作用表现得更为明显和突出。

我国古代田忌以 3 匹相对劣势的马取胜齐威王的故事，可谓是比赛中战术指导艺术最出色的一个例证。作为一名教练员要在比赛中运筹帷幄，驾驭整个比赛的进程并最后获得胜利，必须在比赛战术指导上下苦工夫，深入研究，才能更好地掌握这门艺术。

2. 战术指导的两个中心环节

战术部署和心理调节是教练员在战术指导中的两个中心环节，这两个环节处理好了，就可使运动员平时所获得的实力得到充分的发挥。

在一般情况下，教练员在赛前对运动员的战术指导往往集中于指导运动员如何发挥自己的特点、抓住对方的弱点和克敌制胜的战术部署上，而对临赛前运动员的心理调节却重视不够或办法不多。运动员在赛前往往有强烈的心理反应，这种反应可能会直接影响到战术部署的正确实施，从而导致竞技水平得不到正常发挥。因此，可以认为进行赛前心理调节比战术部署更为重要。

3. 战术指导的目标、阶段及实施步骤

战术指导的主要目标，是在赛前要充分调整和改善队员的心理状态，使他们明确比赛任务，激发良好的比赛动机，建立取胜的信心，消除紧张情绪，从而形成最佳竞技状态。在这种状态下，教练员给予经过充分了解的对方的技、战术信息，以及对方的身体素质、心理品质等方面的信息，并根据双方情况作出合理的战术部署，才能使运动员吸收并化为自己的行动去贯彻执行。可以认为，战术部署得再合理，如果运动员处于不良的心理状态，那是很难去贯彻执行的。因此，战术指导的主要目标的两个中心环节是缺一不可的。

战术指导可分为赛前准备阶段和临场指导两个阶段。赛前准备阶段是指赛前 4 周；临场指导是指临场比赛的指挥部署，例如团体赛的交换名单、临场战术部署。

战术指导的实施步骤可分为收集信息、战术决策和实施指导 3 个大步骤。在赛前阶段及临场指导都存在这 3 个步骤。

（二）赛前准备阶段

1. 赛前收集信息

毛泽东曾在《中国革命战争的战略问题》一文中说过：“指挥员的正确部署来源于正确的决心，正确的决心来源于正确的判断，正确的判断来源于周到的和必要的侦察，和对于各种侦察材料的联贯起来的思索。”这段话充分说明了收集信息对于作出正确的判断、树立必胜的信心及作出正确的部署的重要性。

(1) 收集信息的方法

收集信息的关键在于全面和准确。为此，教练员在赛前就要通过各种渠道去了解一切与比赛有关的信息，这种信息的收集方法有如下几种：

①赛前观看对手比赛录像

这是现代化器材带来的最先进的最直观的收集信息的方法。通过摄像机把对手最近一段比赛现场的情况拍摄下来，教练员要反复观看，分析对手的优缺点，力求信息收集得全面和分析判断得准确。

②访问知情者

这种方法有时可收集到对手很尖端的情报。当然，我们访问的知情者，他们对对手情况的知情度如何，以及他们是否能毫无保留地介绍对手的情况，决定我们所了解的信息有无真正价值。

③查阅平时建立的对手档案

平时建立的对手档案情况，在比赛前让运动员熟记其球路，可以减少准备会的时间。只要记录的对手球路准确，对策的针对性强，往往可收到较好的效果。

④在无意闲谈中了解对手信息

在比赛期间，运动员、教练员经常会聚在一起闲谈，这时有意识地捕捉有关对手的信息，有时会得到很有价值的材料。

(2) 收集信息的内容

只要与比赛有关的内容都应列入收集范围。但是，由于条件的制约，以上几种收集信息的方法不一定都可行。因此，收集信息方式总是有差异的，但是下列的内容是一定要了解并熟知的。

①首先要“知己”

平时教练员对每一名队员的身体状况、技术、战术和心理素质、个性特点都要有一定程度的了解，但到了赛前，比赛的紧张程度和重要性、每名队员对比赛的动机与期望、领导对比赛的要求等因素，都会使运动员在心理上有所改变，从而影响到比赛时技、战术的正常发挥。故教练员在赛前应认真仔细地了解和掌握自己队员的身体、技术、战术和心理状态，特别是身体和心理状况更为重要。

在了解身体状况时，一定要特别重视了解队员赛前有无伤病或体能不佳的反应，包括女队员的例假情况。在赛前要抓紧伤病的治疗，以及例假的调整和体能调整，使运动员有一个很好的状态前往赛区参赛。如果带着伤病去参加比赛不仅会直接影响到技、战术的运用和发挥，而且也会增加心理负担。

对运动员赛前心理状态的掌握是很重要的，在这方面可参考著名运动学家普尼对运动员赛前心理状态 3 种反应形式所作的归纳（表 3），辨别运动员的赛前心理状态，并采取相应的措施，会使运动员信心百倍地参赛。

表 3　赛前反应的主要形式

		积极比赛型	过度兴奋型	过度抑郁型
赛前症状	生理方面	所有生理过程均属正常	异常激动，植物神经紊乱，如脉搏剧烈加快、大量出汗、尿频、四肢发抖、下肢发软等	动作迟钝而压抑，打哈欠
	心理方面	轻微的激动，愉快地有点按捺不住地等待比赛，注意力高度集中，从容登场，感到浑身是劲	严重的神经过敏，行动失去控制，健忘，心神不定，登场时惴惴不安，惊慌失措，无理由地慌乱	精神萎靡、反应迟钝、淡漠、害怕、情绪低落、想退出比赛、疲倦抑郁

（续表）

	积极比赛型	过度兴奋型	过度抑郁型
比赛时的行动	非常有章法地按战术要求投入比赛，方向明确，能控制比赛形势，投入比赛，并能取得预期甚至更好的成绩	举止失常，有时没章法、没战术，丧失速度感，不能控制动作过程，做高难技术性动作时屡犯错误，甚至肌肉痉挛	比赛无力，意志很快消沉，无法动员现有的力量，运转不灵，所有的动作都是低水平的，因此赛后也不感到疲劳

了解了自己队员的情况，有了“知己”便于采取有效的对策。没有“知己”就会无的放矢，就会作出过高的自我估计，教练员就会对比赛的结果感到失望。

②还要“知彼”

在了解对手信息的内容方面，除了解其身体状况及心理状况外，还要详细了解其技、战术的习惯。

在单打比赛中需要了解的信息有很多，例如对手主要打法、习惯的球路、绝招技术、最大弱点、在什么情况下会改变打法、领先和落后时有何表现、身体素质和耐力情况、左右转体能力、突击能力、意志品质、是否较易紧张和激动等，可以制一表格（表 4），把了解到的信息填入表中，特别是对方的习惯球路要认真仔细地填写，并不断修正。

表4 单打对手技、战术信息表

<table>
<tr><td colspan="4">对手姓名：　　　　握拍：　　　　打法特点：</td></tr>
<tr><td rowspan="6">后场区</td><td rowspan="3">正手</td><td>高球</td><td></td></tr>
<tr><td>吊球</td><td></td></tr>
<tr><td>杀球</td><td></td></tr>
<tr><td rowspan="3">头顶</td><td>高球</td><td></td></tr>
<tr><td>吊球</td><td></td></tr>
<tr><td>杀球</td><td></td></tr>
<tr><td rowspan="6">前场区</td><td rowspan="3">正手</td><td>搓球</td><td></td></tr>
<tr><td>推球</td><td></td></tr>
<tr><td>勾球</td><td></td></tr>
<tr><td rowspan="3">反手</td><td>搓球</td><td></td></tr>
<tr><td>推球</td><td></td></tr>
<tr><td>勾球</td><td></td></tr>
<tr><td colspan="3">防守优缺点</td><td></td></tr>
<tr><td colspan="3">身体素质优缺点</td><td></td></tr>
<tr><td colspan="3">心理优缺点</td><td></td></tr>
<tr><td colspan="3">绝招技术</td><td></td></tr>
<tr><td colspan="3">对策</td><td></td></tr>
</table>

双打、混双比赛时要了解的内容有不同，例如发球和接发球的习惯、第三拍和第四拍封网的优缺点在何方、进攻和防守时的习惯球路、队形的优缺点，以及配合的优缺点等等（表5）。

表 5　双打对手技、战术信息表

对手姓名：		握拍情况：
打法特点：		统　计：
右区	发　球　球　路	
	接发球球路	
	第三拍封网优缺点	
	第四拍封网优缺点	
左区	发　球　球　路	
	接发球球路	
	第三拍封网优缺点	
	第四拍封网优缺点	
进攻优缺点		
防守优缺点		
队形优缺点		
配合优缺点		
身体素质优缺点		
心理优缺点		
对　　策		

③要了解周围环境的信息

要了解周围环境的信息，包括裁判员误判和错判、赛区气候、现场观众噪音的干扰和灯光、风向、场地等情况。

总之，一切与比赛有关的环境信息都属于了解的内容，只要教练员对以上情况了解得较详细，并能及早地告知运动员，使运动员也做到心有数，就能发挥最佳水平。

2. 赛前信息决策

决策过程是一个复杂的思维过程，要求把收集到的各方面的信息加以处理，即去粗取精、去伪存真、由表及里地加以思索，从而作出正确的决策方案。

(1) 指挥者的决策程序

一般说决策程序由以下几个环节构成：

①信息分析与决策目标

在这一环节中，对教练员要求是很高也是很严格的，要有高度的责任感和严谨的工作态度，对来自各方面的信息要有分析与归纳的能力。不然，就可能导致决策错误。

②拟定方案

教练员应充分利用自己的知识、经验、业务能力提出几个可供选择的战术及心理调整方案，供教练组讨论。

③分析评估方案

这一环节主要是发挥教练员的聪明才智，积极发表意见，对各种方案的可行性进行比较。在分析评估时，一定要分析双方的情况，不能只考虑一方。

④ 决定方案

这是赛前决策的决定性环节，特别是团体赛的出场顺序是关键一环；正确，可能就是胜利；错误，可能就会导致失败。为什么常常在交换团体赛名单时有的教练员就会感到胜利在握，有的教练就会感到情况不妙，原因就是决策正确与否。

在战术部署上，方案的选择可以取其一也可以综合为一。在确定某一方案之后，也不应完全放弃其他方案，因为比赛的战术运用是灵活多变的，不像出场名单一交换就不能改变了。由于战术还存在多变的问题，所以教练员要有预见性，预见对手在什么情况下就会改变战术，我方也要有多种的战术准备，以对付其多变。

(2) 对指挥者决策时的要求

主教练就是一名指挥者，他要调动教练组一班人，群策群力，同心同德地指挥好决策前的一切准备。

①在各抒己见的前提下，主教练决策后，大家同心同德地执行决策方案。这个队伍是否团结，主教练是否有水平、有能力，主要看在决策过程中大家是否能各抒己见，主教练是否能把不同意见集中统一，排除一切可能导致失败的因素，是否能调动大家同心同德地去执行方案。一定要避免出现主教练“一言堂”的现象。

②进行心理调节与战术部署时，必须注意因人而异。在赛前进行心理调节决策时，一定要充分认识到因人而异才能取得良好的调节效果。因为队员之间个性特征、文化程度、思想水平、接受能力以及心理障碍的原因都存在着差别，所以用同一种办法是不能收到广泛效果的。因此，运动员要有信任感，要能合作，不然心理调节是无法进行的。至于战术部署也要因人而异，作不同的部署，有的运动员只要求教练员简单归纳出对手优缺点及如何对付的办法就可以；有的运动员要求尽量详细些，各个环节最好都有部署和交代，这样他才能做到心中有数；有的运动员要求教练员能对自己提出指标要求，有点儿压力他反而感到有劲；有的就不希望教练员提出有压力的指标要求。因此，因人而异的原则在进行战术部署和心理调节的决策时，一定要特别重视才能收到良好效果。

③战术部署决策时，必须注意扬长避短，以己之长克彼之

短，切忌面面俱到，毫无重点，应该贯彻“以我为主、以快为主、以攻为主”的方针，并且重点地部署如何以己之长克彼之短，如何先下手来保护自己的短处等，这都是部署战术时必须注意的重要原则。

④战术部署还要注意随机应变。高水平运动员之间的比赛，战术不可能是一成不变的。因此，在战术部署上切忌只强调一种战术、一种处理办法，而应在整体观的指导思想下布置战术，随机应变地变换战术去对付对手变化的战术，才能使运动员思想不僵化，而时刻处在灵活应变的状态中。这样，运动员应变能力提高了，水平也就稳定了。

3. 赛前实施指导

经过前两个阶段后，教练员就要把决策后的意见贯彻到运动员中去实施指导。

（1）赛前指导的形式

①召开集体准备会。全体都必须参加，主教练做动员工作，目的在动员、鼓舞运动员的斗志。全体准备会之后，召开各组赛前准备会，主要讨论出场顺序。另外，还要考虑兼项问题，并且对兼项作出安排。主教练要把经过决策的意见告知运动员。

②分组准备会。因为单打和双打有不同特点，分组召开准备会不仅有利于单打的人员谈得更切合实战要求，而且可以节约时间。

③个别谈话。这一形式大多用于个人项目的比赛战术部署及心理调节。

（2）赛前指导的内容

①详细介绍了解到的对手习惯球路、基本打法、绝招技术、

薄弱环节等信息。

②针对对手的情况，我方采取的打法、抓对方薄弱环节和防住或限制对方的绝招技术的对策。

③在不同的形势下应变的思想准备和采取的战术打法。

④对环境如场地、风向、反光、噪音、裁判等的适应措施。

⑤对心理状态的调控。如可做“前睡眠状态下的暗示法”帮助运动员解除心理的紧张情绪。暗示应该特别注意克服的自身问题。

总之，赛前指导中不论形式或内容如何，都必须达到使运动员对战术任务、具体打法，以及对方习惯打法、球路、绝招、弱点有较充分的了解，做到心中有数，这样，在贯彻执行中才能随机应变，灵活自如。在心理调控方面应使运动员达到渴望参赛，并有竞争意识，有必胜和发挥水平的信心。对于有心理障碍的运动员要帮助他们最大限度地排除。

（三）临场比赛的战术指导

1. 临场信息的收集要及时而有针对性

赛前战术指导在很大程度上带有主观预测和推理的成分，所以，比赛开始后教练员应该根据赛场上的变化，及时地了解双方战术使用和心理状态上的实际情况，以便在可以进行指导时有针对性地给予指导。

（1）临场观察时对教练员的要求

①临场观察时要求教练员高度地集中注意力，不能边看球边闲谈影响精力集中，一定要捕捉到每一个有价值的信息。对双方的一举一动和技、战术的每一变化，都应很明确，在头脑中要能

储存、能分析，从中获得最关键的指导信息。

②要及时记下所获得的对方的得分球路及失误技术、区域，不可由于赛场气氛紧张而忘记。

③如果是团体赛，教练员不仅要密切观察本场比赛情况，还要通过本场比赛的胜负结果考虑下一场上场前对运动员的心理调整方案。因此，团体赛最好有个助理教练能根据主教练的意图去关注下一场即将上场队员的心理状况，以求前一场的比赛结果对上场队员心理的影响得到正确的调控，这是很重要的环节。

(2) 临场比赛信息收集的重点

①对手的情况是否与赛前预测相符或有出入，我方队员能否按战术部署去完成计划。

②对手主要得分技术是什么？以便指导时能明确指出。

③对手主要失分技术、区域或情况是什么？以便告诉运动员狠抓对方弱点。

④对手在打法上有改变，而我方又防不住这一打法，应改变打法以制服对手。

⑤ 在对手打得顺手时，要注意我方打法是否正确，如正确则应坚持，对方顺手只是暂时的。

⑥我方运动员的心理状态是否能充分适应场上比赛的要求？不适应时应在可以指导时给予纠正。

⑦抓准对手在整场比赛中表现的主要弱点，以便及时提示我方队员。

2. 临场比赛的战术决策

临场战术决策的整个过程，不可能像赛前决策那样有充分考虑的时间，允许讨论，临场战术决策应始终把观察过程与分析同步进行。这时，主教练的各方面经验、知识、逻辑分析、推理、应变能力，以及如何充分运用灵感的提示，都是临场决策所必需的。

3. 临场实施指导

羽毛球比赛规则与篮球、排球和足球的比赛规则不同，队员一上场比赛就不能换人，只有打到 11 分休息时或 1:1 时才能进行指导，如何指导，这是最后临场实施指导的任务。

⑴ 首先牢牢把握关键问题。教练员在比赛中的指导，应抓住关键性问题，如战术上如何发扬以我为主、以我之长攻彼之短的问题等。不要去纠正那些需要经过长期训练才能解决的某些体能和技术环节等问题。如果属于心理过分紧张引起的问题，那么，就要根据该队员的特点及时地帮助消除。

⑵ 指导语言应该简明、扼要、集中。教练员指导时，要言简意赅，这样才能让运动员记住指导重点。有多名教练员参与指导时，应把主要意见归纳到主教练那里，由主教练集中主要指导意见向运动员实施指导。

⑶ 指导话语切忌含糊，“可能”“大概”一类的语言会让运动员捉摸不透，犹豫不决。要斩钉截铁，“一针见血”。

⑷ 灵活机动地运用“默契”的语言。教练员如能在比赛中灵活机动地运用平时与运动员惯用的神情、手势、暗语等方面的默契语言，会使运动员立即理解意图，做到“心有灵犀一点通”。

⑸ 教练员应变能力要强。比赛中教练员一旦发现对方已改变战术打法，使我方处于劣势，要及时地作出应变对策，并采取措施传递给比赛中的队员。

⑹ 比赛场上主教练不能随意走动，应坐在合适位置，神态自如，充满信心地观战、指挥。比赛中教练员的神态对运动员心理的感染力极强，哪怕是在最紧张危急的情况下，教练员也要神态自如，表现出信心十足，这对比赛中的队员是一种无形的鼓

舞，并能增强战斗力。当然，有时比赛中运动员由于心理紧张，控制不住情绪，造成技、战术失控，无法发挥自己应有的水平。此时，教练员也不要发脾气，要克制自己的急躁情绪，这对运动员以后的成长是很有益处的。

(7) 比赛万一发现需要批评的问题时，要注意时机，因人而异。批评是为了把比赛打好，如时机不对则收不到应有效果。要特别注意：有些运动员在这种情况下经不起批评，可是有的运动员却需要严厉地批评才能振奋。故要掌握好时机与对象的接受能力。

(8) 比赛指导中要学会不受裁判员判决的影响，并且也要教会运动员在任何情况下都不和裁判员产生矛盾的思想方法，不然会影响指导和比赛的精力，对自己是不利的。

(9) 要善于利用自己头脑中的“灵感”产生的暗示去处理比赛中的问题。比赛中，往往会有“灵感”产生的暗示，教练员有，运动员也有。教练员和运动员都不应轻易地破坏或否定这种暗示。这样，教练员、运动员心里总有一种安慰和寄托，情绪上总会有利于比赛的进行。

九、教练员临场指导能力的培养

要使一位教练员能在比赛中把平时训练的成果高度发挥出来，运筹帷幄、驾驭整个比赛的进程并最后获得胜利，就必须在临场指导能力上加强研究和进行培养。

（一）提高教练员的爱国心与事业心

提高教练员的爱国心和事业心是培养教练员临场指导能力的前提，教练员只有热爱祖国，才会热爱自己所从事的事业。一心想自己利益的人，难以安下心来研究和提高临场指导能力。

（二）提高教练员的知识结构与能力结构

提高了教练员的知识结构和能力结构才能提高教练员临场指导的应变能力。

1. 教练员的知识结构

比赛期间，教练员的临场指导是很关键的。为了提高这方面的应变能力，必须提高自身的知识结构。教练员的知识结构应以运动训练的基础理论知识为核心和主体，涉及多门学科，但教练员不必要，也不可能同样熟练地掌握这么多知识，而各种知识对教练工作的重要性也不同。因此，根据田麦久教授的模糊统计方法，以评价量表的形式描述了各门学科在教练员知识结构中的地位和重要程度（表 6）。

表 6　教练员的知识结构

重要程度 序 隶属度	非常重要	重要	比较重要	一般	不太重要
0.8~	1. 专项训练理论 2. 专项技、战术				
0.6~0.8	1. 一般训练学 2. 运动心理学	1. 运动生物力学 2. 医务监督（运动医学）	1. 运动解剖学 2. 运动营养学 3. 运动生物化学	1. 体育统计学 2. 外伤急救（运动医学）	
0.4~0.6	体育教育学		体育教法学		

2. 教练员的能力结构

教练员的能力只有有机地联系在一起，才能更好地发挥作用。原苏联学者依·纳·加拉克季奥诺夫的研究成果比较完整地概括了教练员的能力结构应具备如下 5 种基本能力：

(1) 认识能力：正确感知信息的能力，观察能力，逻辑思维能力。

(2) 计划能力：预见性，想象力，合理安排教学训练内容的能力。

(3) 交际能力：控制自己情绪与感情的能力，取得他人信任的能力，交际的主动性，协调人际关系的能力。

(4) 组织能力：提出任务并保证完成的能力，协调各方面关系并调动各方面积极因素的能力。

(5) 教学能力：语言表达能力，控制身体表情和面部表情的能力，控制运动员注意力的能力，技术示范、纠正错误、保护运动员的能力。

以上各条对羽毛球教练员来说都是非常适用的。

(三) 积极参加羽毛球教练员岗位培训班的学习

国家体育总局乒乓球羽毛球运动管理中心组织的各级羽毛球教练员岗位培训班，为羽毛球教练员创造了增加新知识的好机会。教练员可以接受新的知识、新的观点，以便适应新的环境、新的技术和战术，迎接新的挑战。

(四) 把培养对象推到比赛的第一线

老教练员应把年轻的教练员推到比赛第一线去进行实战指导，做好传、帮、带工作，使他们尽快地提高指导艺术，以适应实战指导。

（五）熟练掌握比赛指导原则与要求

教练员要熟练掌握比赛的指导原则，要能牢牢抓住临场指导的两个中心环节——战术部署和心理调节，并掌握战术指导的3大步骤——收集信息、信息决策、实施指导，要学会和提高临场指导的艺术。

后 记

在本书的编写过程中，受到了原国际羽联主席吕圣荣女士的鼓励，也受到了原中国羽协主席、国家羽毛球队总教练王文教先生的大力支持，并为本书作序。另外，肖扬和林毅为本书的技术动作、身体训练做规范的示范。在各方面人士的支持和帮助下，使得本书能与读者早日见面，在此，我表示万分感谢。

由于水平有限，难免有阐述不妥之处，请见谅！

2008 年 12 月 3 日